LA

VIVANDIÈRE

DE LA DIX-SEPTIÈME LÉGÈRE

OUVRAGES DU MÊME AUTEUR :

Le Capitaine Sabre de Bois.

Le Joug de l'Aigle.

La Tour aux Rats.

Le Chat du Bord.

Le Capitaine Crochetout.

L'Étudiant de Salamanque.

Dolorès.

LA VIVANDIÈRE

DE LA

DIX-SEPTIÈME LÉGÈRE

PAR

ERNEST CAPENDU

PARIS
E. DENTU, LIBRAIRE-ÉDITEUR
PALAIS-ROYAL, 17 ET 19, GALERIE D'ORLÉANS.

LES CHEVALIERS D'AVENTURES

PAR

OCTAVE FÉRÉ ET D.A.D. SAINT-YVES

Ce livre, dès l'apparition de ses premiers chapitres dans la presse parisienne, a conquis l'attention et l'importance qui ne s'attachent jamais qu'à des œuvres hors ligne. Cet intérêt ne s'est bientôt plus concentré dans le monde littéraire français. L'ouvrage n'était pas paru que les journaux les plus importants de l'étranger s'en emparaient pour le reproduire. Il ne s'agit pas, en effet, d'un roman vulgaire ; les auteurs, depuis longtemps connus et aimés du public, ont réussi tout en restant fidèles à l'histoire, dans une de ses périodes d'ailleurs les plus attrayantes, à donner carrière à leur imagination, à leurs inspirations, par la peinture de scènes toujours variées. En même temps qu'ils répandaient sur leurs principaux personnages un intérêt plein de cœur et de sensibilité vraie, ils semaient à profusion les scènes de la plus franche gaieté. On trouve dans ce livre tout à la fois, des épisodes qui donnent le frisson, qui amènent des larmes et des péripéties divertissantes. Tout cela exprimé dans un style facile et attachant, d'un goût irréprochable.

LES PRINCES DE MAQUENOISE

PAR

H. DE SAINT-GEORGES

Les Princes de Maquenoise ont produit une grande impression à leur apparition.

Cette impression est due non-seulement au mérite de ce livre et au nom de l'auteur, mais à ce qu'on y retrouve les brillantes qualités des meilleures productions de M. de Balzac.

Originalité puissante du sujet, observation merveilleuse du cœur humain et de la vie sociale, de la vie de Paris, surtout; cette tendre et religieuse philosophie de l'âme qui touche parfois aux idées les plus élevées, et explique la popularité si générale, si européenne des romans de Balzac, voilà ce qui existe à un degré très-éminent dans *Les Princes de Maquenoise*.

Quant à la partie théâtrale et saisissante du drame, on peut s'en rapporter à M. de Saint-Georges, l'auteur de tant d'ouvrages dramatiques qui depuis quinze années font la fortune de tous les théâtres de notre capitale et des pays étrangers.

Wassy. — Imp. et stér. Mougin-Dallemagne.

LA VIVANDIÈRE DE LA 17ᵉ LÉGÈRE

I

LA BUTTE DES MOULINS

Entre la rue Sainte-Anne et l'église Saint-Roch, au carrefour formé par la rencontre des rues des Moineaux, des Orties et des Moulins, le sol de Paris forme une élévation, une butte connue jadis sous le nom de *Butte Saint-Roch*, ou sous celui de *Butte des Moulins*.

Cette butte, si l'on en juge par les anciens plans de la ville, était fort élevée, et elle formait un groupe de deux ou trois monticules, à la cîme desquels étaient plusieurs moulins à vent.

Les trois rues qui y aboutissaient étaient alors trois routes : celle *des Moineaux*, ainsi nommée parce qu'elle était bordée des deux côtés par des haies hautes et épaisses dans lesquelles des myriades de moineaux francs venaient faire leurs nids ; celle *des Orties*, qui traversait un champ envahi par ces plantes parasites, et enfin celle *des Moulins*, conduisant au sommet de la butte où se trouvaient les moulins.

Sous Louis XIV, à la fin du dix-septième siècle (il n'y a

pas deux cents ans), les moulins fonctionnaient encore, et un rimeur du temps décrit ainsi la butte :

> Dieu vous garde de malencontre,
> Gentille butte de Saint-Roch,
> Montagne de célèbre estoc,
> Comme votre croupe le montre ;
> Oui, vous arrivez jusqu'aux cieux,
> Et tous les géants seraient dieux
> S'ils eussent mieux appris la carte,
> Et mis dans leur rébellion
> Cette butte-ci sur Montmartre,
> Au lieu d'Ossa sur Pélion,

Au mois de septembre 1667, quatre spéculateurs résolurent de tirer parti de cet emplacement, et un arrêt du conseil leur accorda l'autorisation d'aplanir la butte, ce qu'ils firent en achetant les terrains possédés par l'abbé de Saint-Victor.

Les travaux durèrent dix ans, et en 1677, tout un quartier, qui prit le nom de *quartier Gaillon*, de celui de la porte de la ville située à peu de distance et qui fut démolie en 1700, se dressa sur ce terrain, occupé jusqu'alors par de granges, des jardins et des champs en culture.

Avec les années, le nouveau quartier s'augmenta et devint bientôt extrêmement populeux. L'ex-sommet de la butte, abaissé et transformé en carrefour, conserva cependant ses dénominations primitives, et on continua à l'appeler *Butte Saint-Roch* où *Butte des Moulins*.

Un cabaret célèbre, établi au coin de la place et de la rue des Moineaux, et portant pour enseigne trois moulins sur trois monticules, avec cette inscription :

A LA BUTTE DES MOULINS

fit peu à peu prévaloir la dénomination dernière.

L'enseigne, au reste, était bien faite pour attirer l'attention des promeneurs ; les trois moulins étaient en saillie avec des ailes mobiles qui tournoyaient à tous les vents.

A la fin du dernier siècle, et dans les premières années du siècle actuel, ce cabaret renommé était le rendez-vous de nombreux consommateurs ; mais parmi ses années de gloire, il en est une qui, au dire des habitués, doit passer pour la plus brillante : ce fut celle de 1800.

Dire le nombre des bouteilles tour à tour vidées et remplies dans ce cabaret durant cette première année du Consulat, serait chose impossible : c'est qu'une partie des soldats avaient adopté le cabaret de la *Butte des Moulins*, c'est là, dans ces salles enfumées, devant ce comptoir d'étain brillant, on racontait et on écoutait les émouvantes histoires des luttes accomplies en Allemagne et en Italie depuis cinq ans.

Un matin du mois de février de cette année 1800 (pluviôse an VIII), non-seulement la foule des consommateurs encombrait comme de coutume les salles basses et la boutique, mais encore par les rues adjacentes, on voyait incessamment s'avancer de nombreuses pratiques qui avaient hâte de venir au cabaret échanger les nouvelles de la ville contre les souvenirs des camps.

Parmi ces promeneurs, il en était un surtout qui, par l'ensemble de sa personne, sa pose, ses gestes, sa démarche, attirait sur lui l'attention générale.

C'était un homme de cinq pieds six pouces, parfaitement pris dans sa grande taille, et possédant une aisance de gestes indiquant une force et une élasticité des muscles peu communes.

Ce personnage portait avec un aplomb magnifique un uniforme usé, rapiécé, troué, de l'escadron des guides que le général Bonaparte avait créé en Egypte pour veiller à la sûreté de sa personne.

Cet uniforme, fort peu commun alors, car le général n'avait ramené en France avec lui que quelques-uns de ces guides, point au prestige que devaient avoir ces hommes qui, prétendaient-on, ne quittaient ni jour ni nuit leur général bien-aimé, sur la personne duquel ils veillaient avec amour, devait provoquer évidemment la curiosité de tous.

Le guide d'ailleurs était porteur d'une de ces physionomies qui attire les regards.

Il avait ce qu'on nomme une belle tête, c'est-à-dire des traits accentués, bien accusés, le front haut, le nez droit, la bouche aux lèvres épaisses, s'ouvrant sur de grandes dents blanches. Les cheveux étaient d'un blond ardemment blond, et frisaient naturellement, des moustaches de même nuance, très-pointues, se relevaient fièrement en crocs sur les deux joues. Des favoris coupés ras et taillés en minces côtelettes (suivant l'expression adoptée) partaient de l'oreille et venaient s'arrêter net à la hauteur des moustaches, avec les pointes desquelles ils se confondaient.

D'épais et longs sourcils de même nuance que les cheveux et la barbe, abritaient deux yeux assez grands, aux prunelles d'un gris verdâtre qui lançaient un regard clair, ardent, profond et étincelant. Il y avait, certes, de la puissance magnétique dans ces yeux-là.

Le guide portait naturellement la culotte collante et les bottes à cœur garnies d'éperons d'une longueur plus que majestueuse.

Son habit vert s'ouvrait sur un gilet rouge galonné d'or, et sa tête était abritée sous un colback garni d'un ornement rouge. Un gigantesque sabre était accroché à un ceinturon de cuir rouge.

A chaque pas, à chaque geste, que faisait le soldat en s'avançant (et Dieu sait s'il se livrait à une série de gestes rapides!) son sabre résonnait dans le fourreau dont l'extrémité arrondie allait heurter les menaçants éperons avec un cliquetis étourdissant.

Ce guide était un homme de trente ans environ et son teint, chaudement bistré, attestait son récent séjour en Egypte.

Près du soldat, marchant sur la même ligne, s'avançait un autre personnage d'un aspect opposé. C'était un jeune homme de vingt-deux à vingt-cinq ans à peu près, petit, mince, fluet, mignon. Il était vêtu comme un bourgeois de l'époque.

La physionomie de ce jeune homme était douce, timide, attrayante et empreinte d'une expression douloureuse qui lui donnait un cachet de tristesse indéfinissable. Ses cheveux noirs étaient coupés ras, à la *Titus*, ainsi que la mode l'exigeait.

Il avait l'œil brun, doux et voilé : la paupière était rougie et fatiguée. Le nez était mince, aux narines développées et mobiles, la bouche mignonne, le menton énergiquement prononcé. Les joues étaient creuses, et les plis descendaient en s'accusant fortement.

Le visage était extrêmement pâle ; une rougeur fébrile se faisait remarquer seulement sur les pommettes des joues, mais cette rougeur faisait encore ressortir la pâleur de l'ensemble. Le front était creusé par des plis profonds.

Dans toute sa personne, ce jeune homme avait une grâce et une distinction parfaites.

Le guide, quoiqu'il fut en réalité, fort lié avec le jeune homme, soit que sa familiarité naturelle lui fît passer par-dessus les usages, le guide semblait, par ses gestes, ses paroles, son attitude, être dans l'intimité la plus absolue avec son élégant compagnon.

Tout en marchant, le soldat, qui paraissait fort animé, criait, gesticulait, faisait de grands bras et une grosse voix à rassembler autour de lui tous les habitants du quartier, curiosité que son amour-propre semblait doucement flatté d'exciter.

Enfin tous deux atteignirent le carrefour qu'ils traversèrent, se dirigeant vers l'établissement de la *Butte des Moulins*.

Arrivés devant le cabaret ils s'arrêtèrent, et le guide, posant sa main sur le bouton de la serrure le fit tourner et ouvrit la porte.

— C'est là, mon jeune ami, dit-il avec un ton protecteur, entrez, venez voir, comme dit cet autre, et vous *voirez* que le cordon bleu de l'endroit sait proprement astiquer un fricot ! Puisque vous voulez bien me faire celui de m'offrir une croûte à casser, mieux vaut là qu'autre part !

Et portant la main à son colback, le guide salua militairement en s'effaçant.

Le jeune homme examina le cabaret avec un regard indifférent, un triste sourire passa sur sa physionomie, et il franchit le seuil de l'établissement.

Tous deux pénétrèrent dans la grande salle : une table était libre dans un coin ; le guide se dirigea vers cette table et s'en empara. Le jeune homme se plaça sur un tabouret en face de lui.

Le guide, décrochant son grand sabre qu'il plaça entre

ses jambes, ôta son colback qu'il posa sur un tabouret voisin, et rapprochant ses deux mains, il se mit à faire sur la table, à l'aide de ses doigts pointus et nerveux un double roulement qui eut fait pâlir de jalousie un tambour de profession.

A ce bruit sonore, qui éveilla aussitôt tous les échos de la salle en dominant le tumulte, un garçon marchand de vin accourut.

— Que faut-il servir aux citoyens? — cria-t-il d'une voix glapissante en passant un vigoureux coup de torchon sur la table de bois verni.

— Qu'as-tu à nous offrir, estimable marmiton? — demanda le guide.

— Pieds à la poulette, omelette aux fines herbes, jambon de Bayonne, tête de veau à la vinaigrette, filet dans son jus, — débita rapidement le garçon.

— Que désirez-vous, estimable citoyen? faites-vous servir ! — dit le guide en s'adressant à son compagnon.

— Commandez ce qui vous plaira le mieux, — répondit le jeune homme. — Votre goût sera le mien. D'ailleurs ne vous inquiétez pas de moi... je mange si peu. Mais commandez, je vous en prie.

— Pour lors, reprit le guide en posant ses mains à plat sur la table. — Attention, conscrit! Deux couverts ! Un jambon pour flâner, des pieds pour deux pour vous ouvrir l'appétit, un filet pour quatre pour le combler et du dessert.

— Quel vin ?

— Une bouteille à douze! cachet rouge !

— Deux bouteilles! — dit le jeune homme en souriant

— Trop poli pour dire le contraire, citoyen ! — fit le guide en s'inclinant.

Le garçon s'empressa de dresser son couvert ; et quelques minutes après, le soldat attaquait bravement une formidable tranche de jambon, tandis que son compagnon fort peu empressé, en apparence du moins, de faire honneur au repas, s'occupait à déboucher une bouteille et à emplir le verre de son convive.

II

LE DÉJEUNER

— Alors, vous avez vu souvent le général Bonaparte ? demanda le jeune homme.

— Si je l'ai vu ? — s'écria le guide, — mais estimable paroissien, je l'ai vu comme je te vois, et plus que ça même, car enfin, je n'ai celui de te connaître que depuis ce matin, et je connais mon général depuis qu'il est au service. Oui, jeune homme !... Tel que tu le vois, Cascaradin, dit Sabre-de-Bois, il a eu celle d'être attaché aux chevaux de Bonaparte, alors que, pour la première fois, il a fait danser aux Quinze-Reliques, en Italie, une danse dont tout un chacun a gardé la remémoration. Depuis cinq ans, vois-tu, je ne l'ai pas plus quitté que la semelle de sa botte ! Aussi je l'aime !... ah !... et il m'aime ! oh !.....

« A preuve, c'est qu'en *Egypre*, un soir, quand on a eu créé l'escadron des guides, il m'a rencontré et il m'a dit : « T'en es! » — Là-dessus j'ai répondu : — « Ça ne m'étonne pas, puisque les guides c'est pour veiller sur vous. J'en suis, et tant qu'il y en aura, j'en serai! » Pour lors, il m'a tiré l'oreille, ce qui voulait dire qu'il me portait dans son cœur. Et, entre nous, il fait bien de m'y porter, car je le porte joliment dans le mien, moi.

Le jeune homme regarda attentivement le soldat :

— Vous aimez donc bien le général Bonaparte? — dit-il après un silence.

Cascaradin, dit Sabre-de-Bois, se rejeta en arrière et regarda à son tour son interlocuteur avec une expression d'étonnement impossible à rendre.

— Ah bien! par exemple! — s'écria-t-il enfin. — En voilà une bêtise! Si j'aime mon général, moi, Cascaradin, Sabre-de-Bois!

Et il déchargea un formidable coup de poing sur la table, en donnant au naïf juron prononcé une expression impossible à rendre.

— Mon général, — reprit-il tandis que son visage s'empourprait. — Si j'aime mon général? C'est-à-dire, vois-tu, que je me ferais couper en mille milliards de miettes pour lui être agréable, et quand je serais haché menu comme chair à pâté, chaque morceau lui crierait :

— « Merci! bien du bonheur! portez-vous bien! Sabre-de-Bois! »

— Alors, — reprit le jeune homme, — vous avez fait toute la campagne d'Égypte sans quitter le général en chef?

— Pas tant seulement de deux longueurs de semelle, tu l'as dit, citoyen... citoyen... Ah! au fait, — poursuivit Cascaradin en changeant de ton, — fais-moi donc un peu celui de me dire ton nom? Il n'y a rien de bête comme de déjeuner ensemble sans savoir comment s'interpeller.

— Je me nomme Abel.

— Abel! répéta Cascaradin. — Attends donc! Mais j'ai entendu parler d'un particulier de ce nom-là qui avait eu des désagréments de famille. — Attends donc!... attends donc!... mais, dans mon enfance, j'ai su une complainte là-dessus...

— Il ne s'agit pas de moi, mais de vous.

— C'est juste. Eh! garçon. Dessers et ressers! Tiens! je parle en *versse*, et m'en verse.

Et Cascaradin, enchanté de cette succession de spirituels jeux de mots, vida d'un seul trait le verre qu'il venait d'emplir.

— Alors, — reprit Abel, — vous avez assisté à la bataille des Pyramides?

— A preuve, répondit vivement Cascaradin, — à preuve que je n'ai pas quitté mon général, et que je suis resté auprès de lui dans le carré de la division Dugua! Ah! cher ami de mon cœur! en voilà une guerre cocasse, va! En Italie, au moins, on te courait sur les Autrichiens la baïonnette en avant qne c'était un plaisir, mais en *Egypre!* Bernique! Plus d'entrain dans la danse! On formait des carrés, et on attendait les Mamelucks et autres drôlichons de Mamamouchis qui venaient faire des cabrioles sur nos fantassins.

— De sorte que, pendant cette bataille, vous n'avez pas une seule fois quitté le général?

— Pas tant seulement deux minutes.

— Et après la bataille, — poursuivit Abel qui paraissait apporter une importance étrange à ces questions d'apparence si simples qu'il faisait, et après la bataille, que se passa-t-il?

Cascaradin regarda son interlocuteur en clignant de l'œil.

— Mais, répondit-il enfin, — il se passa une foule de choses plus agréables les unes que les autres. Et *primo* d'abord, et d'une, on avait eu celui et celle de flanquer une brossée premier choix aux Mamamouchis à trois queues de l'endroit.

Secundo ensuite, et de deux, autre genre d'agrément, et qui avait bien son charme ; on te trouve sur le terrain plus de deux mille polissons de grands Turcs avec un tas de dorures sur la tranche, et des châles magnifiques par ci, et des armes avec un tas de diamants et autres par là, et des bourses en soie d'une aune pleine de pièces d'or, et des chevaux avec des selles de velours surchargées de pierreries, etc...

— Ensuite ? ensuite ? — interrompit Abel avec impatience.

— Ensuite nous entrâmes au Caire, une ville numéro un... Sabre-de-Bois !

— Mais, — interrompit encore Abel, — dans cette division Dugua dont vous parliez, et qui formait le centre de l'armée à la bataille des Pyramides, ne se passa-t-il pas un fait... singulier durant le combat ?

En formulant cette interrogation, le jeune homme paraissait en proie à un embarras des plus grands. Rougissant et pâlissant tour à tour, on eût dit qu'il faisait les efforts les plus violents pour contraindre les paroles à sortir de sa bouche.

Cascaradin regarda son interlocuteur en ouvrant de grands yeux étonnés.

— Un fait singulier ? — répéta-t-il en se grattant la tête. — Je n'ai guère souvenance que des coups de canon, des coups de sabre, des coups de fusils, des coups de pistolets.

— Il s'agissait d'un officier...

— Un Mamamouchi ?

— Non ! un Français.

— Dam !... il y en avait pas mal...

— Oh ! celui-là, — dit Abel en précipitant ses paroles, vous devez le connaître particulièrement... Celui-là... C'était le capitaine Davilliers.

— Le capitaine Davilliers ! — s'écria Cascaradin, — de la première du deuxième de la vingt-sixième ?

— Oui.

— Ah ! bigre de bigre ! si je le connais !... Et Cascaradin déchargea un énorme coup de poing sur la table. Le jeune homme se rapprocha de lui par un mouvement des plus brusques.

— Vous le connaissiez ? — dit-il.

— Comme je vous connais, mon tendre ami, — répondit le soldat, — et même mieux que cela, car enfin je n'ai celle que de vous tirer ma révérence que depuis ce matin où un hasard nous a mis nez à nez, ce dont je ne me plains pas, car enfin vous me paraissez être un paroissien suffisamment agréable, et si j'ai accepté votre déjeuner c'est que...

— Vous connaissiez le capitaine ? — répéta encore Abel.

— Parbleu ! avant d'être dans les guides j'ai servi dans sa demi-brigade et même dans sa compagnie.

— Ah ! fit Abel en regardant fixement le soldat.

Et après un silence :

— Et vous l'aimiez ? — reprit-il.

Cascaradin à son tour regarda le jeune homme :

— Pourquoi me demandez-vous cela? — dit-il très brusquement.

— Mais... pour... causer... pour... parler...

— Eh bien, mon cher et tendre, parlons d'autre chose!

— Non... je tiens à parler du capitaine Davilliers, reprit Abel avec l'énergie d'une décision parfaitement prise.

— Ah! — fit Cascaradin, et pourquoi donc cela!

— Parce que cela me fera plaisir que nous en parlions. Qu'est-ce que cela vous fait?

— Ça me fait déplaisir à moi. Je suis bon enfant que j'en suis bête, c'est possible, mais je n'aime pas à remettre sur le tapis des histoires où j'ai vu dans l'ornière des gens que j'estimais et que j'aimais...

— Vous aimiez donc le capitaine Davilliers?

— Et bien oui, que je l'aimais, et d'autres l'aimaient aussi, et si ça vous offusque le tempérament je...

Abel avait saisi la main du soldat, et il pressait cette main dans les siennes avec une expression telle que Cascaradin s'arrêta:

— Ah! ah! — reprit-il, — paraîtrait voire que vous ne le détestiez pas non plus...

Abel ne répondit pas.

— Vous le connaissiez, — dit le soldat.

— Je l'ai vu... à peine... étant tout enfant...

Après avoir prononcé ces mots à voix basse et entrecoupée, Abel passa la main sur son front, sembla réfléchir, hésiter... puis rapprochant encore son tabouret de celui du soldat, il regarda fixement Cascaradin.

— Ecoutez, mon ami, — dit-il. — Jusqu'à ce jour je ne vous avais jamais vu, mais j'avais beaucoup entendu parler de vous : je savais que vous étiez ce que l'on nomme un bon et brave soldat, un homme de cœur.

— Flatté... indéfiniment... balbutia Cascaradin.

— Vous connaissant pour ce que vous êtes, je croirais mal agir en employant la ruse avec vous.

— La ruse ?... s'écria Cascaradin, — Comment ? vous voulez me fourrer dedans, pékin ?

— Laissez-moi achever, notre rencontre de ce matin vous a paru fortuite, il n'en était rien. Elle était préméditée. Depuis longtemps je vous cherchais et je voulais entrer en relations avec vous.

— Flatté !... flatté !... indéfiniment flatté ! mais comprends pas !

— Il s'agissait de celui dont nous venons de parler.

— Du capitaine Davilliers ?

— Oui. Fort peu sont encore revenus d'Egypte, fort peu existent donc à cette heure en France qui peuvent me répondre ; parmi ceux-là vous êtes peut-être celui qui peut me donner les renseignements les plus précieux sur l'affaire dont il faut que je m'occupe, car ainsi que vous le disiez tout à l'heure, vous avez connu le capitaine Davilliers, vous avez servi sous ses ordres, vous l'aimiez et... même... si ce qu'on m'a dit est vrai, vous l'avez soigné alors qu'il était malade et emprisonné au Caire...

— Cela est vrai.

— Vous l'avez même vu... jusqu'au jour de... jusqu'à ses derniers moments ? — dit vivement Abel en se reprenant.

— Oui... mais, dis-moi z'un peu ! pourquoi diable me demandes-tu tout cela ?

— Parce que vous pouvez me donner des renseignements précieux sur cette affaire encore à demi-plongée, pour moi, dans les ténèbres.

— Mais saperlotte, estimable citoyen, qui donc es-tu ?

Abel secoua doucement la tête :

— Je suis avocat, — dit-il, — avocat de madame Davilliers et chargé par elle de dresser une requête pour la présenter au premier consul, afin d'obtenir d'effacer une tache qui souille le nom d'une honorable famille. Cela vous explique pourquoi j'ai besoin des renseignements les plus précis sur cette affaire.

— Mais, reprit Cascaradin en se grattant tour à tour le nez, les oreilles et le menton, triple geste décelant chez lui la préoccupation la plus vive, mais pourquoi diable me demandes-tu tout cela à moi ?

— Parce qu'ainsi que je vous le répète, l'affaire dont il s'agit s'est passée en Egypte et que vous êtes un des rares témoins que la justice pourrait trouver à cette heure en France.

— Mais je ne veux pas paraître en justice, moi, Sabre-de-Bois ! — s'écria le guide en cessant brusquement de faire honneur au déjeuner.

— Il ne s'agit que de paraître devant le premier consul, si toutefois il veut s'occuper de l'affaire.

— Oh ! quant à ce qui est de paraître devant mon général ! — dit Cascaradin. — On en a crânement l'habitude.

— Eh bien ! alors, vous allez me donner les renseignements...

— Mais si mes chefs...

— Ce que je vous demande n'a aucun rapport avec le service, ainsi vous n'avez rien à craindre...

— Ce n'est pas que j'aie peur, mais que la consigne et

la discipline, Cascaradin n'y a jamais manqué! oh! mais! jamais! au grand jamais!

— Mon ami, — reprit Abel, — je vous donne ma parole d'honneur, que les renseignements que je vous demande, vous pouvez me les donner sans que votre honneur ni votre responsabilité n'aient rien à redouter. Je ne vous demande pas de me confier un secret, puisque l'affaire dont je vous parle est connue de beaucoup de gens existant à cette heure mais se trouvant tous sur une terre lointaine.

— Oui... je ne dis pas... — murmura Cascaradin, — mais c'est que c'est une vilaine affaire que celle-là et entre nous...

— Il s'agit, mon ami, non-seulement d'essayer de rendre l'honneur à une famille, mais la vie à une femme et à une jeune fille!... A l'heure où je vous parle, madame Davilliers voit la mort planer au-dessus de sa couche et sa pauvre fille, brisée par la douleur et la misère, épuise le peu de forces qui lui restent pour prodiguer ses soins et les secours de son travail à la chère malade...

— Une femme... une fille... — balbutia le soldat que l'émotion gagnait visiblement, mais je n'ai plus faim... moi!

Et il repoussa brusquement son assiette pleine.

— Voulez-vous m'aider à secourir ces pauvres femmes? demanda Abel.

— Comment? si je veux! — s'écria Cascaradin avec violence, — mais c'est-à-dire que je ne serais qu'un rien du tout de Mamamouchi si je ne faisais pas tout ce qu'on peut faire sous la calotte des cieux pour empêcher des chères madames d'un pareil numéro de... parce que... enfin... je...

Et les mots lui manquant pour achever d'expliquer sa pensée, Cascaradin se donna un énorme coup de poing en pleine poitrine :

— Et voilà ! dit-il.

III

SOUVENIRS D'ÉGYPTE

Un silence assez long avait suivit cet échange de paroles. Cascaradin, après s'être appliqué sur l'estomac ce formidable coup de poing qui avait fait résonner tout son être, Cascaradin avait paru s'enfoncer dans un abîme de réflexions.

Le dos appuyé sur le dossier de sa chaise, la tête à demi penchée en avant, le bras droit étendu, le poignet reposant sur la table, le bras gauche inerte et pendant, le soldat avait cette attitude rêveuse de l'homme qui en appelle à ses souvenirs dans une circonstance critique.

Abel, les sourcils contractés et le front plus pâle encore, méditait profondément. Il semblait, lui aussi, concentrer toutes ses facultés vers un même but. Evidemment il devait se passer quelque trouble effroyable dans l'âme de ce jeune homme, évidemment quelque puissante et invincible émotion torturait cette âme, la crainte et l'espérance se livraient en lui un effrayant combat.

Enfin, se redressant comme un homme qui prend un parti héroïque :

— Ne faisiez-vous pas partie de ceux qui ont arrêté le

capitaine Davilliers? — demanda-t-il tandis que ses doigts étreignaient machinalement un crayon qu'il venait de prendre dans la poche de son habit.

— Oui, répondit Cascaradin.

— Racontez-moi cela en détail.

— Voilà la chose, citoyen. Un soir... c'était le lendemain de notre entrée au Caire, quelques jours après la bataille des Pyramides. L'armée était en bombance ; c'était une joie que chacun s'en payait ; en veux-tu? en voilà ! Le général était dans son cabinet du palais de Momade-Bey dans lequel nous nous étions installés. Il était tout seul dans ce cabinet dont la porte était ouverte, et moi j'étais dans un petit salon d'attente précédant ce cabinet. Je le regardais et je le voyais aller et venir, se promenant les mains derrière le dos, marcher, s'arrêter et remarcher...

J'étais donc là en faction, n'osant bouger et le reluquant avec amour ; il avait l'air furieux, et il y avait de quoi !

Il venait d'apprendre que son aide-de-camp, le général Junot, un brave des braves, un premier numéro, quoi ! venait de se repasser un coup de torchon sur les bords du Nil avec le général Lanusse, un autre brave premier choix, et qui n'était pas d'accord avec le général en chef.

Tant et si bien que le général Junot avait eu le ventre ouvert d'un coup d'espadon... et qu'il était dans son lit, et pas à son aise...

Il fallait entendre le citoyen-général en chef, il était furieux :

— « Ah ! — qu'il disait, — ils vont s'égorger entr'eux maintenant ! Ce n'est donc pas assez des Bédouins, de la peste, des Mamamouchis et autres cocodrilles. Comme si il n'y avait pas un tas de moyens de passer l'arme à gauche dans ce gueusard de pays, sans avoir besoin de la lame d'un ami ! Ah ! général Junot, vous vous êtes battu. Eh bien ! je vous flanquerai aux arrêts pendant un mois !... »

— Et puis il s'arrêtait, et puis il réfléchissait, et puis il fronçait les sourcils, et comme il croyait qu'on ne l'entendait pas, il disait :

— « Mon pauvre Junot !... s'il allait en mourir ? Aussi, l'imbécile ! pourquoi ne s'est-il pas battu au pistolet ? »

Certainement c'était peu flatteur pour le général Lanusse, mais ça l'était diantrement pour le général Junot, car tout un chacun sait qu'il n'y a pas son pareil, pour l'œil et la main, sous la calotte des cieux. Il te marie à vingt-cinq pas deux balles sur le bouchon d'une bouteille !...

Enfin j'écoutais, je regardais et je me disais comme ça à part moi :

— « Cré mille sabres-de-bois, que je voudrais donc avoir deux coupures comme ça dans le ventre pour que mon général pense à moi comme il pense à son aide-de-camp ! »

Et faut croire que dans le moment je donnai un coup de poing sur quelque chose, car le général tressaillit, et, d'une voix brusque, il demanda qui était là.

Je m'annonçai sans mot dire, la main au front.

— Ah ! — qu'il me fit — c'est toi Sabre-de-Bois ! Qu'est-ce que tu fais là ?

— Rien de rien — mon général — que je réponds. — J'attends. C'est le général Berthier qui m'a dit de monter...

Le général fit un petit signe et puis il me tourna le dos ; il n'avait pas l'air plus content qu'avant... Enfin un temps s'écoule et le capitaine Raymond entre dans l'antichambre où je me trouvais.

Je l'annonce, comme c'était la consigne, et le général lui fait signe d'entrer. Il entre et le voilà qui se met à causer tout bas avec le général, et à lui faire voir un tas de paperasses qu'il portait dans un grand portefeuille... »

Abel posa la main sur le bras du guide :

— Permettez, mon ami — dit-il, — ce capitaine dont vous parlez n'appartient-il pas à la 2e légère de la brigade Lannes de la division Kléber ?

— Parfaitement citoyen !

— Le capitaine Raymond était un homme passant pour appartenir à l'ancienne noblesse ?

— Oui.

— Ce nom de Raymond cachait un titre, disait-on ?

— Je l'ai entendu dire.

— Et ce titre était celui du comte de Beaury ?

— Ah ! pour cela, mon très-cher, j'en ignore...

— N'importe ! Ce Raymond est bien celui dont vous parlez, continuez ! Vous en étiez au moment où il était en conférence avec le général en chef.

— C'est bien cela... reprit Cascaradin. — Qu'est-ce qu'ils se sont dit ? Je ne sais pas, je ne pouvais pas entendre, et encore quand je l'aurais pu je ne l'aurais pas fait, attendu que la consigne est la consigne.

— Pour lors, que me dit le général, tu vas prendre avec toi trois guides, les hommes les plus solides, tu vas aller avec eux à la suite du capitaine Raymond, et tu lui obéiras de point en point !

Là-dessus je salue, et sans faire ni une ni *deusse*, j'emboîte le pas à mon supérieur.

En vertu de l'ordre de mon général, je prends trois guides et nous filons... Où est-ce que nous allions? nous n'en savions rien, mais ça ne nous regardait pas....

Nous traversons une partie de la ville et nous arrivons à la demeure du grand prévôt de l'armée. Le capitaine Raymond monte auprès du colonel, et puis il redescend avec un chef d'escadron et un adjudant major. Quatre cavaliers nous escortent et nous nous remettons en route.

Tout ça finissait par me sembler cocasse, et nous nous regardions, les camarades et moi, comme pour nous demander s'il y en avait un qui avait la *comprenance* ouverte. Mais, bernique? Tous plus bêtes les uns que les autres.

La nuit était venue, et nous marchions dans ces petites rues qui serpentent autour de la grande mosquée comme des queues de cerf-volant. Enfin nous nous arrêtons.

Nous étions en face d'une maison basse et sombre.

— Attention ! — que nous dit le commandant en en plaçant six en sentinelles de distance en distance. — Veillez tous, pistolet ou sabre au poing, et que personne ne passe sans mon ordre.

Moi et un camarade nous étions demeurés disponibles avec l'adjudant-major et le capitaine Raymond qui ne disait pas un seul mot.

Le commandant s'approche alors de la petite porte de la maison. Le camarade me donne un grand coup de coude dans le côté :

— Tiens ! qu'il me dit, c'est la maison du capitaine Davilliers !

— C'est vrai ! que je réponds en reluquant l'établissement. Qu'est-ce que nous allons donc faire là-dedans?

— On n'a jamais pu savoir, — que dit l'autre.

— Mais on saura néanmoins, que je lui réponds.

Là-dessus, le commandant cogne à la porte, on vient ouvrir, il entre.

— Au nom de la République française ! qu'il dit.

L'adjudant-major et le capitaine Raymond le suivent. Nous demeurions là, le camarade et moi, comme deux imbéciles que nous étions, sans rien dire.

Tout à coup une fenêtre s'ouvre au premier étage, et le commandant avance la tête :

— Venez ! qu'il nous dit.

Crac ! nous nous élançons le camarade et moi... nous montons un étage et nous voilà dans une pièce qui était éclairée par une petite lampe.

Sur une chaise il y avait un homme, et de chaque côté de l'homme il y avait le capitaine Raymond et l'adjudant-major qui avaient l'air de veiller sur lui, et comme dit cet autre, ils en avaient l'air et la chanson.

Le commandant, qui était au milieu de la chambre, s'avance, ses paperasses à la main...

— Capitaine Davilliers ! — qu'il crie. — Au nom de la loi et de la République, une et indivisible, je vous arrête et je vous somme de nous livrer tous vos papiers sans faire aucune résistance.

Et, se tournant vers le camarade et moi :

— Soldats ! — qu'il ajoute, — veillez sur le capitaine Davilliers, qu'il ne fasse aucun mouvement, vous m'en répondez sur votre tête ?

Là-dessus, le camarade et moi nous prenons la place du capitaine et de l'adjudant.

Le pauvre capitaine Davilliers ne disait pas un mot et ne faisait pas un mouvement.

J'étais là, tout bête, regardant mon officier, et je me creusais la cervelle en me disant :

— Quoi qu'il a donc fait ?... et je ne trouvais rien.

Pendant ce temps-là, le commandant et les deux autres fouillaient les tiroirs, ouvraient les meubles et ramassaient les papiers.

Ça dura bien un bout de temps, et je devenais bête de plus en plus, quand enfin le commandant fait son paquet de paperasses et ordonne au capitaine Davilliers de se lever et de le suivre, et à nous d'avoir l'œil ouvert sur le prisonnier.

Voilà que nous descendons. Dans la rue, les autres entourent le prisonnier, et en route. Nous retournons au palais du général en chef ; je continuais à n'y rien comprendre.

Une fois dans le salon d'attente, on te bloque le pauvre capitaine dans un coin avec quatre soldats tout autour, et le commandant me dit :

— Sabre-de-Bois, (c'est mon petit nom d'amitié, tu sais), Sabre-de-Bois ! tu vas veiller sur le prisonnier, et tu continues à m'en répondre !

Et il entra chez le général en chef.

Faut vous dire que le capitaine Raymond et l'adjudant étaient restés en bas.

J'étais toujours là comme un imbécile, car je ne comprenais absolument rien à ce qui venait de se passer.

Le capitaine Davilliers n'avait pas ouvert la bouche. Il avait les sourcils froncés, il était pâle, mais il était calme comme sur un champ de bataille.

Le commandant avait refermé la porte du cabinet du général, de sorte qu'on n'entendait rien, et que le silence qui régnait dans le salon d'attente était encore plus pénible.

V'lan ! la porte s'ouvre et le commandant paraît.

— Cascaradin, — qu'il me dit, — introduis le capitaine !

Le capitaine se lève et je le fais passer. Il entre d'un pas ferme et la porte me revient sur le nez.

Les camarades et moi nous nous regardions :

— Mais qu'est-ce qu'il y a donc ? — que l'on disait. — Qu'est-ce qu'il a pu faire ce pauvre capitaine Davilliers ?

On ne trouvait pas et on attendait toujours. On entendait par moments des éclats de voix qui nous faisaient froid au cœur, car cette voix était celle du général en chef qui était en colère.

Enfin le temps se passe encore, et la porte du cabinet se rouvre.

Le capitaine sort, mais cette fois il était rouge, il avait les yeux ardents et il trébuchait comme un sapeur qui a passé trop de temps à la cantine.

Le commandant nous fait former les rangs autour de lui, et nous quittons le palais du général pour aller vers un bâtiment dont on avait fait la prison militaire. On met le capitaine au cachot et on m'ordonne, avec les camarades de veiller sur le prisonnier.

Depuis qu'il était arrivé à la prison, le capitaine avait repris tout son sang-froid et il était redevenu calme.

Durant la nuit, j'entendis comme un râle... Nous allâmes voir... Le capitaine s'était pendu.

— Pendu ! — s'écria Abel — avec une émotion des plus vives.

— Eh ! oui, pendu ! Il s'était accroché avec sa cravate

à un barreau de fer de la fenêtre. Heureusement, il respirait encore : je coupai la cravate, et les camarades et moi, avec le docteur Desgenettes qui était accouru, nous lui rendîmes la vie.

Il ne nous dit pas merci, il ne voulut pas même prononcer un mot.

— Ah! reprit le jeune homme qui écoutait le récit du soldat avec une attention extrême. Ah! durant cette première nuit qui suivit son arrestation, le capitaine voulut se tuer...

— Oui, citoyen.

— Et il ne prononça pas une parole ?

— Pas une seule.

— Vous en êtes sûr ?

— Dame! depuis le moment où il a quitté le cabinet du général Bonaparte jusqu'au lendemain à l'heure de la soupe, je n'ai pas quitté le capitaine tant qu'il n'a pas été seul ; c'est-à-dire qu'un autre ne l'a pas vu seulement l'espace d'une seconde sans moi.

Le lendemain, poursuivit le guide, quand je quittai le capitaine, j'avais, comme on dit, un cheveu dans mon existence. Je l'avais toujours bien aimé, moi, ce pauvre capitaine... et je le voyais là, arrêté, fourré en prison, gardé à vue, sans savoir pourquoi...

Tu penses si une nouvelle comme ça se répand vite ! En vingt-quatre heures toute l'armée savait la chose.

— Eh bien donc! le capitaine Davilliers est arrêté ! — qu'on se disait en ouvrant de grands yeux et en faisant de grands bras.

— Sais-tu pourquoi ? — qu'on se demandait.

Et chacun disait la sienne.

Il y en avait des uns qui prétendaient que le capitaine

avait refusé d'obéir au général Rampon dans la brigade de qui il était ; il y en avait des autres qui affirmaient que c'était pour empêcher un duel qui devait avoir lieu qu'on avait arrêté le capitaine. Et puis on ajoutait qu'il voulait rentrer en France, qu'il avait demandé un congé qu'on lui avait refusé, et qu'il avait menacé de partir sans permission. Enfin, on en disait d'autres encore, d'autres de toutes les couleurs, excepté de celle dont on devait en dire plus tard.

La justice militaire, ça ne traîne pas la patte comme la justice civile, tu sais ; ça file comme un boulet. Le capitaine était arrêté, il ne devait pas être longtemps à être jugé.

Ce qu'il y avait de drôle, c'est qu'on ne savait pas de quoi il s'agissait. C'était comme qui dirait un mystère *invulnérable*.

Pour lors, je l'avoue, ça continuait à me chiffonner le tempérament, à moi et à d'autres, parce qu'enfin le capitaine Davilliers était connu ; quand un soir le bruit se répand qu'il sera enfin jugé le lendemain et qu'on saura de quoi il en retourne.

J'étais dans un cabaret de l'endroit, qui était loin de valoir celui-ci, j'ose le dire, je buvais avec des camarades quand la nouvelle susdite nous vient comme un coup de vent.

— Ah ! — que je dis, quelle chance, je vas donc enfin revoir ce brave officier ! car enfin si le capitaine passe demain en conseil de guerre, il est sûr et certain qu'il sera mis en liberté le soir.

— Lui ! — que dit un dragon qui était là et qui était l'ordonnance du capitaine Raymond, — lui ! Il pourra sortir de prison demain, c'est possible, mais ce sera pour aller faire un tour sous les remparts.

— Et pourquoi y faire ? — que je demande un peu agacé, sans trop savoir pourquoi, par le sourire du dragon.

— Pour y être fusillé ! — que dit l'autre.

— Fusillé ! — que je crie. — Fusillé ! mon capitaine ! qu'est-ce que tu chantes-là ?

— Je ne chante pas, — dit le dragon en se caressant la moustache, — je dis ce qui est ? Le capitaine sera fusillé comme un traître et un lâche qu'il est !

Le dragon n'avait pas fini qu'il était collé le long du mur, la face empourprée et la langue pendante... Dame !... j'ai la poigne solide ; et j'aimais mon ancien capitaine...

On nous sépare, le dragon crie et m'agonise, je lui ferme la bouche à poing fermé... Tu comprends ? on est soldat ou on ne l'est pas, c'est-à-dire que l'on a un sabre sur la cuisse gauche...

— Une !... deux !,.. le premier coin venu !... — que je lui dis.

— Ça me va ! — qu'il répond.

Et nous voilà dans le jardin de l'établissement : les camarades tenaient des chandelles.

On tombe en garde : le dragon attaque avec son bancal. Je l'attends à la riposte. Il m'envoie un coup de manchettes. Je pare et je riposte par un coup de prime qui lui fend le crâne jusqu'aux yeux...

Il tombe !... fini !... plus de dragon ! J'en étais fâché... mais j'aimais mon capitaine. Ça serait à refaire que je recommencerais.

IV.

L'EXÉCUTION.

Abel, les yeux humides et l'émotion la plus vive peinte sur le visage, s'était rapproché encore et avait saisi les mains du soldat.

— Ainsi, vous vous êtes battu pour le capitaine Davilliers ! — dit-il.

— La belle affaire ! — répondit Cascaradin en haussant les épaules. — Puisque je l'aimais.

— Et cet homme que vous avez tué était attaché au service du capitaine Raymond ?

— Oui ! c'était son ordonnance. A cette époque-là le général en chef n'avait pas encore rendu son ordre du jour contre les duels, de sorte qu'il ne me fut rien fait... Je dois le dire, j'étais content d'avoir nettoyé un bavard qui avait dit du mal de mon capitaine. quand le lendemain... après la séance du conseil de guerre...

— Eh bien ? dit Abel en voyant le soldat s'arrêter.

— Eh bien... — reprit Cascaradin en baissant la tête, — j'ai eu du regret d'avoir fait ce que j'avais fait, car il paraîtrait voire que le dragon n'avait pas menti... Le capitaine Davilliers était coupable... tout ce qu'il y a de plus coupable !

— Coupable ! lui !... dit Abel en redressant vivement la tête.

— Oui, citoyen.

— Le croyez-vous donc ?

— Dam ! comment est-ce qu'il faudrait faire pour ne pas le croire ? Le jugement a été connu de tous. Paraîtrait voire que le capitaine Davilliers, qui avait été jusqu'alors un brave des braves, était devenu subitement un gredin fini.

Il avait promis à deux chefs de Mamamouchis, des amis de ce brigand de Djezzat et de Sydney-Smith, ce je ne sais quoi de goddem, de leur livrer les plans de la campagne de notre armée moyennant de grosses sommes d'argent. Les deux Mamamouchis qui avaient été arrêtés ont tout raconté. Ils ont dit qu'ils s'étaient entendus avec le capitaine et qu'ils lui avaient déjà remis de l'argent.

Effectivement, paraîtrait voire que dans les recherches faites au domicile du capitaine, on avait trouvé de l'argent turc en grande quantité, et un tas de papiers prouvant que les Mamamouchis disaient vrai.

— Ainsi, — dit Abel, — on a constaté durant le procès, que le capitaine Davilliers avait en sa possession des sommes dont il n'expliquait pas la propriété ?

— Oui, citoyen.

— Et qu'a-t-il répondu ?

— Il est entré tout d'abord dans une colère épouvantable en jurant sur ses grands dieux que ce n'était pas vrai et qu'on l'accusait à tort ; mais voilà qu'on lui met les papiers sous les yeux... Il les lit et il reste coi !... Et puis les Mamamouchis viennent et déclarent tout, tant et si bien que pour les remercier d'avoir dit toute la vérité, on leur a fait grâce de la peine de mort.

— Et le capitaine ? qu'a-t-il dit pour sa défense ?

— Rien ! absolument rien ! pas un mot.

— Il n'a pas parlé ?

— Non, que je te dis !

Abel courba la tête en poussant un profond soupir.

— De sorte, — reprit Cascaradin, — que le capitaine ne disant rien, fut déclaré coupable et condamné à être fusillé.

Quand on lui dit cela, et je l'ai vu, il ne sourcilla pas. On lui proposa d'adresser au général en chef un recours en grâce, il s'y refusa absolument, complètement.

— Et, — demanda Abel avec anxiété, croyait-on le capitaine coupable ?

— Dam, comment ne pouvait-on pas le croire ? Il y avait des preuves en veux-tu ? en voilà ! Tout l'accusait, et lui ne se défendait pas.

Abel courba la tête.

— Enfin, — poursuivit le guide, — le jour de l'exécution arrive. J'étais auprès de mon ancien capitaine, car on avait beau le dire coupable, je l'aimais tout de même... On vient le chercher ; il ne parlait toujours pas... On eût dit que depuis qu'il était arrêté il fut devenu muet... Enfin... on l'emmène... je lui serre la main... j'avais des larmes dans les yeux... mais je ne pouvais pas parler non plus... Quand il est parti je demeure là... un moment... immobile comme un imbécile... C'était au Caire, cela. On l'emmenait sur les bords du Nil... il faisait petit jour.

Ce matin-là (j'ai tout ça dans la tête rangé comme sur des tablettes, vois-tu !) ce matin-là j'étais donc de service auprès du général, et comme on allait battre la diane, je file pour être à mon poste... J'avais le cœur gros et je marchais l'oreille attentive... Il me semblait à chaque pas entendre les satanées détonations qui allaient me dire : N-i-ni, fini !

Enfin... au détour d'une ruelle et comme j'allais atteindre le palais, j'entends la fusillade... je m'arrête en poussant un : ouf !... Et puis, saisi par je ne sais quelle idée, je me mets à courir.. je saute comme un fou... quand je me cogne contre quelqu'un... C'était le capitaine Raymond qui sortait du palais...

J'allais lui faire mes excuses pour l'avoir bousculé sans le vouloir, quand j'entends les tambours qui battent et la fusillade qui continuait toujours au loin...

Qu'est-ce que cela voulait dire? Je n'en savais rien... j'étais comme un ustuberlu... Les camarades qui passent crient : « Aux armes !... »

Enfin, pour en finir, paraîtrait voire qu'une compagnie de Mamamouchis était venue flâner dans les environs et avait tenté d'enlever un de nos avants-postes. En un clin d'œil on était en dehors de la ville, et on flanquait une brossée aux bédouins. Une heure après, plus rien...

Nous voilà de retour au palais : le général en chef, qui avait l'air pas content, rentre dans son cabinet et je me campe dans le vestibule. Le capitaine Raymond, qui était attaché à l'état-major du général, avait son cabinet au palais, et ce cabinet donnait justement sur le vestibule où j'étais. En passant devant la porte, j'entendais parler chaudement, comme si on se fâchait.

— Qui donc y a-t-il chez le capitaine ? — que je demande à un camarade.

— Le sous-lieutenant qui commandait le peloton d'exécution, — qu'il me répond.

— Eh bien ? — que je fais tout étonné.

— Eh bien ! paraîtrait voire que les Mamamouchis ont emporté le corps !

— Quel corps ?

— Celui du capitaine, donc !

— Eh! quoi que ça fait? — que je dis.

— Ça fait, — que me réponds le camarade, — que la mort du capitaine ne peut pas être constatée ni enregistrée.

— Comment ça?

— Tu comprends pas? — que me dit encore le camarade. — C'est pourtant facile. Paraîtrait voire que le peloton arrive à l'endroit indiqué avec le capitaine. Pour lors, on place le condamné et puis... on commande : — Portez armes! présentez armes! joue!!... feu!!! — Et le peloton fait feu, et à ce moment-là, juste, les mamamouchis montrent le nez.... Le peloton tient ferme et on se bat!... Tu sais le reste...

— Eh bien?

— Quand la place a été nettoyée, paraîtrait voire qu'on n'a pas retrouvé le corps du capitaine Davilliers. Les Mamamouchis l'auront enlevé.

Le camarade n'achevait pas que le capitaine Raymond sortait de son cabinet, suivi du sous-lieutenant, qui était plus rouge que les parements de sa veste. Il descend, je le suis sans en avoir l'air. Il commande un peloton d'escorte. Je m'arrange pour en être... Nous filons... sur les bords du Nil, à l'endroit où avait eu lieu l'exécution... Pas plus de capitaine que sur ma main, mais des cadavres de Mamamouchis tout à l'entour... Nous cherchons et nous recherchons... bernique! rien de rien!...

— Ainsi, — dit Abel en voyant le soldat s'arrêter, la mort du capitaine Davilliers n'a pu être légalement constatée?

— Non, citoyen : mais il a été déclaré par le sous-lieutenant commandant le peloton que le capitaine était tombé alors que les soldats avaient fait feu.

— Et... c'est tout ce que vous savez concernant le capitaine Davilliers.

— Absolument tout !

— Un long silence suivit cet échange de paroles, Cascaradin paraissait être profondément préoccupé, Abel, absorbé dans des réflexions lugubres, ne semblait même plus avoir conscience de l'endroit où il se trouvait.

Tenant son couteau par le manche dans la main droite, il picotait doucement la table avec la pointe, dans l'attitude méditative d'un homme qui calcule mentalement et suppute toutes les chances bonnes ou mauvaises qu'il peut avoir à courir. Enfin relevant lentement son front pâle et rêveur :

— Ainsi, — dit-il, — c'est le capitaine Raymond qui a fait toutes les recherches pour retrouver le cadavre du capitaine Davilliers.

— Oui ! répondit Cascaradin.

— D'après ce que vous avez entendu se disant dans son cabinet, le capitaine Raymond paraissait être singulièrement affecté de ce que le cadavre avait disparu ?

— Oui... cela est vrai.

— Et durant le procès, quelle avait été l'attitude du capitaine Raymond ?

— Ah ! pour ça, — répondit Cascaradin, — je ne pourrais te le dire, citoyen. Je n'en sais rien...

— Mais toutes les preuves avaient été contre le capitaine Davilliers ?

— Toutes sans exception. Les dépositions des Mamamouchis avaient été très-claires. Ils avaient déclaré que le capitaine était leur complice, qu'il devait livrer les secrets de l'armée française et qu'il avait touché de fortes sommes pour cela. Au reste, on ne pouvait pas douter puisqu'on avait trouvé les papiers au domicile du capitaine et, avec ces papiers, de grandes quantités de pièces d'or.

Abel paraissait de plus en plus absorbé dans ses pensées.

— Enfin... — dit-il, on n'a jamais retrouvé le cadavre du capitaine ?

— Jamais ! — répondit le guide, — mais on a porté sur les feuilles à son nom : mort ! Et puis, il faut bien qu'il soit mort, si il ne l'était pas, qu'est-ce qu'il serait donc ?

Abel avait les doigts des mains entrelacés, et les contractions nerveuses qui agitaient ses membres étaient telles que les jointures des articulations craquaient avec des mouvements saccadés.

Un silence bien plus long que ceux qui avaient précédé, régna de nouveau entre les deux interlocuteurs ; Cascaradin avait absolument cessé de manger : il paraissait même n'apporter aucune attention aux plats qui l'entouraient. Il demeurait là sombre, pensif et rêveur, absorbé évidemment par les pensées tumultueuses que réveillait son récit.

Abel, de plus en plus triste et rêveur, jetait de temps à autre sur le soldat un regard interrogateur.

— Le capitaine Raymond haïssait le capitaine Davilliers ? — demanda-t-il enfin.

— A vrai dire, je n'en sais rien ! répondit le soldat.

— Et depuis cet événement, qu'est devenu le capitaine Raymond ?

— Il doit être en France. Il est tombé malade quelque temps après et il a eu un congé pour revenir.

— Ah ! — fit Abel avec un accent singulier, — alors il doit être en France... je le crois !

Et il ajouta, comme se parlant à lui-même

— Il est à Paris !

V

LA MÈRE BROCHARD.

« Et vous payerez demain ? Oui ! je la connais, celle-là ! Repasse dans quelques jours, ma mignonne !

— Mais, madame ! je vous jure...

— Tu jures comme ça depuis six décades ! En voilà assez. On n'attrape pas plus longtemps la mère Brochard ! Plus de ça, Lisette ! T'auras tes légumes, mais argent sonnant !

— Je vous en supplie ! ne me refusez pas !

— Va donc, petite mijaurée !

— Ma mère est malade...

— Eh ! je ne peux pas la guérir ! Si j'étais obligée de donner tous mes légumes à ceux qui sont malades, avec quoi que je vivrais, moi ? je ferais de belles affaires !

Et brandissant un gros paquet de légumes qu'elle tenait à la main, la marchande replaça ce paquet dans un panier et écarta de l'autre main une jeune fille qui se tenait sur le seuil de la boutique.

C'était dans la rue de la Huchette que se passait cette scène. A l'angle formé par cette rue et la rue du Petit-Pont, se dressait une grande et haute maison, au pignon pointu, au ventre rebondi et proéminent, à l'auvent énorme. Cette maison, qui certes devait bien être âgée d'au moins deux siècles, avait une façade sur la rue du Petit-Pont et une autre sur celle de la Huchette. Le rez-de-chaussée, donnant sur la première des deux rues, était occupé par la boutique d'un boucher.

Sur la rue de la Huchette il y avait deux boutiques séparées par la porte bâtarde servant d'entrée à la maison. La première boutique, celle la plus proche de l'angle formé par les deux rues et mitoyenne par conséquent avec la boutique du boucher qui, elle, occupait cet angle, était une boulangerie.

La seconde boutique, celle après la porte bâtarde, appartenait à une fruitière.

La boutique du boucher et la boutique du boulanger étaient défendues par de fortes grilles serrées, celle de la fruitière n'était protégée que par un simple châssis vitré dont la devanture, se relevant comme une fenêtre à guillotine, permettait de mettre en plein air nne partie de l'étalage intérieur.

Sur des planches posées en pente, au milieu d'un amas de feuillage, s'épanouissaient pittoresquement des monticules de carottes, de navets, de pommes de terre, de tous les genres de légumes, enfin, que produisait la saison.

Un grand comptoir de bois de chêne coupait en deux l'intérieur de la boutique et était dominé par deux paires de balances : un assortiment complet de fromages, les uns entiers, les autres entamés, se voyait à l'extrémité du comptoir.

Sur des planches fixées le long du mur se dressaient des mottes de beurre enveloppées à demi dans des linges blancs, et, sous ces planches, étaient rangés d'énormes paniers remplis d'œufs.

Un panier plus petit, et placé plus près de la porte, contenait des œufs rouges.

Des balais, des manches, des poteries, une foule de grossiers instruments de cuisine et d'intérieur tapissaient les murailles, garnissaient le plafond et décoraient une grande partie de la façade extérieure, gagnant même du terrain sur la boutique du boulanger.

Derrière le comptoir, assise sur une chaise à marche-pied, comme les écaillères, trônait d'ordinaire une femme de quarante à quarante-cinq ans, de taille moyenne, extrêmement grasse, rouge de teint, de cheveux et de costume.

Des bras courts et replets, s'emmanchant à des mains qu'un gabier n'eût pas dédaignées, étaient attachés à des épaules élevées à force d'être grasses. De ces épaules sortait un cou court que dissimulait absolument un menton bourgeonné retombant en quadruple cascade.

Un nez si petit qu'on le voyait à peine, se dessinait entre deux joues rebondies et violacées, au-dessus d'une bouche qu'on voyait trop. Petits yeux, épais sourcils et pas de front, terminaient l'ensemble de cette tête que coiffait un mouchoir à carreaux.

Le corps, tout d'une venue, reposait sur deux pieds qu'un enfant de l'Auvergne eût trouvé beaux, car ils devaient être solides. La jambe paraissait être en harmonie avec ces extrémités imposantes.

J'ai dit plus haut que la fruitière était rouge de teint, de cheveux et de costume. Le tout était rouge, mais de tons différents.

Ainsi, les cheveux étaient roux pain d'épice avec des reflets poil de bœuf.

Le visage était rouge cramoisi dans sa partie supérieure, violacé dans sa partie inférieure.

La robe de laine était rayée rouge et noir, le tablier à bavette avait été rouge clair, et il était rouge gris,

Quand la fruitière était dans son comptoir, ses montagnes de carottes à gauche, un ou deux potirons largement ouverts à droite, on sentait que cette femme était bien réellement dans son élément, et le boucher (le voisin) qui était marié à une femme maigre et brune, ne pouvait s'empêcher de pousser un soupir en lançant un regard sur la fruitière, et le boulanger l'avait surpris murmurant un jour :

— Quelle belle femme, que la grosse mère Brochard ! Je suis sûr qu'elle tuerait un bœuf d'un coup de pied !

Le propos avait été répété, ce qui avait valu, au boucher admirateur de la fruitière, une scène des plus violentes.

Ce jour-là où nous entrons chez elle, madame Brochard, ou plutôt la *grosse mère Brochard*, car on ne l'appelait pas autrement, n'était pas dans son comptoir. Debout au milieu de sa boutique, plus rouge encore de joues et de menton que d'ordinaire, elle paraissait en proie à un accès de colère ne demandant qu'à se développer.

En face de la fruitière se tenait, le corps à demi affaissé sur lui-même, une jeune fille de seize à dix-huit ans, mince, mignonne, chétive et ayant dans toute sa personne un tel cachet de douleur et de souffrance, qu'au premier coup d'œil on devinait vite la misère la plus horrible sous ces vêtements cependant encore propres.

La jeune fille était vêtue de noir des pieds à la tête ! elle était en grand deuil. Sa robe de laine usée, reprisée, grise dans les plis, était en étoffe légère, en étoffe d'été, et on frissonnait en voyant passer au mois de février cette pauvre enfant à peine défendue contre le froid.

Et cependant en dépit de son misérable costume, cette jeune fille était belle, non pas belle peut-être dans l'acception stricte du mot, non pas belle de cette beauté réelle, matérielle pour ainsi dire, qui a sa raison d'être dans la pureté des lignes, mais belle de cette beauté de convention que donnent l'expression des traits, la grâce de l'ensemble et le reflet des douces qualités de l'âme.

De beaux cheveux de nuance châtain clair encadraient un joli front aux tempes élégantes et gracieusement dessinées. Des sourcils fins, d'un brun clair, surmontaient des yeux plus remarquables par l'expressisn suave et pénétrante de leurs regards, que par leur grandeur et leur nuance. Le nez était bien fait, la bouche moyenne, les dents belles.

Dans des temps plus heureux, alors que la joie d'un cœur content s'était reflété sur cette physionomie gracieuse, certes elle avait dû être plus brillante de beauté, mais si à l'heure où nous rencontrons la jeune fille, son front était pâli, ses joues creusées, ses traits tirés, ses yeux rougis, il y avait dans l'expression générale du visage une douleur si vraie, une mélancolie si poétique, une résignation si noble que si la beauté avait moins d'éclat, elle avait certes plus encore de charme attractif.

La robe noire, serrée à la taille par une simple ceinture de laine, accusait mal les formes du corps dont on devinait la suavité des lignes et la finesse des attaches à la grâce harmonieuse de l'ensemble.

La main gauche appuyée sur le bord d'un panier à œufs, comme pour se soutenir, la main droite posée à plat sur la poitrine comme pour contenir les battements du cœur, la jeune fille courbait tristement la tête.

C'était entre elle et la fruitière que venait d'avoir lieu le dialogue rapporté plus haut, et auquel avaient assisté cinq ou six commères, qui, toutes, le bras passé dans l'anse d'un panier, allaient, venaient, tant dans l'intérieur de la boutique que le long de la devanture, regardant, examinant, soupesant, flânant.

La jeune fille était entrée dans la boutique depuis quelques minutes, et elle avait choisi des légumes. C'était à propos de ces légumes que la discussion avait eu lieu.

En s'entendant refuser brutalement, en se voyant même arracher des mains le paquet de légumes, la jeune fille avait frissonné, et une sueur froide avait perlé sur son front.

Joignant les mains avec une expression de douleur et de supplication impossible :

— Mon Dieu ! — dit-elle, — madame, est-ce donc vrai? Vous me refusez...

— De vendre à crédit encore? — s'écria la grosse mère Brochard. — Oui, que je te refuse, la belle mijaurée. Il y a trop longtemps qu'il dure le crédit !

— Mais...

— Il n'y a ni mais, ni si, ni car !... Je t'ai fait crédit depuis six décades, c'est donc pas joli cela? A cette heure, tu me dois trente-trois livres douze sols. Donne-moi mes trente-trois livres douze sols, et prends tes légumes...

— Mon Dieu ! je ne les ai pas ! — dit la jeune fille en levant les yeux vers le ciel comme pour lui demander la force de supporter l'humiliation.

— Alors tu n'auras rien !.

— Mon Dieu ! mon Dieu ! mais il faut ces légumes ! Le médecin les a ordonnés pour ma mère !

— Qu'il les paye !

— Mais si vous me les refusez, où les aurais-je?

— Où tu voudras !

— Madame, je vous en prie !

— Pas d'argent, pas de légumes !

La marchande prononça cette réponse d'un ton tellement péremptoire, que la pauvre enfant recula d'un pas. Elle comprit que toute insistance serait inutile.

Courbant la tête pour dissimuler les larmes qui s'échappaient de ses paupières, elle tourna lentement sur elle-même, et elle sortit de la boutique de ce pas incertain qui indique une préoccupation puissante de l'esprit. Evidemment, la jeune fille n'avait pas conscience de ce qu'elle faisait.

Elle avait descendu deux marches qui faisaient communiquer le seuil de la boutique avec la rue, et elle longeait la devanture. Les femmes demeurées dans l'établissement de la *grosse mère Brochard* suivaient de l'œil la pauvre enfant.

— Dam ! dit la fruitière en répondant aux muettes interrogations que lui adressaient les regards des commères.
— Dam ! vous comprenez ! On ne peut pas faire crédit éternellement. Si je vends mes marchandises, je les achète, et pour les acheter il me faut de l'argent, je ne suis pas munitionnaire. Et puis, ça n'a pas le sou, et ça n'aura jamais un rouge liard.

— C'est la petite de la rue Saint-Séverin ? — dit une des commères.

— Oui, mère Eustache, — répondit la fruitière.

— Comment donc qu'elle s'appelle déjà ?

— Aline.

— Aline quoi ?

— Aline Davilliers, donc !

— Davilliers ! répéta une autre femme. Attendez donc ! J'ai vu jadis un particulier de ce nom-là, quand j'étais cuisinière chez la citoyenne générale Lefebvre. C'était un militaire ?

— C'est ça ! un officier, un capitaine, à ce qu'on m'a raconté.

— Et, — dit la mère Eustache, — il est allé en Egypte, où il est mort...

— De sa belle-mort ?... — demanda-t-on.

— Ah ! ouich ! sa belle mort, avec des coups de fusil.

— Il a été tué sur le champ de bataille ?

— Eh non !

— Comment ?

— Il paraîtrait que ce citoyen Davilliers n'était qu'un fier gueux, un mangeur, un traître, un je ne sais quoi enfin, tant et si bien que le général en chef l'a fait fusiller.

— Ah ! jour du ciel ! — s'écria l'ex-cuisinière de la générale Lefebvre. — Je connais l'histoire. Il voulait vendre l'armée française : j'ai entendu raconter cela par le général Lannes ; et la générale, qui est une fière patriote, était si furieuse qu'elle disait comme ça que, si elle l'avait tenu, elle lui aurait tortillé le cou ! Et cette petite qui était là tout à l'heure, c'est la fille de ce brigand ?

— Juste !

— Ah ! je ne m'étonne plus que tu ne voulais pas lui faire crédit, citoyenne Brochard.

— Tu comprends ? Ça habite la rue Saint-Séverin avec sa mère, qui est malade, à ce qu'on dit, depuis qu'elle a su que son homme avait été puni. C'est dans une misère complète : ça n'a pas deux liards. La petite est gentillette, mais quoi ! Ça ne sait rien faire, pas même un pot-au-feu !

— Et le freluquet qui venait les voir, est-ce qu'il vient encore, demanda la mère Eustache.

— Tous les jours de la vie. Mais ça n'a pas le sou non plus : c'est un saute-ruisseau, un petit commis de rien du tout.

— Ah bien ! puisque c'est ainsi, mère Brochard, reprit la cuisinière, tu as joliment bien fait de mettre la petite à la porte. Tu as seulement été bien bête de ne pas le faire plus tôt.

— Il est sûr et certain que je ne perdrais pas alors trente-trois livres douze sous. Et c'est une somme ça !

— Sans doute.

— Encore, si c'était des braves gens ? mais non ! une pimbêche que la mère, qui croyait que son mari deviendrait général un jour tout comme le premier consul, et qui aurait écrasé le pauvre monde si elle avait pu ! C'est une aristocrate ! je ne dis que ça ! Aussi, ma foi, je ne la plains guère !

— Ni moi ! — dit la citoyenne Eustache.

— Ni moi ! ajouta la cuisinière.

— Tiens, il y a de l'écho ici ! — dit une voix fraîche et enjouée. — Salut et fraternité, la société !

Toutes s'étaient retournées vers la porte.

— Ah ! — s'écria la fruitière en s'avançant vivement et en poussant un cri de surprise joyeuse. — C'est la mère l'Etape !

VI

LA CANTINIÈRE.

C'était une singulière personne que celle qui venait d'apparaître sur le seuil de la boutique de la fruitière, et que la citoyenne Brochard avait salué, avec un sentiment de respect mêlé de joie, du nom de : *mère l'Etape*.

Et, tout d'abord, ce titre de *mère* ne pouvait être qu'une qualification figurée, car celle à laquelle il s'adressait était encore trop jeune pour en justifier l'application : à peine avait-elle vingt-cinq ans.

Qu'on se figure une femme de taille moyenne, admirablement faite, gracieusement proportionnée, leste, accorte, pimpante, sémillante et pétulante à croire que c'était du vif argent qui coulait dans ses veines.

De grands cheveux noirs, nattés par derrière comme ceux des Suissesses et sur les tempes comme ceux des cavaliers, encadraient merveilleusement une tête ronde, aux joues pleines et rebondies, au menton orné d'une mignonne et provocante fossette.

Les yeux n'étaient pas grands, mais ardemment éveillés, garnis de cils touffus et abrités sous des sourcils épais et rapprochés. Le nez était mignon et gaillardement retroussé, la bouche un peu grande, mais les dents étaient blanches, les lèvres épaisses et garnies supérieurement d'un duvet noir assez drû pour être qualifié de fine moustache.

Le teint était chaudement bistré : on sentait que le hâle avait rudement caressé ce coquet visage. L'expression de la physionomie était franche, énergique, altière et empreinte de cet admirable sentiment d'honnêteté qui n'appartient qu'à la femme dont la conscience est pure. Intelligence, vertu et courage se lisaient clairement sur cette figure épanouie et attrayante.

Un bonnet de police, posé crânement sur l'oreille, abritait cette jolie tête : au-dessous du gland, sur un rond de drap bleu, était brodé en jaune le chiffre 17.

Le reste du costume semblait avoir été emprunté, par

part égale, aux deux sexes. Des bottes assez fines chaussaient un pied nerveux, et, montant jusqu'à mi-jambe, disparaissaient sous les mille plis réguliers d'une jupe de drap bleu garnie de deux larges bandes rouge superposées.

Une ceinture de cuir serrait à la taille cette jupe et la séparait d'un corsage de drap de même nuance, taillé en forme de veste avec des revers rouges et garnis de boutons de cuivre portant tous le chiffre 17 posé en relief.

A cette ceinture étaient adaptés deux portes-pistolet, vides alors, mais qui, le moment venu, devaient permettre à la jeune femme de s'armer.

Une cravate de laine noire entourait le cou et allait enfouir ses extrémités dans les revers de la veste.

Par-dessus ce costume, et pour en compléter le côté singulièrement pittoresque, la jeune femme portait une grande redingote de laine de ce gris jaunâtre particulier aux capotes que les sentinelles trouvent dans les guérites par les temps de pluie, de neige et de froid.

Cette capote était flottante, mais cependant, si elle n'était pas boutonnée sur la poitrine, elle devait être suffisamment maintenue par deux buffleteries se croisant sur la poitrine et soutenant, l'une un petit sabre d'infanterie pendant sur la hanche gauche, et l'autre un petit tonneau peint aux trois couleurs nationales et garni d'un robinet de cuivre.

Ainsi costumée, la mère l'Étape était certes l'une des plus jolies et des plus fringantes cantinières que l'œil d'un soldat eût jamais contemplé.

En entrant dans la boutique de la fruitière, elle avait salué militairement avec cette aisance et cette grâce qui donnaient à ses moindres mouvements un charme inexprimable.

— La mère l'Etape! — s'était encore écrié la fruitière en tapant ses mains l'une contre l'autre.

— Eh oui! en personne naturelle! — avait répondu la cantinière en s'avançant.

— Comment! la 17e légère est donc à Paris?

— Comme tu vois! Elle est arrivée avant-z-'hier de la Vendée, où on n'a plus besoin de personne puisque la paix est faite et que les chouans ont mis bas les armes.

— Tiens, de la Vendée! — dit la mère Eustache... — C'est pas l'Egypte ça!...

La cantinière se retourna lestement vers son interlocutrice : ses joues s'étaient soudainement empourprées et ses yeux lançaient des éclairs rapides.

— L'Egypte! — dit-elle. — Ah çà! qu'est-ce qu'ils ont donc tous ces imbéciles de Parisiens à ne nous parler que de cela! On ne s'est battu qu'en Egypte et en Italie, pas vrai? Partout ailleurs on n'a fait que se caresser et s'engraisser? Je la connais celle-là! Alors, parce que la 17e s'est promenée en Allemagne, en Suisse et en Hollande, elle n'a été bonne à rien, n'est-ce pas?

— Mais... mais... je ne dis pas cela! dit la citoyenne Eustache un peu effrayée de l'emportement dont la jolie vivandière faisait preuve.

— Et tu fais bien de ne pas le dire, — s'écria la pimpante mère l'Etape, — car sans cela tu aurais affaire à moi. C'est que je la connais ma 17e! Je me promène avec elle depuis dix ans! J'avais quinze ans alors, et nous avons fait du chemin ensemble. Ma 17e! mais c'étaient les *volontaires de commune affranchie*! Fallait les voir à Jemmapes! et à Neuwied! à Mayence! à Zurich!... Ma

17ᵉ! mais tu ne sais donc pas pas qu'on l'a surnommée l'*Infernale*. Elle n'a été ni en Italie, ni en Egypte, c'est vrai, mais elle n'en a pas moins bien marché pour cela!

— Certainement... certainement, — dit la mère Brochard. — D'ailleurs, chère amie, il ne faut pas te mettre en colère parce que la citoyenne Eustache a cru que la 17ᵉ légère avait été en Egypte! Ce n'est pas un crime!

— Ah! — continua la vivandière sans se calmer, — c'est que depuis trois mois on ne nous parle que de ceux de l'Italie et de l'Egypte. C'était donc bien malin que d'y aller dans ces pays-là! On n'avait qu'à dire à l'*Infernale* : « Pars du pied gauche et file! » Et elle aurait filé et elle serait arrivée, et avant les autres encore! Oui, avant les autres!

— Mais ce n'est pas de cela qu'il s'agit, — ajouta-t-elle en s'adressant directement à la mère Brochard. Telle que tu me vois, je cherche un logement pour moi, pour ma voiture et pour mon âne. Je n'ai qu'un coin à la caserne, j'y suis mal et je veux être mieux. En cherchant bien j'ai pensé à toi, la mère Brochard, ton mari était le cousin de ma mère, tu es presque ma parente... Y a-t-il quelque chose dans ta cantine qui pourrait faire mon affaire, hein?

La fruitière se frappa les mains l'une contre l'autre, par un geste qui paraissait lui être familier pour témoigner sa satisfaction.

— En voilà une chance! — dit-elle. — J'ai ton affaire, ma belle! Juste! la chambre qu'est sur la cour est libre, et il y a en bas un magasin qu'est vide aussi et dans quoi que tu installeras ton âne et ta petite charrette! Ça te va-t-il?

— Comme un plumet neuf!

— Tu es donc ici pour longtemps?

— Est-ce qu'on sait ? demande ça au citoyen premier consul...

— Qui n'a pas été en Allemagne, — répéta la mère Eustache enchantée de trouver une occasion de placer une observation caustique.

La cantinière la regarda et son visage s'empourpra subitement.

— Dis-donc ! — fit-elle en portant la main sur la poignée de son sabre. — Est-ce que tu veux te moquer de moi, cordon bleu de malheur ?

— Eh bien ! eh bien ! — cria la mère Brochard en s'interposant.

— Laisse et ne crains rien, c'est une femme ! — dit la jolie vivandière avec une intonation superbe, — mais si c'était un homme !

Et avec un geste empreint d'une grâce toute guerrière, elle frappa sur le pommeau du briquet qu'elle portait au côté. Se retournant alors vers la fruitière, elle passa familièrement son bras sous le sien :

— Viens me faire voir ta chambre pour moi et ton magasin pour mon âne ! — dit-elle.

Elle l'entraîna rapidement.

— En voilà une gaillarde ! — dit la mère Eustache en la suivant de l'œil. — J'ai cru qu'elle allait me proposer un duel.

— Eh ! fit la cuisinière en s'avançant, c'est qu'il paraît qu'elle ne plaisante que tout juste, la petite, quand elle ne veut pas rire. J'ai entendu parler d'elle un jour à un dîner chez le général Lefebvre. C'était le général Soult et le général Brune qui en parlaient. Eh bien ! ils racontaient qu'à je ne sais plus quelle bataille, la *mère l'Étape* avait défendu à elle seule un canon et avait tué de sa propre main quatre Autrichiens.

— Quatre Autrichiens ! — s'écrièrent les femmes.

— Oh ! il paraît qu'elle en fait bien d'autres ! Une fois elle a été relever des blessés sous la mitraille des ennemis. Enfin elle a forcé une fois successivement trois soldats de son régiment à se battre en duel.

— Trois soldats !

— Oui !

— Et pourquoi ?

— Parce qu'ils lui avaient manqué de respect en voulant l'embrasser de force.

— Ah ! par exemple !... — s'écria-t-on.

— C'est le général Soult qui l'a affirmé, et il paraît qu'elle les a blessés tous les trois.

— Ah bien ! — dit la mère Eustache. — Je répète mon mot : en voilà une gaillarde.

— Dirait-on cela en la voyant, — ajouta une autre commère. — Une jolie petite femme comme ça ! car elle est gentille à croquer avec son uniforme.

— Et vive !

— Ah ! pour ça oui ! trop vive même.

— Et mignonne ! et hardie !

— Eh bien ! — reprit la cuisinière, — à ce que j'ai encore entendu dire, il paraîtrait que toute mignonne et gracieuse qu'elle est, elle a plus de force qu'un Turc !

— Pas possible !

— Le général Brune disait qu'il lui avait vu supporter des fatigues extraordinaires, et qu'un jour elle avait porté sur ses épaules un soldat blessé, pendant près d'une demi-lieue, pour le ramener à l'ambulance. Faut qu'elle soit forte, hein ?

— Si c'est vrai !
— Puisque le général le disait !
— Ah bien ! ah bien ! si je...

Un tumulte violent qui éclata subitement dans la rue coupa net la parole sur les lèvres de la mère Eustache. C'était des cris, des menaces, des vociférations accompagnées de huées, de sanglots et d'exclamations déchirantes.

— Tenez-la bien ! tenez-la bien ! — criait-on. — C'est une voleuse ! elle a voulu me voler...

En un clin-d'œil la rue, si étroite d'ailleurs, avait été encombrée. Une foule compacte se poussait, se pressait. C'était devant la boutique voisine, celle du boulanger, qu'avait lieu le gros rassemblement tumultueux.

La mère Eustache, l'ex-cuisinière de la générale Lefebvre, qui paraissait être si fort au courant de la biographie de la cantinière, et les autres femmes causant dans la boutique, s'étaient précipitées, toutes et à la fois, mues par un même sentiment de curiosité.

— Qu'est-ce qu'il y a ? qu'est-ce qu'il y a ? — demandait la mère Eustache en écarquillant ses petits yeux.

VII

LA BOUCHÈRE.

Lorsqu'après avoir été éconduite si brusquement et si brutalement par la mère Brochard, la pauvre Aline avait quitté la boutique de la fruitière, elle s'était avancée d'un pas incertain dans la rue de la Huchette, longeant la maison et se dirigeant vers la rue du Petit-Pont.

Arrivée à la hauteur de la boutique du boucher, elle s'était arrêtée comme si elle se fut subitement sentie faiblir : elle avait porté la main gauche à son cœur et instinctivement les doigts de la main droite s'étaient cramponnés aux barreaux de fer de la boutique.

Elle était demeurée là quelques instants immobile, puis le mieux revenant sans doute, elle avait redressé doucement la tête. Alors ses yeux humides s'étaient levés vers le ciel.

— Oh ! ma mère ! ma pauvre mère ! — avait murmuré la jeune fille.

Reprenant son immobilité, elle laissa retomber ses bras en joignant les mains et elle parut absorbée dans une méditation si profonde qu'elle ressemblait à la prière.

Quelques minutes de recueillement parurent cette fois avoir complétement ramené le calme dans l'esprit d'Aline. Une énergique résolution se lisait même dans ses regards.

— Ma pauvre mère souffre ! — dit-elle. — Elle mourrait. Je dois tout supporter pour apporter quelque adoucissement à ses peines.

Et reprenant sa marche, elle arriva à l'angle des deux rues. Là, tournant vivement à droite, elle pénétra dans la boutique du boucher, en passant par une porte qu'encombraient les pratiques, allant, venant, entrant, sortant.

Le commerce, du temps de nos grands pères, était loin de connaître toutes ces raffineries de bien-être et de coquetterie qui ont métamorphosé peu à peu l'humble boutique au boudoir doré, encore le plus riche boudoir de la capitale est-il, à cette heure, moins resplendissant de dorures et de moulures que le plus humble des estaminets.

Il y a soixante ans et même moins, on ignorait ce besoin de fatras et de verroteries dorés : l'existence était plus dure peut-être, mais elle n'en était certes pas moins heureuse.

On prenait peu de précautions contre les coups d'air, (bien que la grippe ne fut pas plus mauvaise et plus tenace que de nos jours,) aussi la boutique du boucher n'était-elle pas ornée de cette petite niche vitrée qui, présentement, fait ressembler mesdames les bouchères aux vendeuses de billets dans nos théâtres.

La bouchère de la rue de la Huchette était donc assise dans son comptoir sans aucun abri, exposée à tous les vents qui soufflaient à travers les barreaux de la grille, comme un abricotier planté au milieu de la plaine.

J'ai dit, je crois, que la bouchère était aussi maigre que la fruitière était grasse. Cela était vrai dans la plus stricte acception des mots.

Un anatomiste eut volontiers pris le corps de la bouchère pour faire un cours d'ostéologie. C'était plus que de la maigreur, c'était de la sécheresse.

Non-seulement on sentait, en regardant la bouchère, que la chair s'était racornie et recoquevillée sur les os, mais on comprenait qu'il n'y avait pas de miracle capable de rendre l'élasticité à ce tissu de la peau : cette femme était sèche et maigre, elle devait incontestablement demeurer toute sa vie sèche et maigre.

Nez long, grands yeux, grande bouche, grandes dents, traits allongés, lèvres pincées, cou ridé, taille carrée et plate, épaules à angles aigus, jointures énormes, attaches saillantes, doigts crochus et ongles absents, telle était l'estimable bouchère, dont l'expression du visage était à la fois méchante, hargneuse et envieuse.

Une robe de laine vert-pomme, un *pet-en-l'air* couleur puce dessinaient ces formes et ces contours anguleux, secs et heurtés, tandis qu'un *bonnet à la folle* recouvrait la tête.

Le vert de la robe tranchait bien avec les tons vermillonnés des bras et des mains. Telle qu'elle était cependant, la bouchère trônait dans son comptoir en chêne clair, flanqué à droite et à gauche, en guise de colonnes, de deux moitiés de bœuf saignant, que ralliait l'une à l'autre, formant plein cintre au-dessus de la bouchère, une ligne de gigots d'apparence engageante.

Des étaux ruisselants de sang, et dont le bois coupé et haché menu à sa partie supérieure attestait l'antique usage, garnissaient la boutique. Deux hommes, tous deux le corps ceint du tablier à bavette placé en sautoir, les manches retroussées jusqu'aux épaules, l'affûtoir attaché à la ceinture par une chaînette et le couteau à la main, se tenaient devant ces étaux.

L'un de ces deux hommes, petit, trapu, la tête dans le cou, le cou dans les épaules et les épaules dans le ventre, était le citoyen Crochin, propriétaire de l'étal, époux de la maigre Ursule et qui était aussi rouge que sa femme était pâle.

L'autre personnage était le jeune Isidore, garçon de dix-huit ans, depuis six mois au service des deux époux. Blond, grand, gras, frais, ayant des bras et des mains énormes, Isidore était ce que, dans un certain monde, on est convenu d'appeler un beau garçon.

Isidore, avec son air bête était, prétendait-on, le don Juan du quartier, mais chaque fois que, devant madame

Crochin, on faisait allusion aux bonnes fortunes de son étalier, elle fronçait les sourcils, pinçait les lèvres et prétendait que c'étaient les sots et les mauvaises langues jalouses qui s'obstinaient à dire du mal de ce pauvre *Zidore* (c'est ainsi qu'elle le nommait) dans l'espoir que le vertueux Crochin, indigné, le mettrait à la porte.

Mais lorsque Crochin entendait sa femme parler ainsi, il haussait les épaules et se contentait de répondre qu'Isidore pouvait bien faire ce qu'il voulait, que ça ne le regardait pas, lui, Crochin, et que, « pourvu qu'Isidore coupât la viande sans se couper les doigts, il pouvait couper l'herbe sous le pied à qui bon lui semblerait ! »

M. Crochin avait adopté cette phrase dont il ne se départissait pas.

La boutique du boucher étant une des mieux approvisionnées du quartier, était conséquemment une des plus achalandées. Aussi, à l'heure où Aline en franchissait le seuil, cette boutique était-elle encombrée d'acheteuses et d'acheteurs.

Crochin et Zidore allant, venant, accrochant, décrochant, taillant, coupant, hachant et tapant, se donnaient un mal et déployaient une activité qui émerveillaient les pratiques, lesquelles, néanmoins, prétendaient, suivant la coutume, être toutes servies à la fois.

Ursule, un registre ouvert devant elle, un tiroir tiré à sa gauche, une plume d'une main et l'autre dans le tiroir, écrivait, comptait, recevait et rendait avec une entente décelant ses dispositions commerciales.

Aline s'était glissée dans la boutique sans que personne parut faire attention à elle. Se plaçant dans un coin, elle parut attendre avec résignation que son tour vînt, qu'on pût s'occuper d'elle.

M. Crochin et Zidore, continuèrent leurs opérations avec activité, et au bout d'un quart d'heure une éclaircie se fit parmi les clients. Aline s'avança alors timidement.

— Ah ! ah !... c'est vous, mademoiselle ? — dit Zidore en la regardant du coin de l'œil.

— Oui... c'est moi ! — balbutia la jeune fille dont le front cramoisi était mouillé de sueur.

Evidemment l'appréhension et la honte torturaient ce pauvre cœur.

— Qu'est-ce qu'il vous faut ? — demanda l'étalier.

— Un morceau de gîte, pour faire du bouillon pour ma mère...

— Ah ! — dit Zidore en se grattant la tête et en se tournant à demi pour lancer un regard à sa patronne.

Ursule avait les lèvres pincées et les coins de la bouche abaissés avec une grimace des plus laidement significatives. Le garçon parut embarrassé.

En ce moment une femme entra : Zidore courut au-devant d'elle et s'empressa de la servir, laissant Aline seule au milieu de la boutique.

La pauvre enfant se retourna vers Crochin. Celui-ci avait un moment de repos : il était seul aussi devant son étal, mais il paraissait tellement absorbé dans le repassage de son couteau, dans le grattage de son bois et dans une chanson patriotique qu'il fredonnait, qu'il ne voyait pas la jeune fille. Celle-ci se rapprocha de lui en étouffant un profond soupir.

— Monsieur... — dit-elle.

— Quoi donc ? quoi donc ? — demanda le boucher.

— Voudriez-vous avoir l'obligeance de vous occuper de moi ?

— Comment donc ? comment donc ?... Ah ! tiens ! c'est vous, citoyenne. Comment que ça va ?...

— Je voudrais un morceau de gîte... — reprit Aline.

En ce moment le boucher, qui s'était retourné, leva les yeux et ses regards rencontrèrent ceux de sa femme. La citoyenne Ursule avait l'air violemment courroucé.

Crochin parut avoir oublié la jeune fille, et allant se placer à un autre endroit, il reprit son repassage et sa chanson ; murmurant d'une voix de basse-taille ces paroles alors dans toutes les bouches, depuis que tout faisait présager la paix :

> L'airain gronde et son bruit éclatant
> En sursaut me réveille
> Mais ce bruit me rassure à l'instant.
> Il plaît à mon oreille...

— Monsieur... — dit Aline en s'approchant.

Le boucher poursuivit sans paraître l'avoir entendue :

> Je me dis : il annonce aux Français
> Qu'on suspend le glaive de Bellone...

Et le boucher brandissait son couteau, Aline se rapprocha encore :

— Monsieur... — reprit-elle, voulez-vous...

> « Le canon qui tire pour la paix
> Ne fait mal à personne ! »

— Monsieur, je vous en prie ! dit la pauvre fille avec des larmes dans la voix.

Une pratique nouvelle entrait, Crochin courut vers elle comme Zidore avait couru vers la première, Aline étouffa un profond soupir, joignit les mains, leva ses regards désolés vers le ciel et se redressant, elle marcha droit vers le comptoir :

— Madame ! — dit-elle en s'adressant à Ursule.

— Qu'est-ce que vous voulez ? répondit sèchement la bouchère.

— Madame... on ne veut donc plus me vendre ici ?

Ursule la regarda avec une expression méchante. La laide créature était heureuse de voir la pauvre jeune fille si jolie implorant presque sa pitié :

— Payez ! — dit-elle froidement, — et on vous vendra.

— Mais... madame... je n'ai pas d'argent...

— Alors, qu'est-ce que vous me demandez...

— Mais...

— Vous devez déjà quarante livres ici, en voilà assez ! C'est plus de crédit qu'on n'en fait jamais...

— Oh ! madame ! vous ne perdrez rien !

— Oui ! on dit toujours cela ! C'est une manière d'attraper son monde !

— Madame ! — dit Aline en devenant pâle comme une morte.

Puis faisant un effort pour se remettre :

— Madame, — reprit-elle, — je vous en prie, écoutez-moi : ma mère est malade, je ne puis travailler, il faut que je la soigne, sans cela elle mourrait... Quand elle sera guérie je travaillerai, je vous le promets, je vous le jure, pour acquitter nos dettes... mais jusque-là aidez-moi ! permettez-moi de soigner ma mère... Il lui faut du bouillon, le médecin...

— Ah ! — dit la bouchère avec impatience. — Qu'est-ce que vous me chantez là. Si j'étais obligée de donner à tous ceux qui m'en disent autant, mais je serais ruinée dans huit jours. J'en suis désolée, mais je ne suis pas assez riche pour faire l'aumône !...

4

A ce mot prononcé à voix haute, Aline pâlit encore et se redressa vivement comme si un serpent l'eut piquée.

Sans prononcer une parole, sans résister davantage, elle écrasa la bouchère sous un regard chargé d'un mépris profond et elle quitta la boutique.

— Ah ! pimbêche ! on t'en donnera de l'insolence ! — dit la bouchère à voix haute, ça demande l'aumône et ça fait sa fière !...

VIII

MONSIEUR MUSSOT.

Cette fois, c'était d'un pas nerveux et ferme que la jeune fille avait quitté l'inhospitalière maison. Sans doute sa résolution était prise, car, sans hésiter, elle s'arrêta devant la porte du boulanger, ouvrit cette porte et entra dans l'intérieur.

Le citoyen Mussot, le boulanger, était à son comptoir, le corps à demi ployé sur lui-même, les avant-bras écartés et posés sur le comptoir, les mains réunies et le menton appuyé sur les deux mains.

Un journal à demi déplié gisait sur le comptoir sous les yeux du boulanger.

Dans cette pose nonchalante, le digne commerçant pouvait ou lire, ou dormir, ou penser sans que ceux qui passaient dans la rue et longeaient la maison pussent s'assurer de sa manière d'être positive.

C'était l'heure où le boulanger, ayant achevé sa vente, se prélassait dans les douceurs d'un *faruiente* quotidien.

Au bruit que fit Alice en ouvrant la porte, le boulanger souleva la paupière, et reconnaissant sans doute la jeune fille, il se redressa doucement.

Se détirant à demi, il se mit sur son séant, plaçant ainsi son visage en pleine lumière.

M. Mussot était fort laid de sa personne, il prétendait qu'il avait été très-joli étant petit et il rejetait les causes de sa laideur, qu'il était bien obligé d'avouer, sur les suites d'une petite vérole qui l'avait défiguré.

Le fait est que le visage était couturé, brodé, creusé, abîmé d'une façon qui prouvait toute l'ingénieuse malice de l'horrible maladie.

M. Mussot n'avait plus ni sourcils, ni nez : à peine avait-il des yeux, mais ce qu'il avait surtout c'était une bouche, et quelle bouche ! Comme corps, le boulanger eut pu passer pour être assez bien fait, s'il n'avait eu une épaule plus haute que l'autre.

Tel qu'il était cependant, Mussot était cousu de prétentions. Il se croyait un homme à bonnes fortunes, un séducteur dangereux.

Il excusait sa laideur en prétendant que la beauté chez un homme ne signifie rien.

— L'esprit et l'intelligence, c'est tout ce qu'il faut pour plaire aux dames ! — disait-il.

En sa qualité de bavard intarissable, Mussot se croyait spirituel. Bête et sans scrupules, tout lui avait jusqu'alors réussi, ce qui le confirmait dans l'opinion qu'il avait de ce qu'il nommait *sa haute capacité*.

Mussot avait été marié. Il se disait veuf et il ajoutait, en riboulant ses petits yeux, que sa femme : la *pauvre dé-*

funte, si belle ! s'était noyée à la suite d'un accès de jalousie ! Mussot donnait même volontiers quelques détails à cet égard.

Il est vrai que le perruquier du quartier prétendait que madame Mussot, trouvant son mari laid et bête, avait, par contre, trouvé beau et spirituel un certain garçon coiffeur, dont elle avait un soir accepté le bras pour faire une petite promenade... Le perruquier ajoutait que la promenade durait depuis trois années...

Toujours est-il que Mussot supportait admirablement absence ou veuvage et qu'il ne tarissait pas du matin au soir en plaisanteries, en bons mots et en compliments. Pas une femme, jeune ou vieille, laide ou jolie, ne pouvait venir chercher un pain sans éviter une bordée de galanteries d'un goût par trop souvent équivoque.

En voyant entrer la belle jeune fille, au visage pâli, le boulanger s'était donc redressé.

— Ah ! — mademoiselle Aline, dit-il. — Quel bon vent vous amène à pareille heure ? Au moins j'aurai donc l'avantage de causer un peu avec vous... Mais asseyez-vous donc ! je vous en prie !

Et le boulanger désignant du geste une chaise, en arrondissant le bras et en prenant ce qu'il nommait une *pose aimable*.

— Inutile, monsieur ! — dit Aline... — Je désirais vous parler.

— Me parler, à moi ! Oh ! bonheur ! mademoiselle, je vous en prie, passons dans ma salle à manger, nous pourrons causer plus tranquillement.

Du geste Aline le cloua dans son comptoir.

— Monsieur, — dit-elle, — ma mère et moi nous vous devons de l'argent...

— Bah ! bah ! — dit Mussot. — Nous parlerons de cela plus tard.

— C'est que je viens de subir deux cruelles humiliations et je ne veux pas en supporter une troisième.

— Vous humilier ! ah ! fi ! — s'écria Mussot. — Mais asseyez-vous donc !... Tenez ! dans mon comptoir !

Et Mussot étendit la main pour prendre celle d'Aline, mais la jeune fille fit un pas en arrière.

— Ah ! les beaux yeux ! les superbes prunelles ! s'écria-t-il.

— Monsieur, je vous en prie, écoutez-moi ! reprit Aline.

— Tout ce que vous voudrez ! Vous avez l'air d'une reine et je suis votre esclave.

— Monsieur, vous avez eu l'obligeance de nous faire crédit depuis longtemps... ce crédit, avez-vous assez de confiance en nous pour le continuer ?

— Comment donc ? comment donc ? une pratique aussi jolie...

— Monsieur, je vous en prie, veuillez parler plus sérieusement.

— Mais je parle sérieusement, tout ce qu'il y a de plus sérieusement ! Vous êtes belle, mademoiselle, belle comme un astre et quand je vous considère je suis ébloui !

Aline se recula avec un geste empreint d'une hauteur qui fit rougir le galant boulanger.

— Je vous défends de me parler ainsi ! — dit-elle d'une voix sèche.

En parlant, les yeux de la jeune fille s'étaient abaissés sur sa main gauche... une petite bague en or uni, très-simple et de fort peu de valeur, était passée au petit doigt de cette main.

4.

Aline enleva vivement cette bague, et la déposant sur le comptoir :

— Monsieur, — dit-elle avec un accent ému, cette bague est le seul souvenir qui me reste de mon père. Je vous en supplie ne la vendez pas, mais veuillez la garder en garantie du pain que je vous prendrai pendant huit jours. Au bout de ces huit jours j'espère pouvoir vous payer et la reprendre.

— Comment! comment! — s'écria Mussot en se dandinant sur ses hanches et en clignant ses petits yeux. — Que dites-vous là, mademoiselle, mais j'ai en vous toute confiance. Prenez tous les pains que vous voudrez, mais permettez-moi de repasser moi-même, à votre joli doigt, cette bague qui... cette bague que...

— Monsieur, acceptez les conditions que je vous propose et je vous en serai sincèrement reconnaissante!

— Mais donnez-moi votre jolie main...

Aline, sans répondre, se dirigea vers les pains placés sur une planche, Mussot se mordit ses lèvres épaisses.

— Eh bien! si je ne voulais pas! — dit-il brusquement.

Aline se retourna sans toucher aux pains :

— Vous ne voulez pas? — dit-elle — Vous me refusez?

— Dam! je tâche d'être aimable et vous me traitez comme un rien du tout!

Et les petits yeux de Mussot se voilèrent à demi avec une expression méchante.

— Monsieur, — reprit Aline, — puisque vous refusez, veuillez me rendre cette bague.

— Ah! — dit le boulanger en ricanant, — cela c'est une autre histoire!

— Comment! — s'écria avec éclat la jeune fille.

— Ecoutez donc, vous me devez de l'argent à moi, trois fois au moins ce que vaut cette bague et puisque je l'ai, c'est un gage, un nantissement, et je la garde !

Aline joignit les mains :

— Ah ! — dit-elle, — c'est horrible !

— Dam ! — murmura Mussot, — voilà ce que c'est que d'être aussi mijaurée. Quand on veut faire la grande dame faut des écus.

— Ma bague ! — dit Aline.

— Il n'est plus temps !

— Ma bague !

Le boulanger ne répondit pas. Aline avait les lèvres décolorées et ses dents s'entrechoquaient.

— Je ne vous ai donné cette bague qu'à la condition d'avoir du pain pendant huit jours, pour ma mère malade.

Et se dirigeant vers la tablette, Aline prit un pain. Le boulanger sortit vivement de son comptoir.

— Voulez-vous laisser cela ! dit-il brutalement.

Aline garda le pain qu'elle étreignit de la main droite, tandis qu'elle passait la gauche sur son front. Il y avait quelque chose d'affolé dans les regards de la jeune fille. Evidemment elle ne devait plus avoir parfaitement conscience de la scène qui se passait.

Cette succession d'humiliations si douloureuses qu'elle venait de supporter avait ébranlé son cerveau. La fièvre, en faisant bondir le sang dans ses artères, troubla son imagination.

Emportant son pain, elle marcha vers la porte.

— Vous ne sortirez pas ! — cria Mussot.

— Mon Dieu ! mon Dieu ! — cria Aline avec un élan de douleur furieuse.

Et en proie à un commencement d'attaque nerveuse, elle trépigna des pieds et se tordit les mains, mais sans lâcher le pain qu'elle avait pris.

— Je veux sortir ! — dit-elle. — Laissez-moi ! ma mère m'attend... Elle se meurt peut-être...

— Voulez-vous me rendre mon pain ! — vociféra Mussot.

Des gens qui passaient dans la rue s'arrêtèrent devant la boutique.

— Je veux sortir ! — s'écria Alice.

Et se cramponnant à la porte, elle l'attira à elle et l'ouvrit si violemment qu'un carreau de la devanture vola en éclats.

Aline s'était élancée dans la rue.

— Mon pain ! — hurla Mussot ! — mon pain ! arrêtez la voleuse !

Aline était au milieu de la rue ; à ce mot elle s'arrêta soudainement comme frappée de la foudre. Mussot avait bondi vers elle et lui saisissant le bras, il la secoua rudement.

— Voleuse ! — répéta-t-il.

La jeune fille se retourna avec une majesté telle que le boulanger baissa les yeux.

— Menteur ; — dit-elle.

— Mon pain ! mon pain ! hurla Mussot en s'efforçant d'arracher le pain que tenait la jeune fille.

— C'est pour ma mère malade ! — disait Aline avec une voix qui n'avait plus rien d'humain.

La foule encombrait la rue et entourait le boulanger et la jeune fille qui étaient revenus sur le seuil de la boutique. C'était ce tumulte, éclatant soudainement, qui avait provoqué tout à coup l'attention des commères rassemblées chez la mère Brochard.

Tous les voisins et toutes les voisines étaient sur le pas de leur porte ou à leur fenêtre ; les maisons étaient garnies du rez-de-chaussée au grenier, et tous les regards étaient rivés sur le boulanger et la jeune fille.

Aline au paroxysme de la honte et de la douleur, avait l'immobilité de la statue. Elle tenait le pain serré contre sa poitrine : ses dents s'entrechoquaient et ses regards avaient une fixité effrayante.

Evidemment elle n'entendait ni le bruit ni les cris qui éclataient autour d'elle, et cependant la foule curieuse accourait de toutes parts, se pressant, se ruant, se poussant et cependant les interpellations et les interrogations se croisaient de tous côtés.

— Mon pain ! mon pain ! — hurlait Mussot.

Et il s'efforçait toujours de reprendre son pain que la jeune fille retenait machinalement avec une force extraordinaire.

Un moment Aline parut avoir conscience de la situation :

— Monsieur ! dit-elle, par pitié ! laissez-moi !

Mais le boulanger ne l'entendait pas, et il continuait à secouer rudement la jeune fille qu'il avait saisie par le bras.

— Mon pain ! criait-il.

— Je vous ai donné ma bague et ma mère se meurt !

— Mon pain ! mon pain !

— Par grâce ! par pitié !

— Mon pain !

Et avec un geste furieux, presque féroce, Mussot prit son pain et l'arracha avec une secousse qui fit pousser un cri de douleur à Aline et un cri d'indignation à la foule, car la foule est toujours l'amie du faible.

Mais, au même instant, deux coups sonores retentissaient, avec ce bruit sec d'une main tapant rigoureusement sur une chair ferme...

Une paire de soufflets, appliqués d'importance, tombait sur les deux joues du boulanger, mais une paire de soufflets à assommer un veau, une de ces paires de soufflets qui, suivant l'expression populaire, fait voir trente-six millions de chandelles.

Mussot trébucha, lâcha son pain et recula comme un homme étourdi... Il n'eut pas le temps de se remettre :

— Ah ! lâche ! — glapit une voix claire — tu oses insulter une pauvre jeune fille !

Ces mots n'étaient pas achevés, qu'une main nerveuse, saisissait Mussot par le collet de son habit, le retournait en l'enlevant presque de terre : cette main le secoua un moment comme on secoue un prunier dont on veut faire tomber les fruits, puis elle lâcha brusquement le boulanger en lui imprimant un violent mouvement en avant...

Mussot, lancé par une force irrésistible, fit quelques pas dans la situation d'un homme qui va piquer une tête ; la foule s'écarta précipitamment et le boulanger, perdant l'équilibre, alla tomber à plat ventre, le nez précisément dans le ruisseau bourbeux.

Cette scène s'était accomplie avec une rapidité tellement merveilleuse, que la foule n'avait pas eu le temps de pousser un cri, mais quand on vit, à plat ventre dans la boue, celui qui venait de provoquer l'indignation générale, un sentiment de gaieté s'empara de tous. Un immense éclat de rire accompagna la chute de Mussot et même quelques chaleureux applaudissements éclatèrent en signe d'allégresse.

Aline presque évanouie était appuyée contre la muraille de la maison. Près d'elle, la soutenant d'un bras ferme, était la *mère l'Etape*, la jolie *mère l'Etape* avec ses yeux étincelants, son visage empourpré, ses lèvres rouges comme des grenades en fleurs, et sa main droite étendue et menaçante.

Fière et pimpante, le courage et la provocation dans les regards, la vivandière avait une pose si belle et si gracieuse que la foule entière se sentit dominée, placée sous le charme de cette charmante et energique créature.

Elle, l'excellente femme, ne parut pas s'apercevoir seulement de l'effet qu'elle produisait, s'occupant d'Aline, elle la baisa tendrement sur le front :

— Pauvre petite ! — dit-elle. Elle est presque évanouie, allons, vous autres ! un verre d'eau ! Quand vous serez tous là à me regarder comme un événement ?

Deux ou trois personnes se précipitèrent, mais Aline fit un effort et se redressa :

— Non ! non !... — dit-elle. — Je n'ai besoin de rien... je veux rentrer... Oh ! ma mère ! ma mère !...

Et succombant enfin à l'émotion violente contre laquelle elle luttait, elle éclata en sanglots convulsifs.

— Eh ! eh ! petite ! allons ne pleure donc pas ! — cria la *mère l'Etape*. — Je ne peux pas voir pleurer les autres, moi, ça me rend aussi bête qu'eux !...

Elle avait pris Aline dans ses bras et elle la pressait tendrement sur son cœur. Puis se ravisant tout à coup et obéissant à une pensée subite :

— Au fait ! dit-elle. Qu'est-ce qu'il te voulait donc cet iroquois ?

Et elle désignait du geste Mussot qui tout honteux et couvert de boue des pieds au front, s'efforçait de regagner son domicile en se glissant derrière les rangs de la foule.

IX

ALINE

Aline ne pouvait répondre ; les larmes lui inondaient le visage, des tressaillements convulsifs agitaient ses épaules, et de rauques sanglots déchiraient sa gorge.

— Là ! là ! — disait la jolie vivandière en essayant de calmer la jeune fille. — Il n'y a plus de danger puisque je suis là... mais encore une fois qu'est-ce qu'il te voulait, ce vilain pékin qui est plus laid qu'un hibou !

Et comme Aline ne pouvait pas répondre :

— Qu'est-ce qu'il voulait, ce dindon mal plumé ? — continua-t-elle en s'adressant à ceux qui l'entouraient et se pressaient pour se rapprocher d'elle et mieux la voir.

— Il paraît qu'il voulait reprendre son pain ! répondit un jeune homme.

— Quel pain ?

— Eh bien ! celui que la petite lui avait pris.

— Elle avait pris un pain ! s'écria la vivandière dont les sourcils se rapprochèrent.

— Dam ! — continua le jeune homme, faut croire, puisque le boulanger la poursuivait, qu'elle se sauvait et qu'il l'appelait : Voleuse !

— Voleuse ! — dit la mère l'Etape en repoussant Aline. — J'ai défendu une voleuse, moi !

La jeune fille se redressa subitement ; elle avait recouvré

toutes ses forces pour répondre avec fierté à la calomnie qui l'écrasait.

— Ce n'est pas vrai ! dit-elle d'une voix brève. — Avant de prendre le pain, comme je n'avais pas d'argent pour le payer, j'ai donné à cet homme, en garantie, une bague en or que j'avais au doigt.

Et, saisissant les mains de la vivandière :

— Oh ! — continua-t-elle avec un accent qui partait du cœur, — ne me repoussez pas, vous qui, la seule depuis ce matin, m'avez tendu une main secourable ! N'ayez pas honte de m'avoir protégée, car je suis une honnête fille !

» Oh ! si vous saviez comme je suis malheureuse !... Je suis seule avec ma mère... Elle est malade depuis longtemps... je la soigne, je ne puis travailler... et nous n'avons plus rien... et comme nous devons... on nous repousse partout !.. Oui... partout !

» Le médecin a ordonné du bouillon pour ma mère et vous voyez... on m'a chassée de partout en m'insultant ! Le boucher, la fruitière... m'ont renvoyée... le boulanger m'a refusé son pain... et a gardé ma bague pour ce que nous lui devions !... et ma mère a faim !

» Elle a faim ! — répéta Aline en cachant sa figure dans ses mains... — car nous n'avons pas mangé depuis vingt-quatre heures.

— Oh ! — fit la vivandière en joignant les mains et en fermant ses yeux humides.

Aline se redressa vivement :

— Ne croyez pas que je parle ainsi pour inspirer la pitié, — dit-elle avec un accent plein de noblesse. — Non ! Je dis la vérité parce qu'on m'a accusée lâchement, et que je veux me justifier devant tous !

— Te justifier ! — s'écria la mère l'Etape en tapant sur son sabre, — mais j'aimerais encore assez à voir qu'il y ait ici un particulier assez je ne sais quoi ou je ne sais qui, pour...

En ce moment Mussot, plus empressé que jamais de se soustraire aux regards de la foule, longeait la muraille et allait atteindre la porte de sa boutique. Il passait fort près de la vivandière pour accomplir cette manœuvre de retraite. La mère l'Etape l'avait vu, et c'était cette vue qui lui avait fait si brusquement interrompre sa phrase :

— Ici ! dit-elle avec un geste impérieux comme s'il se fût agi de faire obéir un animal.

Mussot se glissa plus vivement.

— Ici ! répéta la vivandière.

Mussot posait le pied sur le seuil de sa boutique. D'un seul élan la vivandière fut près de lui et lui saisit l'oreille droite avec une telle violence, que la peau s'empourpra et se gonfla à croire que le sang allait partir.

Le boulanger se courba en poussant un cri de douleur, puis il essaya de se redresser avec un geste menaçant.

— Tâche de filer en douceur ! — cria la mère l'Etape, — ou je te pique le dos avec la pointe de mon briquet !

— File ! file, citoyen ! — dit vivement la cuisinière de la générale Lefebvre qui s'était glissée au premier rang. Elle le ferait comme elle le dit !

— Entre ! — dit la vivandière en poussant rudement le boulanger dans sa boutique.

Celui-ci trébucha en franchissant la marche de la porte : la mère l'Etape le lâcha alors, et se tournant vers Aline :

— Viens ! ma belle petite ! ajouta-t-elle.

La jeune fille hésitait : la vivandière lui prit doucement

le bras et l'entraînant, lui fit franchir le seuil de la boutique.

Le boulanger, tout ahuri, encore mal remis de la correction énergique qu'il venait de recevoir, se tenait appuyé contre son comptoir : il avait l'apparence d'un homme ivre.

La foule, dont les rangs avaient augmenté, se pressait dans la rue qu'elle avait envahie et obstruait complétement les abords de la boutique. Le nom de la vivandière était dans toutes les bouches, et tous les regards étaient braqués sur elle.

— Pour lors, — dit la vivandière en s'adressant à Mussot, — tu dis donc que la citoyenne te doit de l'argent...

— Cela est vrai ! dit Aline.

— Combien dois-tu ?

— Dix-sept livres...

La vivandière retroussa lestement sa jupe, et, fouillant dans la poche de son pantalon, elle en tira une bourse suffisamment garnie.

— Tiens, vilaine bête ! dit-elle en jetant trois écus de six livres sur le comptoir devant Mussot, paye-toi !

— Oh ! madame ! que faites-vous ! s'écria Aline en rougissant et en voulant s'interposer.

La mère l'Etape l'arrêta en étendant le bras.

— Minute, ma belle enfant, dit-elle, et réfléchis. Ta mère est malade, tu ne peux pas travailler, vous n'avez pas le sou, faut donc que vous deviez de l'argent à quelqu'un, pas vrai ?

Eh bien ! faut-il pas mieux que ce soit à une honnête femme comme moi qu'à un rien du tout de bon à rien comme ce vilain magot qu'est plus laid qu'un singe ? Et puis, d'ailleurs, j'aime à faire plaisir, moi, et tu n'as pas le droit de me priver de mon genre d'agrément. Laisse-moi donc faire ?

— Oh ! dit Aline dont la physionomie resplendissait d'exaltation fébrile, je n'ai pas le droit de vous refuser, car c'est le bon Dieu qui, dans sa clémence, vous a mise sur ma route !

— Possible !... — murmura la vivandière.

Et se retournant vers le boulanger :

— Allons ! paye-toi ! — dit-elle d'un ton rude.

Mussot, de plus en plus étourdi et abasourdi, car il entendait les huées de la foule qui le couvraient de mépris et de sarcasmes, Mussot fouilla machinalement dans sa poche, et rendit la monnaie que réclamait son interlocutrice.

Mussot, en ce moment, était réellement hideux à voir.

Sa laideur ordinaire était augmentée encore par la pâleur bilieuse de son teint, par la basse expression de rage impuissante de sa physionomie, par les marbrures que les doigts nerveux de la cantinière avaient imprimées sur ses joues, et par les traînées de boue enfin qui le sillonnaient des cheveux aux pieds.

Aussi, il fallait entendre la pluie de quolibets insultants qui tombaient sur le boulanger.

— Maintenant, reprit la mère l'Etape en empochant sa monnaie, — choisis parmi tes pains le plus beau, et prie la citoyenne de vouloir bien l'acheter ! Allons ! fais vite et sans hésiter, ou sans cela, je te coupe les oreilles comme à un carlin ! En deux temps, quatre mouvements, servez !

— Oui ! oui ! c'est cela ! bravo ! vociféra la foule.

— Non ! non ! je ne veux pas ! — dit Aline.

— Laisse faire, citoyenne !

Et se retournant vers Mussot :

— Eh bien ? dit simplement la vivandière.

Dominé par cette nature énergique dont il était obligé de subir la puissance, Mussot obéit encore. Il alla prendre un pain, le plus beau qu'il put trouver, et il le présenta à Aline.

La *mère l'Etape* le prit vivement.

— C'est bien ! — dit-elle, — mais c'est pas tout. Tu as insulté cette pauvre jeune fille devant tous ceux qui sont là, c'est devant eux, mauvaise bête, que tu vas lui demander pardon ! A genoux...

Et se dressant sur la pointe des pieds, elle appuya sa main sur l'épaule du boulanger avec une telle énergie, une telle force, qu'elle le contraignit à tomber à genoux devant Aline. Cette fois la foule battait des mains.

— Viens maintenant, mon enfant, dit la *mère l'Etape* à la jeune fille.

— Oui ! oui ! j'ai besoin de retourner auprès de ma mère ! — murmura la jeune fille.

— Et son bouillon ! dit la vivandière. Il lui faut de la viande. Nous allons en chercher.

— C'est cela ! c'est cela ! crièrent les plus proches en lançant des regards joyeux sur la boutique du boucher, car évidemment on devait s'attendre à une nouvelle scène que l'audacieux courage de la vivandière devait très-certainement rendre amusante.

La mère l'Etape avait pris le bras de la jeune fille. En quittant la boutique du boulanger, elle se retourna :

— Ecoute ! dit-elle en s'adressant à Mussot qui paraissait avoir absolument perdu la conscience de lui-même. Ecoute ! Je passe souvent par ici : les amis de la 17ᵉ y passent plus souvent encore. Si la citoyenne n'est pas contente de toi..., fais-y attention ! tu la danserais... mais tu la danserais... comme on ne la danse pas ! suffit et adjugé, hein ? pour lors va te tremper la trogne et passe-toi une lessive sur le nez, tu en as besoin !

Et traversant la foule qui l'acclamait, la vivandière, sans quitter le bras d'Aline, atteignit l'entrée de la boutique du boucher.

M. Crochin, Zidore et Ursule avaient, comme tous ceux qui étaient là, assisté à la scène qui venait d'avoir lieu. Naturellement ils avaient dû prendre leur part du blâme si énergiquement porté par la foule sur ceux qui avaient repoussé la pauvre jeune fille.

Naturellement encore, en voyant la vivandière se diriger vers leur boutique, ils devaient supposer qu'on allait supporter un rude assaut.

Quand la mère l'Etape et Aline entrèrent chez le boucher, Zidore était au fond, paraissant fort occupé à raccrocher un quartier de bœuf qu'il tenait dans ses bras. Crochin repassait son couteau avec un acharnement superbe.

Quant à madame Crochin, droite et roide dans son comptoir, les lèvres pincées, les coins de la bouche abaissés, l'air rogue et le regard dédaigneux, elle semblait attendre l'orage et être toute prête à y faire tête.

La vivandière marcha droit vers le comptoir et s'arrêtant bien en face de la bouchère :

— Tu as mis cette pauvre enfant à la porte parce qu'elle n'avait pas le sou, — dit-elle, — et tu as eu tort, attendu que quand on est aussi laide que toi on devrait au moins être bonne.

— Hein ? — s'écria Ursule courroucée du singulier compliment qu'elle recevait à brûle-pourpoint.

— Oh ! — dit la mère l'Etape en riant d'un air moqueur. — Ne monte pas sur ta bête. Tu ne me mettras pas à la porte, moi. Tu as dit ses vérités à cette enfant en lui disant qu'elle n'avait pas le sou, je te dis les tiennes en te disant que tu es laide. Vous voilà quitte maintenant. Passons à un autre genre d'exercice maintenant. La citoyenne t'a demandé tout à l'heure un pot-au-feu, tu vas le lui faire donner, c'est entendu?

— Mais... — dit Ursule.

— De l'argent, pas vrai? On t'en donnera!

Et la vivandière fit sauter sa bourse dans sa main, puis se tournant vers Crochin et Zidore qui la regardaient tous deux du coin de l'œil avec une expression manifeste de crainte :

— Eh bien! — dit-elle. Qu'est-ce qu'ils font, ces deux canards-là? Est-ce qu'ils ne m'ont pas entendue? Allons! leste et preste, vous autres, et servez vite et chaud.

— Crochin! Isidore! — s'écria Ursule blême de colère et de rage. — Ne servez rien! je vous le défends?

— De quoi? — Faut-il donc faire des cérémonies pour avoir celle d'obtenir un pot-au-feu! — dis donc, citoyenne, on ne te demande pas de te mettre dans la marmite; tu ferais un trop mauvais bouillon!

— Insolente! — vociféra Ursule dont l'irascible et dominant caractère souffrait alors les tortures les plus vives, car non-seulement elle se voyait contrainte à subir les sarcasmes railleurs de son interlocutrice, non-seulement elle se voyait rabaissée devant celle qu'elle venait d'humilier, mais encore elle entendait les rires bruyants de la foule qui, à chaque sortie de la vivandière, éclataient avec un ensemble qui en augmentait le bruit.

Zidore et Crochin étaient demeurés à leur place sans faire un mouvement.

— Allons ! Et ce pot-au feu ? — reprit la mère l'Etape.

— Rien ! rien ! je vous le défends ! — reprit la bouchère.

— Le pot-au-feu ! Une fois !... deux fois !

— Mettez cette femme à la porte ! hurlait la bouchère.

— Trois fois ! — cria la vivandière.

Et décrochant à bout de bras un énorme quartier de bœuf, qui devait peser au moins quarante livres, elle le brandit avec un geste menaçant, et le lançant à Crochin :

— Taille là-dedans ! dit-elle.

Le boucher qui s'était retourné et avait les reins appuyés contre son étal, ne put éviter le choc ; il reçut le quartier de bœuf en pleine poitrine. Renversé, il tomba le dos sur l'étal à demi-étouffé sous le gigantesque quartier.

— Mon mari ! — vociféra la bouchère, — mais c'est une horreur ! une infamie ! au secours ! à la garde ! Isidore ! jetez cette femme à la porte !

— Qu'il y vienne, le cadet ! — répondit la vivandière.

Et passant brusquement devant le comptoir, elle envoya un coup tellement sec sur le registre ouvert que le livre sauta au nez d'Ursule.

Cet incident mit le comble à la fureur de la bouchère :

— Isidore ! — cria-t-elle, êtes-vous donc un lâche pour me laisser insulter ainsi.

Le garçon qui avait paru hésiter jusqu'alors, s'avança

vers cette petite femme qu'il dominait de toute la hauteur de sa tête.

— Allons ! — dit-il. — La patronne ne veut pas te vendre, va-t'en !

— Hein ? — fit la mère l'Etape en se redressant, — est-ce donc toi, freluquet, qui me mettra à la porte.

— Dam ! si vous m'y contraignez...

— Chasse-la ! chasse-la ! — criait Ursule.

— Au fait ! qu'est-ce qu'elle veut, cette enragée-là ? — vociféra Crochin qui, s'étant débarrassé du quartier de bœuf arrivait sur la vivandière son couteau à la main.

En voyant son patron prêt à lui prêter assistance, Isidore sentit augmenter son courage.

— Hors d'ici ! — cria-t-il en s'avançant.

— Mon Dieu ! prenez garde ! dit Aline en s'élançant au-devant de la vivandière, ils ont leurs couteaux !

Effectivement les deux bouchers, par habitude, tenaient à la main les couteaux dont ils se servaient constamment. La mère l'Etape écarta vivement Aline et se plaçant devant elle, elle tira son briquet :

— Bas les couteaux ! — dit-elle, — ou je vous coupe la patte comme à un poulet !

La scène menaçait de devenir sanglante. La foule ne riait plus... Elle attendait anxieuse et frémissante.

X

LES BONNES AMES

La pantomime si expressive de la cantinière avait fait pâlir l'estimable Crochin.

— Allons! bas les couteaux ou commençons la danse! — s'écria la mère l'Etape.

— Mais... mais... mais... balbutia le boucher, je ne veux pas me battre, moi!

— Alors, qu'est-ce que tu veux?

— C'est moi qui vous demande ce que vous voulez?

— Oh! le gros lâche! — murmura Ursule.

— Tiens! — dit vivement Crochin en regardant sa femme. — Elle a tué quatre Autrichiens à elle toute seule.

— Et pas mal de dindons, ce qui doit t'effrayer! — ajouta la cantinière.

— Au fait! au fait! qu'est-ce que vous voulez? — reprit Crochin en détournant les yeux, car il n'osait affronter plus longtemps les regards étincelants et courroucés de madame son épouse.

— Ce que je veux, je te le corne aux oreilles depuis plus d'un quart d'heure! Je veux payer ce que doit cette jeune fille et je veux que tu lui serves ce qu'elle désire, — est-ce compris?

— Parfaitement! — dit Crochin.

— Oh! le lâche! le lâche! — murmurait toujours la bouchère. — Ce n'est pas un homme!

— Et celui-là? — dit en riant la vivandière en désignant du geste Isidore qui demeurait coi, la bouche ouverte. — C'en est-il un?

Et se tournant vers Ursule :

— Allons, madame pointue, — reprit-elle, — fais le compte et vivement.

La bouchère frémissant d'indignation, de colère et de rage impuissante, ramassa le registre tombé, la foule avait repris sa gaîté en voyant la solution pacifique de la scène qui avait menacé de tourner au tragique, et ces rires, ces moqueries, ces sarcasmes qui se croisaient et se débitaient augmentaient encore la fureur d'Ursule comme ces mêmes rires, ces mêmes sarcasmes avaient précédemment écrasé le boulanger. Madame Crochin était verte à force d'être blême.

Isidore se voyant abandonné par son patron, Isidore que la vue du sabre nu avait d'ailleurs fait reculer prudemment, Isidore, tournant le dos à sa patronne, dont il fuyait évidemment les regards courroucés, imitant ainsi la manœuvre du boucher, Isidore s'était retiré à l'autre bout de la boutique.

La mère l'Etape avait remis tranquillement son sabre dans le fourreau et jetant quelques écus sur le comptoir, elle avait contraint la bouchère à faire le compte qu'elle exigeait. Pendant ce temps, Crochin désireux de mettre fin à une scène qui allait le rendre la fable du quartier, Crochin coupait, taillait et enveloppait un morceau de viande qu'il présenta à Aline le plus poliment du monde.

La vivandière prit la viande comme elle avait pris le pain et se tournant vers Aline :

— Maintenant filons ! — dit-elle simplement.

Les deux femmes sortirent : la foule s'ouvrit respectueusement devant elles.

— Sois tranquille, ma belle petite, — disait la vivandière. — Tu pourras maintenant retourner chez le boulanger et chez le boucher, ils seront aimables avec toi, ou jour de Dieu ! j'envoie la 17ᵉ faire une descente dans leurs cantines.

Elles arrivaient devant la boutique de la fruitière et la foule les regardait passer.

— Minute ! nous avons aussi un compte à régler avec

la mère Brochard ! — dit la vivandière en arrêtant sa compagne.

— Eh bien, quoi ? — cria la fruitière en apparaissant tout à coup sur le seuil de sa porte, ne vas-tu pas m'avaler ?

— Je n'ai pas encore la bouche assez grande pour ça ? Et puis je n'en ai pas envie. Voyons, nous avons aussi quelque chose à te payer à toi. — Qu'est-ce qu'elle te doit, l'enfant ?

— Elle ne me doit rien !

— Hein ?

— Je dis qu'elle ne me doit rien ! — répéta la mère Brochard du ton le plus bourru.

— Comment ? Tu ne dois rien ici, la petite ?

— Hélas si ! — dit Aline en rougissant, — mais si madame Brochard voulait bien attendre et avoir confiance en moi !

— Minute ! Tu sais ce que je t'ai dit ! tu ne devras qu'à moi !

Et se tournant vers la fruitière :

— Allons, voyons ! Combien que te doit la petite.

— Rien ! que je te dis ! — vociféra la mère Brochard en posant ses poings sur ses hanches.

— Qu'est-ce que tu me chantes-là ! Comment, tu dis à cette heure que la petite ne te doit rien et il n'y a pas dix minutes tu la mettais à la porte de ta boutique en l'empêchant de prendre ses légumes.

— C'était pour qu'elle n'eût pas le mal de les emporter elle-même.

— Hein ? — fit la vivandière en se redressant avec des éclairs dans les yeux. — Tu dis ?

— Je dis ce que je dis ! Et si mademoiselle veut se donner la peine de retourner chez elle, rue Saint-Séverin, elle trouvera devant sa porte un petit panier oùs qu'il y a les légumes... Et puis comme elle est bonne, la chère enfant, — continua la fruitière d'une voix émue, — elle ne voudra pas me faire de la peine en refusant les œufs frais que j'ai mis au fond du panier... Les malades aiment ça !... avec quelques poires... Dam ! ce que j'avais de plus beau pour la saison...

— Tu as fait cela ! — dit la vivandière en dardant ses regards sur la fruitière.

— Et pourquoi donc que je l'aurais pas fait ? — continua la mère Brochard. — Tu crois donc, toi, qu'on n'a pas de ça ?

Et la fruitière se donna un grand coup de poing sur sa vaste poitrine.

— Quand j'ai entendu la petite dire ce qu'elle te disait après que tu as eu flanqué une peignée à cet oiseau de boulanger, continua la fruitière, ça m'a remuée que j'en étranglais. J'ai senti alors que j'avais été bête et méchante, et j'aurais eu là un manche à balai sous la main que je me serais caressé les épaules avec pour m'apprendre, mais j'en avais pas.

Et puis une idée m'est venue, c'était de tâcher de réparer mes torts. Je voulais courir après la petite et lui donner tout, mais j'ai pensé qu'elle me repousserait... Enfin, j'ai fait pour le mieux... et... faut me pardonner et ne pas m'en vouloir, car si la mère Brochard a quelquefois un mauvais caractère, elle a toujours un bon cœur.

En achevant ces mots, la fruitière s'avança avec une timidité gauche et tendit les mains à Aline. Celle-ci leva les yeux et vit deux larmes glisser sur les joues vermillonnées de la mère Brochard.

— Oh ! — dit Aline obéissant à l'émotion qu'elle ressentait, — je ne me souviens que d'une chose : c'est de ce que vous venez de dire !

— Alors, — reprit la fruitière, — faut que je vous fasse encore une confidence. La mère Eustache et les autres qui étaient là vous ont entendue aussi, et dam ! ça les a remuées comme ça m'a remuée.

« Pauvre créature du bon Dieu ! qu'on a dit, — C'est vrai qu'elle ne peut pas travailler puisqu'il faut qu'elle soigne sa mère !

— « Et pour lors, nous avons toutes eu l'idée de vous aider. De temps en temps, chacune à son tour, on fera le ménage, on vous donnera un coup de main, quoi ! et vous la belle petite, vous pourrez travailler. Tenez ! à cette heure, la mère Eustache vous attend sur votre carré pour commencer à vous aider. »

Aline avait écouté ce que venait de lui dire la mère Brochard en fixant sur la fruitière ses yeux humides : elle ne put trouver la force de répondre. Cette émotion nouvelle succédant à toutes les précédentes, paralysait pour ainsi dire la jeune fille.

Elle sentait, elle sentait ardemment, profondément, mais elle ne pouvait exprimer ce qu'elle ressentait.

La mère l'Etape, elle aussi, demeurait immobile et muette, mais son visage expressif peignait admirablement tout ce qu'ressentait son âme. Ouvrant tout à coup les bras :

— Tu es une brave femme ! — dit-elle à la fruitière. — Embrasse-moi ! Je ne voulais plus venir demeurer chez toi, mais j'y coucherai ce soir !

— Oh ! — dit Aline en saisissant la main de la cantinière, si dans le malheur qui m'accable je viens de goûter quelques instants de bonheur consolateur, c'est à vous que je le dois.

— Bah! bah! tout le monde en eût fait autant à ma place. Et maintenant, ma belle petite, que tout est arrangé et que la mère Brochard me répond de toi, bien des compliments, je te tire ma révérence.

— Quoi ! — s'écria Aline en joignant les mains, vous vous en allez ?

— Mais oui ! tu n'as plus besoin de moi.

— Oh! laissez-moi vous remercier, laissez-moi...

— Ta, ta, ta ! en voilà assez. Pas de remerciements et pas de pleurs, ça me rendrait bête ! Laisse-moi t'embrasser petite, aie soin de ta mère et porte toi bien !

Et saisissant la jeune fille dans ses bras nerveux, la jolie vivandière déposa deux baisers bien sonores sur les joues d'Aline. Puis, la quittant brusquement, elle s'élança dans la rue et disparut presqu'aussitôt en tournant l'angle formé par la boutique du boucher.

Depuis que les scènes bruyantes avaient cessé, la foule des curieux s'était écoulée, et la rue de la Huchette avait repris son aspect de calme accoutumé.

— Allons ! dit la mère Brochard à Aline, votre pauvre maman doit avoir besoin de vous. Allez-y, mon enfant, et ne vous souvenez que d'une chose que je répète encore : c'est que si la mère Brochard a un mauvais caractère, elle a aussi un bon cœur.

Aline, de plus en plus émue, n'essuya pas les larmes qui s'échappaient de ses beaux yeux et inondait son gracieux visage. Prenant le pain et le petit paquet contenant la viande, elle adressa à la fruitière un regard dans lequel se reflétait toute la reconnaissance que contenait le cœur. La mère Brochard se pencha vers elle :

— Ne remuez pas trop votre panier quand vous le trouverez, — dit-elle à demi-voix, — il y a quelque chose au fond qui pourrait se casser.

Et comme Aline la regardait encore avec étonnement :

— Allez ! allez ! — reprit la fruitière, — votre pauvre mère vous attend !

La jeune fille s'éloigna avec un sourire sous les larmes. La fruitière la suivait des yeux :

— Quel malheur qu'il parait que son père était une canaille ! — murmura-t-elle. — Ah !... après ça !... c'est pas de sa faute !

La jeune fille disparaissait à son tour au tournant de la rue du Petit-Pont. En cet instant, le regard de la fruitière rencontra la mine piteuse du boulanger qui avançait doucement et sournoisement la tête par l'entrebâillement de sa porte :

— Veux-tu te cacher ! vieux je ne sais quoi ! — cria la fruitière en lui montrant le poing.

XI

LA RUE SAINT-SÉVERIN

S'il est à Paris une jolie église, certes, c'est ce bijou du moyen-âge qu'un hasard a préservé de la destruction révolutionnaire, c'est Saint-Séverin, dont le clocher ardoisé resplendit au soleil, entre les toits et les cheminées, qu'il surmonte à peine, dans un labyrinthe de rues affreuses.

La révolution, en éclatant et en chassant les prêtres des autels, avait fait subir aux églises de singulières transformations. Saint-Severin fut d'abord érigé en grenier à fourrage, puis le fourrage manquant et le grenier devenant par conséquent inutile, l'église était devenue un magasin de papiers.

A l'époque où s'accomplissent les événements de ce récit, Saint-Séverin qui avait conservé son nom, continuait à servir d'entrepôt. Les hautes maisons qui l'entouraient, et qui existent encore, formaient déjà devant la façade cette petite place carrée qui, autrefois, avait fait partie du cimetière.

Il était sept heures du soir, il faisait nuit : un homme marchant d'un pas rapide venait de quitter la rue Serpente. Traversant la rue de la Harpe, il s'engagea dans la rue de la Parcheminerie, puis il tourna à gauche, il enfila la rue des ci-devant Prêtres, déboucha sur la petite place, longea l'église et s'arrêta devant la porte de la maison qui faisait le coin de la rue Saint-Séverin et de la place.

Cette porte était une petite porte bâtarde peinte en vert foncé. L'homme tira un gros bout de ficelle placé près de la serrure et retenu par un énorme nœud. Aussitôt la porte s'ouvrit.

L'homme se trouva alors dans une obscurité profonde : il était dans un étroit couloir conduisant aux premières marches d'un escalier rapide qui s'élançait presqu'en ligne droite vers le faîte de l'édifice, en offrant à la main pour tout point d'appui une corde attachée de distance en distance à la muraille.

L'homme devait connaître admirablement les êtres de la maison, car, bien que les ténèbres fussent épaisses, il trouva sans hésiter, sans trébucher les premières marches et il s'élança lestement, gravissant d'un pas rapide les degrés usés.

Il atteignit ainsi le quatrième étage : là était un étroit carré que n'éclairait aucune fenêtre ; mais que garnissait trois portes, l'une à droite, l'autre à gauche, la troisième en face.

L'homme s'approcha de la porte de droite, il se baissa et il regarda par le trou de la serrure. Une vague lumière lui apparut, cette lumière devait évidemment être, non pas celle d'une lampe ou d'une chandelle, mais bien d'une simple veilleuse.

L'homme attendit quelques instants, puis il gratta doucement à la porte. Ensuite il se recula et attendit encore. La porte s'entrebâilla faiblement, tirée de l'intérieur.

— C'est vous, monsieur Abel? — demanda une voix douce en parlant très-bas.

— Oui, c'est moi, mademoiselle Aline! — répondit l'homme sur le même ton.

Alors la porte s'ouvrit plus grande, et une ombre légère glissa rapidement sur le carré, en tirant sur elle la porte, mais la laissant entrebâillée.

— Comment va votre mère ? demanda Abel.

— Un peu mieux, — répondit Aline, — elle dort, c'est pourquoi il faut parler bien bas, Mon Dieu, elle est encore bien malade!...

— Espérez!

— Et vous, qu'avez-vous fait ?

— Rien! dit Abel en étouffant un soupir.

— Quoi! vous n'avez pas vu l'homme que vous deviez voir ?

— Si, je l'ai vu.

— Eh bien ?

— Il ne m'a rien appris.

— Rien ?

— Absolument rien!

Un profond silence suivit cet échange de paroles.

— Mon Dieu ! — dit Aline avec un accent de violent désespoir, — le malheur s'attachera-t-il donc éternellement sur nous ! Qu'avons-nous fait pour cela ?

— Demandez plutôt ce qu'il faut faire, Aline ?

— Et que faut-il donc faire ?

— Ce que je vous ai déjà conseillé.

— Comment ?...

— Obtenez de votre mère, obtenez d'elle qu'elle vous confie à vous, ou qu'elle me confie à moi tout ce qu'elle sait sur ce capitaine Raymond, car je maintiens que si votre père était innocent, comme je le crois, cet homme a été profondément coupable !

— J'interrogerai ma mère, monsieur Abel, mais il faut qu'elle soit plus forte, car vous savez que chaque fois qu'il est question de mon pauvre père, elle a des attaques nerveuses que rien ne peut combattre.

— Oui... je le sais... dit Abel, — et cependant... il faut qu'elle parle ! Il le faut pour l'honneur de celui qui a été son mari, pour son honneur à elle ; pour votre honneur à tous !

— Oh ! elle parlera ! elle parlera ! Que faut-il faire encore !

— Ce que vous savez !

— Voir le premier Consul ?

— Oui !

— Mon Dieu ! mon Dieu ! rien que cette pensée-là me fait peur. On le dit si terrible !

— Il paraît au contraire qu'il est excellent, doux, affable... C'est un soldat qui a vécu intimement près de lui, qui me l'a dit, ce soldat qui a connu votre père et qu'un heureux hasard m'a fait retrouver à Paris.

— Mais pour voir le premier Consul, il faut demander une audience !

— Oui.

— A qui s'adresser ?

— A lui-même !

— Comment?

— Je me suis fait tout expliquer minutieusement. A chacune des revues qu'il passe, vous savez qu'on l'aborde facilement. Préparez un placet, et à la première de ces revues présentez ce placet vous-même en vous jetant au-devant de lui.

— Oh! j'aurai peur!

— Je serai près de vous ! D'ailleurs il le faut ! songez à la sainte cause qus vous servez...

— Eh bien ! je ferai ce que vous me dites... Quand y a-t-il une revue?

— Demain. Le premier consul va demain s'installer solennellement aux Tuileries. Après le défilé du cortége, il y aura revue sur la place du Carrousel..

— Mon Dieu ! — dit la jeune fille, — vous me donnerez du courage !

— Oui ! oui, Aline, vous en aurez ! d'ailleurs je ne vous quitterai pas, je vous le répète.

— Eh bien ! — dit la jeune fille avec un accent de résolution arrêtée. — Eh bien ! demain, monsieur Abel, j'irai avec vous au Carrousel, et je parlerai au général Bonaparte.

— Bien je vous attendrai à midi à la grille du pont tournant.

— J'y serai. Et maintenant, merci, oh ! merci de tout cœur pour la généreuse affection que vous nous témoignez...

— Ne me remerciez pas, car vous savez bien que je vous aime !

— Chut ! taisez-vous, Abel !

— Non ! laissez-moi vous répéter que je vous aime, Aline, car j'ai encore quelque chose à vous dire...

— Quoi donc?

Abel parut hésiter, puis dominant l'émotion qui s'était emparée de lui.

— Aline, dit-il, — j'ai appris tout à l'heure la scène qui avait eu lieu ce matin dans la rue de la Huchette.

— Ah ! — fit la jeune fille en portant douloureusement la main sur son cœur.

— Pourquoi m'avoir fait un mystère de cette horrible situation dans laquelle vous étiez.

— Pour ne pas augmenter vos chagrins. Si nous sommes bien pauvres, vous l'êtes aussi...

— Mais vous savez bien que je n'ai rien à moi, et dussé-je vendre mon corps, vous savez que je vous donnerais tout ! Vous m'avez caché ce qui était... c'est mal ! En l'apprenant, j'ai cru que vous ne m'aimiez pas.

— Abel !

— Oh ! vous m'aimez, n'est-ce pas ? Dites...

— Ma mère m'appelle !... je crois... — dit vivement la jeune fille.

Abel saisit une main et la baisa respectueusement.

— Je vous aime ? — murmura-t-il, — et si vous ne m'aimiez pas, je mourrais !...

— Vivez alors ! — dit vivement Aline.

Et poussant vivement la porte, elle se glissa dans l'intérieur du logement.

La porte se referma, et le jeune homme demeura seul sur le carré. Il se dirigea vers la porte située en face de celle par laquelle venait de disparaître Aline. Prenant une clef dans sa poche, il l'introduisit dans la serrure de cette porte qu'il ouvrit.

— Oh! — murmura-t-il, — cet ange; fut-il l'enfant d'un démon, je l'aimerais encore, je l'aimerais de toute la force de mon âme et de mon cœur.

Le jeune homme était entré dans une petite pièce éclairée sur la rue par une fenêtre.

Il referma sa porte, battit le briquet, alluma une chandelle et se laissant aller sur une chaise :

— Cet homme aurait-il donc été réellement coupable? — se dit-il après un long silence. — Tout ce que m'a dit le soldat tendrait à le prouver... Oui !... toutes les preuves étaient contre lui, et elles étaient accablantes ! Mais ce capitaine Raymond, cet ex-comte de Beaury, quel rôle a-t-il joué dans toute cette affaire, et pourquoi a-t-il joué un tel rôle !... Il y a là, évidemment un mystère qu'il faut découvrir. En admettant même que le capitaine Davilliers ait été condamné justement... pourquoi est-ce Raymond qui l'a livré ?

Abel s'était levé et parcourait rapidement la chambre. S'arrêtant brusquement :

— Oui! oui! — dit-il. — Il faut qu'Aline parle demain au premier Consul, il n'y a que ce moyen d'arriver à dévoiler la vérité.

XII

LE CARROUSEL

Il n'est pas un seul de mes lecteurs qui ne connaisse la *place du Carrousel*, à Paris, cette place si célèbre à tant de points de vue différents, cette place qui a vu tant de faits s'accomplir dans son enceinte, cette place qui borde la demeure de nos souverains et qu'ont foulé également et les rois allant prendre leur place sur le trône de France et les princes contraints à abandonner ce trône que le peuple venait de briser derrière eux !

Mais parmi tous ceux qui connaissent cette place, tous ceux qui l'ont parcourue, traversée, combien en est-il qui se soient demandés d'abord pourquoi cette place se nommait la *place du Carrousel*, et ensuite depuis combien de temps elle se nommait ainsi ?

S'il en est quelques-uns qui se soient adressés ces questions, il en est certes bien peu, et cependant tous éprouveraient, j'en suis sûr, le plaisir de la curiosité satisfaite à entendre répondre à cette double question.

A cette époque où, en dépit des esprits inquiets (je dis *esprits* attendu qu'un autre mot me manque), en dépit des opposants systématiques et des gens qui ont la digestion difficile, Paris est en beau chemin de devenir la plus merveilleuse cité que l'imagination puisse rêver, à cette époque enfin de splendeur et de bien-être, il est non-seulement curieux, mais encore extrêmement intéressant de reconstruire par fragments le vieux Paris, le Paris qu'ont connus nos pères.

Dans nos précédents écrits, je me suis constamment efforcé de représenter aussi fidèlement que possible les mœurs et les usages de différentes époques, car ma conviction est que l'intérêt est bien plus dans le résultat de ces recherches instructives de l'écrivain que dans le drame enfanté par l'imagination du romancier.

Et, d'ailleurs, quelle imagination, quelque brillante qu'elle soit, pourrait oser lutter contre le récit de ces faits enregistrés dans nos annales et dans nos chroniques? Il n'est peut-être pas, je ne dirai pas une place ni une rue, ni une maison, mais une pierre seulement de chacune de ces maisons de Paris qui n'ait son historique émouvant.

En voulez-vous une preuve? Interrogez le pavé de la place du Carrousel. Je ne parle ici ni du Louvre, ni des Tuileries, ni des deux ailes dues à la munificence artistique du roi Henri IV et de l'empereur Napoléon III. Non ! Je parle de la place elle-même, de cette place que couvrait il y a vingt ans, un amas de maisons et de bicoques de toutes natures.

Il y a deux cents ans seulement, savez-vous ce que c'était que cette place ? Et d'abord, cher lecteur, vous rendez-vous bien compte de ce que signifient ces deux mots : *deux siècles, deux cents ans*, mots terribles et qui semblent exprimer l'éternité. Cela ne signifie pas la durée de la vie de quatre hommes. Ainsi il y a deux cents ans, c'est-à-dire en 1664, cela nous reporte forcément à la vie de notre grand-père ou du grand-père de notre grand-père, pour être plus à l'aise.

Eh bien ! représentez-vous ce trisaïeul avec sa perruque *à la moutonne*, sa casaque de velours marron enrichie de tresses de soie posées en *brandebourgs*, sa veste dont les basques descendent jusqu'au milieu des cuisses, et ses haut-de-chausses attachés sur ses bas drapés.

Il a son chapeau sous le bras gauche et sa canne à pomme d'ivoire dans la main droite.

Il vient de quitter la rue de la *Chaussetterie*, car il habite ce beau quartier de la *Halle aux cuirs*, qui longe le *cimetière des Innocents* (Rappelez-vous, cher lecteur, qu'il n'y a que deux cents ans de cela.)

Notre cher trisaïeul, après avoir traversé la rue de la *Chaussetterie*, entre dans celle des *Bourdonnais*, mais à peine a-t-il fait quelques pas que des aboiements retentissent, c'est qu'il longe la cour de la *Fosse aux Chiens*.

Il descend jusqu'à la rue *Bétizi*, et là il s'arrête quelques instants devant l'*Hôtel de la Monnoy*, dont il contemple la façade; ensuite, il continue sa promenade par la rue des *Fossés-Saint-Germain*, qui coupe celle de l'*Arbre-Sec*, et, longeant le *Cloître*, il se trouve en face de la célèbre colonnade.

Louis XIV n'habitait pas alors Versailles, dont le palais était en construction, il habitait tour à tour Saint-Germain, Fontainebleau et Paris, mais il passait la plus grande partie de l'année dans sa capitale, dans son vieux Louvre.

Notre cher promeneur longe donc la façade du palais en jetant un regard respectueux sur cette résidence royale, et suivant le bord de l'eau, il descend le cours de la Seine jusqu'à la hauteur de l'ancienne Porte-Neuve, là où se dressait encore la *Tour-de-Bois*, faisant pendant à celle de Nesles, que l'on apercevait sur l'autre rive, et qui était adossée à l'aile du Louvre s'avançant vers le fleuve.

Là, notre trisaïeul s'arrête encore, inspecte les eaux de la Seine d'un regard curieux et s'amuse à suivre de l'œil le grand Bac chargé de monde et de chevaux qui, partant du pied de la *Tour-de-Bois*, allait s'arrêter de l'autre côté de la Seine, en face précisément de cette rue à laquelle il avait donné son nom *(rue du bac)*.

Sa curiosité satisfaite, notre promeneur reprend sa marche, il veut respirer le frais, il veut contempler la verdure, il suit la base de la galerie du Louvre à demi-inachevée encore, et, passant sous une voûte, il entre dans l'ancien *Jardin de mademoiselle.*

Là il se promène et inspecte les lieux avec cette curiosité attentive du Parisien.

Il est dans un immense jardin, fort beau, planté soixante-quatre ans plus tôt, en 1600, pour mademoiselle de Montpensier qui habitait le petit *pavillon appelé les Tuileries.* Ce jardin a pour limites, au Sud, la galerie du Louvre encore entourée d'échaffaudages, à l'est la rue Fromentel qui le sépare du Vieux-Louvre, à l'ouest le pavillon des Tuileries avec ses *amas de gravois* montant jusqu'au premier étage et au nord, le mur du couvent des Feuillants. Un ami accoste le promeneur.

— Eh ! compère, vous connaissez la nouvelle ? on va couper tous ces beaux arbres.

— En vérité. Et qui le veut ?

— Le roi.

— Sa Majesté ? — ah ! grand Dieu ! Et pourquoi donc ?

— Pour faire plaisir à mademoiselle de La Vallière.

— Pas possible, compère, que me dites-vous là ?

— La vérité, parbleu ! Figurez-vous que Sa Majesté, pour faire plaisir à la belle demoiselle, veut donner une grande fête, un grand spectacle composé de courses, de ballets, d'amusements de tous genres, enfin que l'on nomme un *Carrousel.*

— Ah ! ce sera beau !

— Certes. Seulement il faut une grande place, et comme Sa Majesté n'a rien trouvé de mieux que ce jardin qui est à proximité du Louvre, il a été convenu qu'on allait le préparer en conséquence. Ce sera magnifique, car on dit que Sa Majesté dépensera plus d'un million de livres pour cette fête.

L'ami de notre trisaïeul n'était pas au-dessous de la vérité. Le *Carrousel* eut lieu et coûta *douze cent mille livres*.

On avait coupé les grands arbres, déblayé le jardin, égalisé le sol, préparé une vaste arène et élevé une énorme construction en charpentes formant une série de galeries. La fête fut ce qu'elle devait être, splendide. Les seigneurs de la cour y déployèrent un luxe inouï et cherchèrent à s'effacer mutuellement par la magnificence de leurs costumes antiques ou chevaleresques. Les devises avaient été composées par Benserade et par Molière. Jamais le fastueux roi ne donna fête plus fastueuse.

On pense si ce Carrousel provoqua l'attention des Parisiens. Durant quatre mois qu'on mit à préparer l'arène et à élever les constructions de bo·s, *l'emplacement du Carrousel* fut le but de promenade de tous les curieux.

Le jour de la fête, ou pour mieux dire les jours de la fête (car elle en dura deux, les 5 et 6 juin,) l'affluence fut telle que les barrières furent rompues en maints endroits, et que bon nombre de gens eurent les membres froissés et les vêtements déchirés.

Puis la fête accomplie on ne s'occupa pas immédiatement d'en faire disparaître les traces. Les constructions demeurèrent debout, et les Parisiens continuèrent à aller visiter la place où avait eu lieu le Carrousel, tant et si bien que cette place devint un lieu de promenade, comme devant, et qu'elle ne fût plus désignée que par ce titre : *Le Carrousel*.

Quelques marchands ambulants vinrent s'établir sur la promenade : ils eurent l'idée de demander la permission de prendre pour abri à leur commerce les constructions de bois qui avaient servi à la fête. Le prévôt de la ville leur loua ces constructions, puis les leur vendit avec le terrain.

Le bois n'étant pas indestructible, celui des abris finit par se détériorer ; les marchands propriétaires songèrent alors à élever des édifices plus solides et peu à peu la pierre remplaçant le chêne, de grandes maisons se dressèrent là où l'on avait vu des galeries historiées, ce qui dut même combler de joie certain rimeur de l'époque qui, en parlant des boutiques en bois, restes de la grande fête, s'écriait :

> Crique de bois à cinq croisées
> Barbouillé d'azur et d'or peint,
> Amphithéâtre de sapin,
> Fontaine entre les collisées,
> Hippodrome de Pantagruel
> Belle place du Carrousel,
> Faite en forme d'huître à l'écaille
> Quoi qu'on en dise, on vous voit là,
> Un habit de pierre de taille
> Vous siérait mieux que celui-là.

Les maisons s'élevèrent peu à peu et finirent, en envahissant les trois-quarts de l'immense place, par former un véritable quartier avec son dédale de rues et de ruelles.

Parcourir aujourd'hui la place du Carrousel, et rétablir par la pensée cette place telle qu'elle était jadis est certes un travail d'un intérêt extrême.

Ainsi longeant le vieux Louvre et aboutissant d'un côté sur la place du Palais-Royal et de l'autre au port Saint-Nicolas, s'étendait la rue Fromenteau, cette rue d'origine fort ancienne se nommait sous Charles V la rue *Froidmantel*, et contenait la messagerie royale, c'était dans cette rue où, lit-on dans Sauval : « *sonlaient estre les Lions du roi.* »

Parallèle à la rue Fromenteau, était la rue Saint-Thomas du Louvre avec son église collégiale dont, en 1739, la voûte s'écroula sur les chanoines. Dans cette rue était l'entrée de l'*hospice des Quinze-Vingts* dont une façade était sur la rue Saint-Honoré.

Ensuite on se perdait dans des myriades de petites ruelles : la rue du *Doyéné*, la *cour Matignon*, la rue des Orties, la rue Saint-Louis-du-Louvre longeant la grande galerie du bord de l'eau.

Sur l'emplacement de l'hospice des Quinze-Vingts, que le trop fameux cardinal de Rohan fit transporter en 1779 au faubourg Saint-Antoine, on dessina de nouvelles petites voies bordées de hautes maisons, la rue de Chartres, la rue de Valois, la rue de Rohan qui toutes venaient aboutir à cette trop célèbre rue Saint-Nicaise qui, elle, allant de la rue des Orties à la rue Saint-Honoré, bordait le côté est de ce qui restait de la place du Carrousel.

La rue de l'Echelle, la rue du Carrousel et la petite place de la Réunion bordaient la grande place à droite et à gauche.

Deux grands corps de garde, construits l'un à droite, l'autre à gauche du palais, dans la cour intérieure, rapetissaient cette cour et formaient comme un grand couloir aboutissant du pavillon de l'Horloge sur la place.

Tel était l'aspect de cette place lorsque la Révolution avait éclaté, cent vingt-six ans avaient suffi pour transformer le jardin et ses abords inachevés et encombrés, en un quartier populeux entouré de trois côtés par trois palais se ralliant les uns aux autres.

Durant la période révolutionnaire, la place du Carrousel ne subit aucune transformation : son palais ensanglanté souvent par la fureur des partis fut ébranlé par les roues des canons gardant la Convention, et les cris de mort et les chants féroces firent retentir ces échos, secouant, sans le renverser, le vieux palais de la monarchie ; mais pendant ces années de drame et de fureur, rien ne modifia l'aspect matériel de la place, et quiconque eût quitté le Carrousel en 1790 et y fut revenu dans les premiers jours de l'année 1800, eut certes pu croire l'avoir traversé la veille.

Ce jour-là, le 30 pluviôse an VIII (19 février 1800), la cour du Carrousel et ses abords étaient encombrés d'une foule empressée, pressée, compacte et qui, augmentant de minute en minute, venait briser ses vagues humaines contre tous les angles des maisons de la rue Saint-Nicaise, de la rue du Carrousel et de la rue des Orties.

Cette foule remuante, animée, rieuse et anxieuse, parée de ses plus beaux habits, paraissait être en proie à l'émotion la plus vive. Un bourdonnement incessant, qu'interrompaient à chaque minute des cris de fête, des roulements de tambour, des fanfares de trompettes, s'échappait du sein de cette foule dont les flots serrés, pressés et collés les uns aux autres s'ouvraient cependant pour donner passage à un régiment qui s'avançait, tambour et musique en tête.

Par toutes les issues donnnant sur la place du Carrousel, défilaient des corps de troupe tous en grande tenue, tous avec cette allure martiale et grossière qui appartient au soldat français noirci ou blanchi sous les drapeaux.

A cette époque de notre histoire qui servit de transition entre les perturbations causées par les révolutions incessantes et le système d'ordre qui allait enfin régner. A cette époque où la France entière avait encore à souffrir des misères du gouvernement du Directoire et n'avait pas encore pu sentir les bi nfaits du gouvernement du Consulat, l'armée était dans cet état de pénurie profonde où l'avait trouvée le général Bonaparte à son retour d'Egypte, et qui équivalait presque à celui dont il avait tiré jadis la fameuse armée d'Italie.

Aussi les demi-brigades qui défilaient ce jour-là dans Paris, si elles brillaient par leur entrain martial, ne brillaient certes pas par l'éclat de leur extérieur et le terme, *grande tenue*, que j'ai employé tout à l'heure, était bien plutôt applicable aux armes astiquées et brillantes qu'aux hommes couverts d'habits déchirés, rapiécés, usés et chaussés de souliers qui eussent bien volontiers appelé le secours du sabot.

Et cependant comme ils défilaient bien sous l'œil des Parisiennes, ces soldats des armées d'Allemagne et d'Italie ! comme la joie était sur leur figure, l'animation et l'espérance dans leurs regards !

C'est que ce jour-là était un jour de fête pour eux, car ils allaient voir passer dans leurs rangs ce général adoré pour lequel ils se sentaient capables d'accomplir des merveilles, c'est que ce jour-là, le premier Consul, quittant le palais du Luxembourg, cette ancienne résidence des Directeurs, allait venir prendre possession du palais des Tuileries et les troupes arrivaient de tous côtés pour former la haie sur le passage de celui que la France entière acclamait avec enthousiasme.

XIII

LE 30 PLUVIOSE

Onze heures du matin venaient de sonner à l'horloge des Tuileries ; la cour du Carrousel, envahie par les troupes, offrait un coup d'œil à la foule qui encombrait les abords.

Les rues Saint-Nicaise, de Chartres, du Doyenné, des Orties, de l'Echelle, étaient envahies. Toutes les maisons donnant sur la place, étaient pavoisées avec un luxe superbe.

De chaque côté du palais, dans la cour, devant les deux corps de garde, les troupes étaient massées ; à gauche, un régiment de dragons, puis un grand espace vide, à droite, plusieurs demi-brigades.

L'une de ces demi-brigades, formant la haie devant l'enclos de planches qui alors subsistait à la place de la grille, occupait tout l'espace s'étendant entre le bâtiment des écuries, qui était alors adossé à l'enclos des Feuillants, et la porte principale ouvrant sur la place, précisément en face du pavillon de l'Horloge : c'était la 17e légère.

Comme il n'était qu'onze heures du matin et qu'on n'attendait le cortége qu'à une heure, le colonel avait donné l'ordre de faire former les faisceaux tout en prescrivant aux soldats de ne pas s'éloigner.

Quelques sentinelles veillaient naturellement autour de ces faisceaux ; les tambours avaient déposé à terre leurs caisses rangées symétriquement en tête du régiment.

Les officiers, le sabre au fourreau, allaient, venaient, se

promenaient, causaient entre eux, ou échangeaient des saluts avec les camarades des autres corps.

C'était une belle demi-brigade que la 17e. Ses soldats avaient tous cet aspect martial, cette grâce guerrière qui font du soldat français le premier soldat du monde. Son drapeau déchiré, noirci, lacéré, témoignait de ses hauts faits devant l'ennemi.

Constamment, depuis sa création, elle avait fait partie des armées qui avaient fait la guerre dans le Nord, de ces armées qui, commandées successivement par Pichegru, par Hoche, par Marceau, par Moreau, par Brune, par Masséna, avaient tour à tour chassé les ennemis qui souillaient notre sol, et fait la conquête de ces belles rives du Rhin en ajoutant de nobles pages à nos brillantes annales militaires.

Enfants de l'armée du Rhin, les soldats de la 17e légère n'avaient jamais fait partie des armées d'Italie et d'Egypte. Ils connaissaient de nom le général Bonaparte, mais ils ne l'avaient jamais vu.

Depuis l'installation du Consulat, la 17e avait été envoyée de Hollande en Vendée, mais elle avait accompli ce trajet sans passer par Paris. Ce n'était que depuis la pacification définitive de la Bretagne, que la demi-brigade avait reçu l'ordre de se rendre dans la capitale où, ainsi que l'avait dit la jolie cantinière, elle était arrivée depuis si peu de temps.

A cette époque d'émulation et de gloire, il existait entre les soldats des différents grands corps une jalousie qui se traduisait souvent par une sorte de dédain réciproque regrettable.

Le renom du général Bonaparte était si grand, l'auréole qui l'entourait si lumineuse, qu'une partie de sa splendeur rejaillissait sur ses soldats, et la réputation des guerriers de l'armée d'Italie et celle d'Egypte était resplendissante.

Les soldats de l'armée du Rhin, fiers eux-mêmes et à juste titre, de leur ancien et glorieux renom, avaient vu d'un œil mécontent ces rayonnements splendides partant du midi et venant obscurcir leur horizon de gloire.

A cette époque encore, Moreau, dont la fin si tristement obscure devait ternir à tout jamais de son reflet sinistre les belles années de la jeunesse, Moreau avait une réputation qui lui donnait le second rang dans la hiérarchie glorieuse, il avait ses amis et ses partisans, et ses soldats étaient fiers de le nommer leur général. Ceux même qui n'avaient combattu que sous lui, le plaçaient en rival du général Bonaparte.

Depuis les campagnes d'Italie, il existait donc une rivalité entre les soldats des deux corps du nord et du midi, rivalité qu'avaient accrue par une somme de gloire nouvelle et l'éblouissante campagne d'Egypte, et l'éblouissante campagne de Zurich.

Le premier Consul était parfaitement au courant de cette situation des esprits dans l'armée, et, avec son génie habituel qui le faisait descendre jusqu'aux plus petites choses, il avait entrepris d'éteindre au plus vite cette sorte de rivalité haineuse qui pouvait devenir si fatale en temps de paix, où les soldats, n'obéissant plus au grand sentiment de patriotisme, auraient occupé leur humeur batailleuse à des querelles de régiment à régiment.

Pour arriver plus vite et plus sûrement à son but, le premier consul avait pris la résolution de faire successivement passer par Paris tous les corps de l'armée d'Allemagne, afin de voir ces soldats qui ne le connaissaient que de nom et, comptant sur l'ascendant si extraordinaire qu'il avait de leur donner à tous le même esprit.

La 17ᵉ, l'*Infernale*, la plus renommée et la plus belle peut-être demi-brigade de l'armée du Rhin avait été l'une des premières appelées, et elle allait assister à la première revue que le premier consul devait passer sur cette place du Carrousel destinée à devenir une succursale du Champ-de-Mars.

Les faisceaux étaient donc formés et les soldats libres, relativement, il est vrai, de leurs actions et de leur temps se donnaient quelques instants d'aimables loisirs.

Par extraordinaire pour cette époque de l'année, il faisait très-chaud ; aussi le poids des armes, des uniformes, de ces accessoires sans nombre que le fantassin est obligé de porter, augmentant encore l'inconvénient de cette chaleur, le premier soin de la majorité des grenadiers avait été d'aller rendre une visite au bidon de la vivandière.

La jolie mère l'Étape avait mis son costume le plus beau et le plus frais pour cette solennelle circonstance d'une première revue passée par le premier Consul.

Ses bottes, bien cirées, resplendissaient au soleil comme des miroirs, sa jupe à mille plis retombait gracieusement sur ses hanches, sa veste bleue, taillée comme celle des artilleurs, pinçait sa taille mignonne, des broderies rouges ornaient le collet et les revers que constellait une nuée de boutons de cuivre bien brillants.

Une ceinture de cuir jaune, dans laquelle étaient passés deux pistolets, soutenait un joli sabre qui tombait sur la hanche gauche, tandis que le petit tonneau traditionnel était maintenu sous le bras droit, par une lanière de laine tricolore passée en sautoir.

Un tablier blanc, très-propre, garnissait le devant de la

jupe. La tête était recouverte, non plus d'un bonnet de police, mais d'un petit chapeau à cornes garni d'un flot de plumes rouges.

La vivandière tenait, passé à son bras gauche un petit panier recouvert d'un linge blanc.

Alors qu'on avait donné l'ordre de former les faisceaux, la mère l'Etape avait déposé son panier sur le pavé et avait enlevé le linge qui le couvrait. Le panier contenait des pains de seigle, des petits verres et deux énormes saucissons.

A peine les faisceaux étaient-ils formés, que les soldats avaient entouré la vivandière.

— Un petit verre ! deux petits verres ! trois petits verres ! — cria-t-on.

Un grenadier à la physionomie farouche, aux lèvres garnies de moustaches effrayantes, s'était avancé un des premiers :

— Allons, la mère, — dit-il. — En deux temps et quatre mouvements ! sers-nous ici comme tu nous servais à Altorf quand nous courions sur les talons de ce cosaque de Souslaroue et que nous lui apprenions ce que c'est que le pas de course.

— Oui ! oui ! tu as raison, Belavoir, — cria un autre soldat. — C'était le matin du jour où, au défilé de Kloenthal, nous avions coupé en deux la colonne de Prosemberg. Ah ! ah ! j'en garde mémoire, de ce jour-là ! Quelle danse !

— Bel entrechat, Grenouillot !

— Qu'est-ce qui narre de danse et d'entrechat, aimables amours ? — demanda une voix demi-enrouée et demi-cuivrée, — un de ces organes que l'expression populaire désigne par : *voix de rogome*.

Un soldat de haute taille, très-maigre et très-sec, s'avançait portant la tête très-haute, le nez au vent, l'œil rond, fixe et bien ouvert, la bouche grande et souriante, les coudes en dehors, gracieusement arrondis, les doigts écartés, le jarret bien tendu, les pieds outrageusement en dehors, et marchant sur les pointes avec une légèreté d'acrobate.

— Tiens ! c'est Vol-au-Vent ! — dit Belavoir en portant à ses lèvres un petit verre que venait de lui verser la vivandière.

Vol-au-Vent enveloppa les soldats dans un regard investigateur.

— Du moelleux dans la jambe, Belavoir, — dit-il après un silence, — tu n'as pas de moelleux, mon ami, tu as beau avoir des superbes moustaches qui te cachent la moitié du visage, ce n'est pas suffisant, pour être aimable en *socilliété*, tu manques de grâce et de moelleux, je te le dis !

— C'est-il à ta salle de danse ou à ta salle d'armes qu'il faut aller pour s'en payer du moelleux ? — demanda Belavoir en riant.

— Aux *deusses*, aux *deusses* ! — répondit vivement Vol-au-Vent. — Le Français, né malin, doit savoir battre également un entrechat et un Autrichien, passer un huit et repasser un Anglais. La vie n'est-elle pas une danse perpétuelle ? il n'y a que la musique qui diffère, tantôt c'est un violon, tantôt un tambour ! Dans tous les cas on part du pied gauche !

— Vol-au-Vent a raison ! — dirent plusieurs soldats en riant.

Tous alors formaient un demi-cercle autour de la vivandière adossée à la séparation de planches. De l'autre côté

7

de cette séparation s'étendait une foule serrée, remuante, bruyante, avide de voir et d'entendre, et qui se pressait, se poussait, depuis la rue Saint-Nicaise jusqu'aux limites de la cour du palais.

— Et preuve, — reprit Vol-au-Vent en mettant ses grands pieds encore plus en dehors et en arrondissant le bras droit pour porter la main à sa moustache, et preuve que la danse et l'escrime sont l'agrément des arts d'agrément, regardez tous la mère l'Etape ! Y a-t-il, dans toute l'armée française une cantinière capable de lui nouer les cordons de son tablier ?

— Jour-de-Dieu ! — s'écria Grenouillot, s'il y avait tant seulement un Iroquois capable de soutenir le contraire, je lui ferais avaler le canon de mon fusil !

— Le fait est — ajouta gravement Belavoir, — qu'il n'y a pas sous la calotte des cieux, une particulière aussi... particulière que notre vivandière.

— Tiens ! — reprit Grenouillot, — c'est si vrai que ce matin-là de l'affaire du défilé de Kloenthal, la mère l'Etape a eu celui de verser les petits verres de l'amitié au général Soult et au général Mortier.

— Ça, c'est vrai, — dit la vivandière en riant et tout en continuant de distribuer son liquide, — et comme la veille, pendant la bataille, j'avais eu tous mes petits verres cassés par un biscaïen russe, ils ont bu tous les deux à même ma canelle ! Pas fier pour des généraux, hein ?

— Et ils ont dit, en vous reluquant, que la 17e pouvait bien se flatter d'avoir dans ses rangs la plus jolie femme de l'armée, ah !

— Le fait est qu'ils ont dit cela et qu'ils s'y connaissent ? — ajouta Belavoir.

— Eh bien ! — reprit Vol-au-Vent, — si la mère l'Etape

a mérité ce compliment flatteur, c'est qu'elle est ma meilleure élève à la salle de danse et à la salle d'armes. Il n'y a pas sa pareille pour un jeté-battu, pour une gavotte et pour un rond de jambe, et le fleuret à la main elle dégotterait le plus malin. Ah! ah! la 17ᵉ peut être flattée, et elle l'est, elle...

Une batterie de tambour interrompit l'enthousiaste admirateur de la jolie vivandière. Par la voûte donnant sur le quai, près du palais, débouchait une colonne, s'avançant, précédée de ses sapeurs et d'un colossal tambour-major qui, barriolé d'or sur toutes les coutures de ses vêtements, la tête recouverte d'un énorme colbach tout empanaché de plumes tricolores, brandissait, avec une sorte de fureur majestueuse, une canne de jonc surmontée d'une pomme de cuivre.

En débouchant dans la cour, le tambour-major fit un moulinet rapide, et, lançant dans les airs sa canne avec un mouvement énergique, il la laissa tournoyer dans le vide et la rattrapant avec une adresse réellement merveilleuse, il donna un coup sec. Aussitôt les tambours cessèrent de battre.

Un court silence s'écoula, puis un peloton de musiciens apparut, sortant de la voûte à la suite des tambours devenus muets et les accords d'une marche militaire retentirent à la grande joie de la foule assemblée.

Derrière les musiciens s'avançaient les soldats divisés par compagnie.

— Ah! — dirent toutes les bouches tandis que tous les regards se portaient avidement sur tous les corps faisant son entrée. — Ah! c'est la *garde consulaire!*

La *garde consulaire*, bien qu'elle eût alors un renom justement mérité, était bien loin, il faut le dire, de cette *volumineuse réputation* qu'elle devait acquérir plus tard, et surtout d'être entourée de cette auréole éblouissante qui devait faire un jour de la *garde impériale* un corps de troupes aux proportions légendaires.

En 1800, la *garde consulaire*, bien que composée d'hommes de choix, n'était, à proprement parler, que la garde des Consuls. A propos de cette garde impériale qui tient de si grandes pages dans les fastes de la France, il m'a paru curieux de remonter à son origine et de mettre en lumière cette origine qui est demeurée dans l'ombre pour un si grand nombre de personnes.

En 1792, la Convention, menacée à chaque instant par les émotions populaires, avait voulu, à bon droit, s'efforcer de se préserver des envahissements et des violations sans cesse renouvelées en se donnant une garde particulière. Il existait alors un corps d'élite de vieille institution et qui se nommait : les *gendarmes de la prévôté de l'hôtel*. C'était une espèce de garde municipale chargée essentiellement, sous le précédent régime monarchique, de maintenir l'ordre dans la capitale. Un décret de la Convention, en date du mois de septembre 1792, chargea ces gendarmes de veiller sur l'assemblée en prenant le titre de : *Grenadiers près de la représentation nationale*. Ce corps était composé de quatre compagnies de choix seulement.

En 1795 (le 6 brumaire, an IV), ce bataillon prit le nom de *garde du Corps législatif*, tout en conservant les principes de son institution.

En 1796, les *gardes du Corps législatif* changèrent encore leur nom contre celui de *garde constitutionnelle* et en 1797, ils devinrent les *gardes du Directoire*.

Ce fut eux qui, au 18 brumaire, jouèrent à Saint-Cloud

le rôle important qui, ce jour-là, devait contribuer à sauver la France.

Après le 18 brumaire, le général Bonaparte, qui comprenait toute l'importance que l'on pouvait tirer dans l'avenir d'un corps d'élite, avait accueilli avec empressement ce premier noyau de régiments destinés à voir leurs cadres s'augmenter des meilleurs soldats de la France.

La *garde consulaire* organisée en novembre 1799, immédiatement après le 18 brumaire, se composait alors d'une compagnie d'infanterie légère, de deux bataillons de grenadiers à pied, d'une compagnie de chasseurs à cheval, de deux escadrons de cavalerie légère et d'une compagnie d'artillerie à cheval, en tout 2089 y compris les chefs.

C'était peu, mais quels soldats! quels officiers! Il est encore bien curieux aujourd'hui, en fouillant dans nos annales militaires, de reconstruire à son commencement cette admirable garde, qui fut, durant tout le temps de son existence, jusqu'à sa dernière heure, la terreur de l'Europe entière.

Et d'abord, par décret du premier Consul, il fallait, pour faire partie de la *garde-consulaire, douze années de service,* campagnes comprises; (on sait que les campagnes comptent double) et pas une mauvaise note!

Quant aux officiers, ils devaient perdre un grade en entrant dans la garde.

Au moment où la garde consulaire débouchait sur la place, tous les tambours avaient battu « aux armes » et en une seconde tous les rangs des troupes présentes s'étaient reformés pour recevoir militairement les nouveaux arrivants.

La garde avait pris place immédiatement dans l'espace

demeuré vide le long du corps de garde de gauche, près du régiment de dragons.

La garde une fois installée au poste qu'elle devait occuper, les faisceaux avaient été reformés de nouveau et les soldats, ayant encore quelques instants à dépenser avant l'arrivée du cortége, avaient repris leurs promenades, goûtant ainsi les douceurs du *far niente*.

De nouveau la vivandière, un moment délaissée, s'était revue entourée de tous ses habitués fidèle, parmi lesquels Belavoir, Grenouillot et Vol-au-Vent, le doublement célèbre professeur d'escrime et de danse, occupaient le premier rang.

La 17ᵉ se trouvait alors précisément en face de la garde consulaire. En voyant les grenadiers du corps d'élite venir se ranger, musique en tête, justement en face d'eux, le front des soldats de l'armée du Rhin se rembrunit et quelques grognements, éclatant çà et là, témoignèrent du peu de sympathie qu'ils ressentaient :

— Hum ! — disait Belavoir en riant ironiquement, — il paraît qu'il leur faut des flons-flons à ces gaillards-là pour marcher à la gloire et à la victoire. Nous autres nous savons nous contenter des roulements de la caisse...

— Dame ! dit Grenouillot, tu n'es pas dans la garde consulaire, toi !

— Mais tu y seras un jour ou l'autre ! et plutôt l'un que l'autre ! dit une voix sonore.

Belavoir se retourna, le gigantesque tambour-major de la garde était devant lui.

— Et ! fit-il. C'est Rossignolet !

— En personne naturelle et intempestive ! répondit le major en se dandinant sur les hanches.

— Tu es donc dans la garde ?

— Tu l'as dit et tu le vois !

— Mais on avait dit que tu étais mort.

— Ça s'est dit souvent, mais ça n'est point encore arrivé, — répondit Rossignolet, — on a *évu* quelques aventures folichonnes, c'est vrai, mais si la peau a eu des déchirures, elle a été recousue proprement. Pour lors, et d'une, et puisque dans ce jour solennel on a celui de se revoir, allons trinquer à la cantine !

Et Rossignolet, prenant Belavoir par le bras, l'entraîna vers l'endroit où la mère l'Etape débitait sa *marchandise*, Vol-au-Vent, Grenouillot et d'autres soldats les suivaient.

En arrivant devant la vivandière, Rossignolet ouvrit de grands yeux, une grande bouche et de grands bras :

— Que j'avale ma canne de la pomme à l'embout, — s'écria-t-il, — si ne voilà pas devant moi, la plus jolie cantinière des cantinières de toutes les cantinières de la France et de l'étranger ! Ah ! sabre-de-bois ! comme dit mon ami Cascaradin, la 17e peut se flatter d'être avantageuse ! La garde, je le déclare, serait proprement flattée d'en avoir une de ce numéro !

— Tiens ! — fit la mère l'Etape en relevant la tête et en tendant au tambour-major un petit verre qu'elle venait de remplir. — C'est possible, mais je n'y tiens pas à ta garde. J'aime autant la 17e ! c'est une demi-brigade qui en vaut bien une autre. Elle n'a pas servi sous les ordres du général, premier Consul, c'est vrai, mais elle en a eu à sa tête qui n'étaient pas trop piqués des cannetons, la 17e !

— Eh bien ! — dit Rossignolet en se retroussant la moustache, — crois-tu donc que si le citoyen premier Consul l'avait menée au feu, il l'aurait menée de travers ?

— Je ne dis pas cela !

— C'est heureux !

— Seulement, je dis que la 17ᵉ s'est aussi proprement peignée en Allemagne, que la 32ᵉ en Italie, quoiqu'elle n'eût pas...

— A vos rangs ! cria une voix sonore qui interrompit la cantinière.

— Brran ? fit Rossignolet en s'élançant vers ses tambours.

Des roulements éclataient sur tous les points de la cour ; tous les faisceaux furent enlevés en un clin-d'œil, et chaque demi-brigade se reforma lestement.

La foule des curieux qui encombrait la place et les rues adjacentes, fit un mouvement d'ondulation dans le sens du quai ; un frémissement d'impatience agita toutes les têtes :

— Voilà le cortége ! cria-t-on. Le premier consul va venir !

Effectivement, les brillants accords d'une musique militaire retentirent du côté des quais où les troupes formaient la haie et, par les guichets communiquant avec la rue Saint-Nicaise, déboucha un peloton de cavalerie formant avant-garde, et en tête duquel marchait le général Murat, recouvert de son plus brillant uniforme, et montant, avec une grâce qui provoquait l'admiration de tous, un admirable cheval arabe qu'il avait ramené d'Egypte.

La foule s'écarta devant ce peloton qui, faisant trouée, se dirigea à travers la place vers la grande porte du Carrousel, là où devait s'élever, six ans plus tard, l'Arc-de-Triomphe surmonté des fameux *chevaux de Corinthe*.

La 17ᵉ, se trouvant appuyée au corps-de-garde de droite, occupait tout le côté droit de cette porte dont les deux battants étaient ouverts.

La foule des curieux se serrait là, séparée seulement des soldats par des planches du prolongement de l'enclos, car la cour du palais des Tuileries n'était pas alors entourée d'une grille donnant sur une vaste place. Elle était fermée simplement avec des planches mal jointes.

Le changement fut rapide. Une parole de Napoléon était le *fiat lux*, et quelque temps après la proclamation du Consulat, l'enclos de planches fut remplacé par une partie de la grille actuelle, mais le 30 pluviôse an VIII (19 février 1800), l'enclos subsistait.

Hommes, femmes, enfants, vieillards se coudoyaient, se pressaient, tous étaient désireux de voir et de saluer ce héros que la France entière acclamait, et dont le nom était presque inconnu trois années plus tôt.

Il est donc facile de comprendre cet empressement général de toute une population désireuse de fêter celui qu'elle aimait.

Parmi les plus empressés, parmi ceux qui s'efforçaient avec le plus d'acharnement de prendre place au premier rang, près de l'enclos de la cour intérieure des Tuileries étaient un jeune homme et une jeune fille, tous deux vêtus de noir; tous deux ayant les yeux animés et le visage fort pâle.

Tous deux, le jeune homme passant devant pour faciliter la marche, s'étaient glissés, faufilés et avaient réussi enfin à atteindre le côté droit de la porte.

Une fois là, le jeune homme passa son bras derrière la jeune fille et s'arc-boutant d'une main ferme contre la charpente, il lui fit ainsi un abri entre les flots de la foule.

L'émotion de la jeune fille paraissait augmenter de minute en minute ; parfois elle chancelait et elle appuyait la main sur son cœur comme pour en comprimer les battements.

A côté des deux jeunes gens, était, les deux bras croisés

7.

sur la poitrine, un homme de taille moyenne, au teint hâlé, aux yeux noirs, appuyé nonchalamment contre les planches et résistant avec une impassibilité, dénotant une force peu commune, aux efforts de la foule. On eût dit un rocher au milieu des flots tumultueux de l'Océan.

Cet homme jetait de temps à autre un regard empreint d'une douceur sympathique sur la jeune fille, dont l'émotion paraissait l'intéresser vivement, et cependant il était évident que les deux jeunes gens et ce personnage ne se connaissaient pas, car, quoique fort rapprochés de lui, le jeune homme et la jeune fille ne semblaient pas lui accorder la plus légère attention.

En ce moment, le général Murat précédé de ses ordonnances, ouvrant la marche, arrivait à la hauteur de la porte, salué par les acclamations de tous, car le beau-frère du premier Consul s'était déjà acquis cette réputation de bravoure, qui fait comprendre les prouesses fantastiques des héros du Tasse et de l'Arioste.

Derrière le général, venaient de beaux escadrons de chasseurs et un régiment de dragons, fiers de marcher à la suite d'un tel chef.

Après la cavalerie s'avançait l'infanterie : ces demi-brigades qui s'étaient illustrées sur vingt champs de bataille, et en tête desquelles marchait l'intrépide général Lannes.

La foule dont l'enthousiasme semblait augmenter de minute en minute, accueillit chaleureusement et le général et les soldats.

— Hum! fit le personnage adossé à la charpente. C'est beau la gloire!

Et levant son chapeau :

— Vive le général Murat! cria-t-il d'une voix sonore.

Le général passait alors, franchissant le seuil de la porte, il se retourna. En apercevant celui qui l'acclamait et qui tenait encore son chapeau à la main, il fit un mouvement d'étonnement et il lui adressa aussitôt un geste amical et un sourire affable, puis il passa.

— Ah ! — murmura encore le personnage. — Je savais bien qu'il me reconnaîtrait.

Personne n'avait pu remarquer ce petit incident. Le cortége continuait à s'avancer lentement et à mesure que les escadrons entraient dans la cour intérieure des Tuileries, ils allaient se masser et prendre place dans des vides qui leur avaient été réservés.

Les fenêtres du palais étaient toutes ouvertes, toutes garnies de femmes en riches toilettes, d'homme en brillants uniformes ; c'était un féerique spectacle que celui qu'offrait cette place du Carrousel, éclairée par les rayons dorés d'un splendide soleil qui se reflétaient sur ces milliers de canons de fusil, sur ces sabres aux lames nues.

Le jeune homme et la jeune fille étaient toujours au premier rang, mais ils ne regardaient rien, ils ne voyaient rien, ils paraissaient attendre avec une anxiété poignante. Le jeune homme se pencha vers sa compagne :

— Courage, Aline ! murmura-t-il.

— Oh ! — répondit la jeune fille — s'il ne veut pas m'entendre, Abel ! s'il me repousse... je mourrai là, devant lui, je le sens !

XIV

LE JARDIN

Ainsi que je l'ai dit, toutes les rues conduisant sur la place du Carrousel étaient tellement obstruées par la foule qu'il eût été matériellement impossible à une voiture d'y passer.

D'ailleurs, la rue de Rivoli n'existait pas alors, et les abords de la place n'ayant pas de débouché facile, étaient d'autant moins commodes.

Il est juste d'ajouter qu'à cette époque les carrosses étaient bien rares à Paris, et qu'on comptait à peine quelques centaines de voitures de place.

L'installation au palais des Tuileries du siége du gouvernement étant un acte essentiellement politique, madame Bonaparte, non plus que sa fille et ses belles-sœurs, n'avaient pu faire partie du cortége. La femme du chef de l'Etat était donc partie le matin du Luxembourg, et avait précédé aux Tuileries la venue de son illustre époux.

Les voitures qui l'avaient amenée, ainsi que les autres dames de la famille, s'étaient arrêtées à l'entrée du pont Tournant.

Toutes les autres personnes invitées à venir jouir du coup-d'œil de la cérémonie de l'une des fenêtres du palais avaient dû suivre le même chemin. C'étaient, pour la plupart, des femmes jeunes et jolies, et quelques membres du corps diplomatique ne faisant pas partie du grand cortége qui, alors, descendait les quais.

C'était quelques instants avant que le général Murat ne fit son entrée sur la place du Carrousel. Une voiture, assez élégante pour l'époque, descendant rapidement la rue du Luxembourg (récemment ouverte sur les anciens terrains du couvent de la Conception), avait pris la rue Saint-Honoré, puis la rue Nationale (Royale), alors en construction, et, débouchant sur la place de la Révolution, était venue s'arrêter au pont Tournant.

La portière s'était ouverte, et un homme s'était élancé

légèrement sur le pavé. Cet homme, qui pouvait avoir de trente à trente-cinq ans et était ce qu'on peut appeler un fort joli cavalier, portait le costume si ridiculement extraordinaire de cette époque de transition.

Un vaste tricorne à glands lui couvrait la tête, quatre gilets superposés dessinaient successivement leurs bords de nuances différentes sur sa poitrine : le premier (celui de dessous) bleu-clair en casimir, le second jaune d'or en soie, le troisième blanc en tricot, et le quatrième, celui de dessus, en panne de nuance vert clair.

Par dessus les quatre gilets retombait une redingote d'alpaga à *trente-six collets*, telle que l'ont conservé les cochers de bonne maison. Cette redingote était de nuance gris-clair. Une culotte de drap marron, des bas de soie rayés, des souliers pointus, plusieurs chaînes de montre soutenant des paquets de breloques, une chemise à jabot et une cravate blanche complétaient le costume.

Mais ce n'était pas assez de la singularité blâmable de cet accoutrement : la mode exigeait alors qu'aux ridicules du costume on joignît le ridicule des manières et de la pose.

« Il est reçu, dit le *Journal de Paris* de cette époque, que les petits maîtres auront le pied long, les bras courts, la tête penchée en avant, ne mettront qu'un gant, porteront des bottes dans le temps le plus sec et des bas de soie blancs par la crotte, par la pluie.

» Il est reçu qu'un jeune homme ne se présentera plus nulle part sans avoir une main dans la poche de sa culotte, sans relever la touffe de ses cheveux qui lui tombe sur le front.

» Il est reçu que les bas ne seront point tirés, que le gilet sera mal boutonné, que le bout du mouchoir sortira de la poche, que le costume noir sera le plus gai, que le chapeau aura un plumet noir, que la chemise sera de percale, qu'on portera un jabot, que les hommes ne doivent plus prendre du tabac, mais tout petit-maître peut fumer et boire de l'eau-de-vie. »

Celui qui venait de descendre de carrosse ne fumait ni ne buvait, il faut le dire, mais, à part cela, il offrait la vivante reproduction du portrait tracé par le journal critique.

A peine eut-il fait un appel du pied sur le sol, qu'il se retourna et présenta galamment sa main gantée. Une petite main également gantée s'appuya sur celle du cavalier, un petit pied finement chaussé de bottines roses à franges de soie se posa sur le marche-pied, et une femme gracieuse et jolie s'élança à son tour.

Cette femme, qui paraissait avoir trente ans environ, était dans tout l'éclat d'une beauté réellement remarquable. Heureusement pour elle, elle n'avait pas dû sacrifier à cette abominable mode de la Titus, qui, quelques mois plus tôt, avait fait de tels ravages qu'on ne voyait point dix femmes sur mille qui eussent conservé leurs cheveux, et que, la mode passée, il avait fallu avoir recours aux tours en *cache-folies*, aux *postiches en tortillons*.

La jeune femme qui venait de descendre du carrosse avait tous ses cheveux, bien frisés, bien bouclés, artistement arrangés par Tellier, le coiffeur à la mode de la rue de la Loi (ci-devant rue Richelieu), et dont les mèches et les boucles garnissaient le vaste entonnoir formé par la capote d'organdi bordée de *chicorée*, et qui ensevelissait la tête au fond de son cône tronqué.

Une robe d'*organdi* blanc, ainsi que cela était la mode en dépit de la saison, largement décolletée et aux manches courtes, était retenue à la taille par une large ceinture de soie rose montant sous les bras et ornée sur le côté d un nœud énorme d'où s'échappaient deux flots de rubans. La jupe extrêmement étroite, justifiant l'épithète de *fourreau* que lui donnait la mode, s'arrêtait aux chevilles et découvrait les jours du bas de soie, qui modelait un bas de jambe d'une aristocratique finesse.

Une *tunique juive* de soie rayée bleu tendre et brun clair était passée par-dessus la robe et couvrait les épaules et les bras.

Un de ces cachemires que l'expédition d'Egypte avait mis à l'ordre du jour, et qui alors étaient d'une rareté qui en faisait seule le prix, était jeté, non sur les épaules, mais sur le bras gauche de la dame.

En dépit de ce costume, dont aujourd'hui le souvenir fait sourire, la femme qui le portait était réellement très jolie.

Ses beaux yeux bleus, ses cheveux et ses sourcils d'un blond cendré, sa peau admirable de blancheur et de fraîcheur, la finesse de sa taille ronde et de sa main, que recouvrait un gant montant jusqu'au coude, et garni de dentelle, la mignonnerie de son pied, la suave harmonie des contours, la grâce parfaite et la distinction exquise enfin de tout son être faisaient d'elle une créature adorable dans toute l'acception flatteuse du mot.

Après la belle dame descendit un homme de quarante à quarante-deux ans, mis beaucoup plus simplement que son compagnon.

Cet homme avait le visage sévère et beau, l'expression fine et bienveillante. Il avait une extrême noblesse dans son maintien et dans ses allures.

La jolie femme avait accepté le bras que lui avait offert,

avec un galant empressement, le premier des deux cavaliers, et les trois personnages, franchissant la grille du pont Tournant, s'étaient engagés aussitôt dans le jardin du palais des Tuileries.

Ils n'avaient pas fait dix pas dans l'allée des Maronniers, que deux hommes qui, depuis quelques instants, allaient, venaient dans cette allée, paraissant chercher avec impatience, se précipitèrent vers eux en poussant des cris de joie.

— Allons donc ; allons donc ! — dit l'un d'eux en saluant la jolie dame. — Vous êtes en retard, et je ne sais si maintenant nous pourrons passer.

— Ce n'est pas ma faute, monsieur de Villevieille, — répondit la jeune femme en souriant. — Demandez à mon mari, c'est celle de monsieur de Belcroix que voici !

Et elle désigna du geste son cavalier.

— Ah ! madame, pouvez-vous dire... — s'écria le jeune homme interpellé.

— Vous vous défendrez plus tard, mais dépêchons ! M. de Villevieille a raison : nous aurons de la peine à entrer maintenant.

Et tout en continuant sa marche, elle salua gracieusement le second personnage.

— Bonjour, monsieur d'Aigrefeuilles ! — dit-elle.

— Madame ! — répondit en s'inclinant l'ami du second consul, qui était certes l'homme le plus gros, le plus gras, le plus rond, le plus trapu, le plus boursoufflé, le plus coloré de toute la France.

La jeune dame, toujours appuyée sur le bras de M. de Belcroix, avançait rapidement dans la direction du palais. Son mari s'était rapproché d'elle. MM. d'Aigrefeuille et de Villevieille venaient après, marchant côte à côte et offrant, par leur contraste, l'accouplement le plus bizarre que l'on pût désirer.

Autant M. d'Aigrefeuille était gros, gras, rond et vermeil, autant M. de Villevieille était sec, maigre, long et pâle.

L'un avait l'air constamment enjoué, l'autre constamment désolé.

Ces deux messieurs ne se quittaient jamais, et ils quittaient fort rarement le consul Cambacérès, excepté dans les circonstances absolument officielles, car aucun d'eux n'ayant auprès du second consul d'autre emploi que celui d'amis de la table, ils n'avaient, ni l'un ni l'autre, rang à prendre dans les cérémonies.

— Madame Delarive, — dit Villevieille en faisant de grandes enjambées, tandis que son compagnon trottinait pour le suivre, — madame Delarive, nous passerons par la porte de l'appartement que doit occuper Duroc, vous savez ?

— Mais non, je ne sais pas ! — répondit la jolie femme sans ralentir le pas.

— Tout à fait dans l'angle à droite du vestibule en venant par ici ! — ajouta d'Aigrefeuille.

— Je sais, — dit le mari de la jolie femme.

De ce côté encore la foule était compacte, car beaucoup avaient espéré pouvoir se glisser, soit par la voûte du pavillon de l'Horloge, soit par la porte du bord de l'eau, soit par celle donnant sur l'ancien couvent des Feuillants. On ne pouvait donc avancer que plus lentement.

— Ah ! ça, — dit d'Aigrefeuille en s'appuyant sur le bras de Villevieille. — sais-tu qu'elle est encore tout simplement ravissante cette femme-là !

— N'est-ce pas ? — répondit Villevieille.

— Et tu dis qu'elle a plus de quarante ans ?
— Pas possible !
— Je te l'affirme !
— Mais elle en paraît trente à peine !
— Qu'est-ce que tu veux ? il n'y a rien de tel que les blondes quand elles se conservent, on n'en voit plus la fin !
— Quarante-deux ans, — répéta d'Aigrefeuille à voix basse et d'un air de doute.
— Tout autant ! J'ai fort connu son frère qui était mon ami. J'ai assisté à son premier mariage, il y a vingt-sept ans ! elle en avait quinze alors. Eh bien ! veux-tu que je te dite ? Elle était moins jolie qu'à présent.
— Comment s'appelait son premier mari ?
— Louis de Préchamps.
— Et il est mort ?
— Il y a une vingtaine d'années ; je crois que c'était six ou sept ans après le mariage.
— De quoi est-il mort ?
— D'un accident... je ne sais plus au juste... Une promenade en mer, je crois.
— Et elle a épousé ensuite M. Delarive ? Belle affaire ! il est fort riche !
— Mais elle aussi ! depuis que son frère est mort elle a hérité d'une immense fortune !
— Et ils n'ont pas d'enfant ?
— Non !...
— Et...

D'Aigrefeuille s'interrompit ; clignant de l'œil avec une légère grimace, il désigna d'un geste rapide le cavalier de la jolie dame.

— Belcroix ? — dit Villevieille en haussant les épaules,

— il est fait, mais il perd son temps, madame Delarive est ce qu'on peut appeler une honnête femme dans l'acception la plus rigoureuse du mot.

— Très-bien ! très-bien ! Je ne serais pas fâché qu'elle donnât une leçon à ce petit Belcroix qui ne sait seulement pas manger.

Les cinq personnages venaient alors d'atteindre le vestibule du pavillon de l'Horloge.

Là, la foule était plus compacte et plus serrée, car elle se heurtait contre une ligne de soldats barrant le passage, ce qui, contraignant ceux qui arrivaient de rebrousser chemin, augmentait encore le tumulte.

Madame Delarive placée entre son mari et M. de Belcroix était protégée contre les flots de la foule, mais elle n'avançait que très-difficilement. Villevieille et d'Aigrefeuille passèrent en avant. Le premier brandissant dans les airs un laisser-passer signé de Duroc.

Madame Delarive, en véritable Parisienne habituée au tumulte des fêtes, souriait sans manifester aucune crainte.

— Tu n'as pas peur dans cette foule ? — demandait son mari.

— Et de quoi aurais-je peur ? — répondit-elle, — n'êtes-vous pas près de moi ? D'ailleurs nous allons entrer.

Et, entraînant ses cavaliers, elle se glissait avec cette persévérance de la femme qu'aucun obstacle n'arrête jamais.

Les jardins entourés d'une grille et qui forment aujourd'hui des parterres particuliers réservés au service du palais, n'existaient pas à cette époque ; les promeneurs et les curieux arrivaient jusqu'aux bâtiments que bordait et défendait un fossé garni de gazon.

Villevieille et d'Aigrefeuille, après mille efforts pénibles, venaient enfin d'atteindre les abords du pavillon, et ils se trouvaient en présence de la ligne des soldats fermant le passage.

— Nous allons chez le général Duroc ! — dit Villevieille en montrant son papier.

Et il se retourna pour faire passer madame Delarive et les deux hommes qui l'accompagnaient. La jolie femme, plus souriante que jamais, se glissa à travers les groupes.

En cet instant, un homme enveloppé dans une grande houppelande de couleur noisette qui retombait autour de lui comme un sac et dissimulait les formes de son corps, un homme se tenait debout, la face dans la direction du palais, et tournant le dos par conséquent au jardin par lequel arrivaient ceux que voulait faire passer M. de Villevieille. Un chapeau à grands rebords recouvrait la tête du personnage.

Au moment où M. de Villevieille se retournait vers ses compagnons, l'homme à la houppelande se retourna aussi.

Il se trouvait alors précisément en face de madame Delarive.

Avec un geste brusque, il souleva son chapeau et il passa, rapide comme un fantôme, se glissant dans la foule dans les rangs de laquelle il disparut aussitôt.

Tout cela avait été l'affaire d'une seconde.

— Eh bien ! — qu'avez-vous donc ? — s'écria tout à coup M. de Belcroix.

— Ma femme ! — dit M. Delarive avec un accent effrayé.

Madame Delarive parut faire un effort sur elle-même.

Elle se redressa lentement et promena, autour d'elle, un regard investigateur.

A mesure que ses yeux interrogeaient, son visage revêtait une expression de crainte anxieuse impossible à rendre.

— Mais encore une fois, répéta son mari. — Qu'as-tu donc?

Madame Delarive poussa un soupir :

— Rien !... rien... ce n'est rien ! — murmura-t-elle d'une voix sourde.

Ses regards interrogèrent encore anxieusement autour d'elle, puis le visage reprit une expression plus calme et le sang remonta doucement vers les joues.

— C'est l'impression de la foule ! — dit d'Aigrefeuille qui s'était avancé vivement.

— Oui... sans doute... balbutia la jolie dame.

— Mais, reprit son mari, qu'as-tu donc ressenti ?

— Je ne saurais l'exprimer, — répondit madame Delarive avec un embarras manifeste, mais qui pouvait être mis sur le compte de l'indisposition subite, — je ne saurais l'exprimer... C'est comme un éblouissement, un vertige que j'ai ressenti tout à coup.., mais ce n'est rien... c'est passé...

Elle regarda encore autour d'elle.

— Oui ! — reprit-elle. — C'est passé... ce n'est rien !

Et effectivement toute trace de l'indisposition subite paraissait avoir disparu.

— Entrons au palais ! — dit vivement de Villevieille. — Vous achèverez de vous remettre.

— Quand je pense que l'omelette aux œufs de caille me produit exactement cet effet-là ! — murmura d'Aigrefeuille avec un soupir.

XV

LA FENÊTRE DU PALAIS

Une foule élégante, empressée de voir et d'être vue, emplissait le palais et garnissait toutes les fenêtres du rez-de-chaussée aux combles.

Sur le balcon du pavillon de l'horloge, madame Bonaparte, belle d'émotion et de joie, occupait un fauteuil de velours frangé d'or.

Près d'elle était sa fille Hortense, cette personnification de la grâce charmante, madame Leclerc, cette reine de la beauté de la cour impériale, madame Murat dont l'attrayant visage faisait quelquefois pincer les lèvres de sa sœur Pauline, puis madame Bonaparte la mère, et quelques autres membres de cette famille du premier Consul qui avait déjà son rang dans l'Etat.

Deux sièges demeuraient vides auprès de celui qu'occupait la gracieuse Joséphine.

Toutes les femmes des généraux, des ambassadeurs, des membres des corps diplomatiques, des principales autorités civiles, des sénateurs, des ministres, occupaient toutes les fenêtres, étalant le luxe déjà éblouissant de leurs toilettes.

Les hommes étaient rares comparativement, au milieu de cet essaim de femmes jeunes, parées et presque toutes jolies, car une des causes principales, peut-être, de l'entrain extraordinaire de cette époque, c'est que la grande majorité des gens en place étaient jeunes. Les plus vieux généraux avaient quarante ans, les plus vieux agents civils dataient politiquement de dix ans.

C'était une génération dont les pères ne dépassaient pas 89, et on était en 1800.

Aussi il fallait voir tourbillonner, avec ses flots entraînants, toute cette pléiade de jeunes héros et de brillantes jeunes femmes qui voyaient l'avenir à travers les prismes séduisants de la gloire et de la fortune.

Madame Bonaparte déjà fêtée, entourée, regardée sinon comme une reine, au moins comme la première femme de France, madame Bonaparte déployait ce tact exquis, cette adorable grâce, cette bonté touchante qui ont fait d'elle, à coup sûr, la femme la plus sincèrement aimée; car, même après le divorce, alors que sa puissance n'existait plus, l'impératrice Joséphine est demeurée l'idole de tous ceux qui l'avaient connue, et son nom ne s'est effacé d'aucun cœur, d'aucune mémoire.

L'instant où madame Delarive, son mari, MM. de Belcroix, d'Aigrefeuille et de Villevieille entraient dans le premier salon et se dirigeaient vers la fenêtre qui leur était réservée, était précisément celui où le général Murat, tenant la tête du cortége, franchissait la limite des planches et faisait son entrée dans la cour intérieure du palais.

— Ah! — dit M. Delarive en se tournant vers MM. d'Aigrefeuille et de Villevieille. — Voici donc le premier Consul qui va s'installer aux Tuileries. Il fait bien? Le Luxembourg était trop petit pour le chef de l'Etat.

— Oui! — dit d'Aigrefeuille.

— Le consul Lebrun occupe le pavillon de Flore?

— Cela est vrai.

— Et le consul Cambacérès le pavillon de Marsan.

— Mais en aucune façon!

— Comment? on m'avait dit...

— On a eu tort, — interrompit Villevieille, — mon cher et noble ami va occuper, dès aujourd'hui, ce bel hôtel que vous voyez d'ici, sur la place du Carrousel, là... à deux pas.

— Ah? le second Consul n'habite pas les Tuileries !

— Mais non ! c'est décidé.

— Et pourquoi donc cela ?

— Oh ! pour une raison bien simple et qu'il a donnée au consul Lebrun : « Aller nous loger au Tuileries est une faute, lui a-t-il dit, cela ne nous convient point, à nous, et pour moi, je n'irai pas. Le général Bonaparte devra bientôt y loger seul, il faudra alors en sortir, mieux vaut n'y pas entrer (1) ! »

M. Delarive secoua la tête.

— Il a raison ! — murmura-t-il.

Puis, se penchant vers sa femme :

— Comment te sens-tu ? — lui demanda-t-il avec une expression de touchant intérêt.

— Bien ! tout à fait bien ! — dit-elle en souriant avec un peu d'effort et tandis que ses regards erraient involontairement sur la place et semblaient fouiller la foule.

— Mais on dirait que tu cherches quelqu'un ! — reprit son mari.

— Non ! je regarde...

— Ah ! — dit M. de Belcroix, — voici le général Bessières... Ah ! ah !... il se fait un grand mouvement là-bas... près du guichet... Je suis sûr qu'on aperçoit là-bas la voiture des Consuls !

(1) Ces paroles sont historiques, et elles prouvent la prudence consommée de cet homme, le seul peut-être qui ne se soit jamais livré à aucune illusion. Il a gardé son hôtel du Carrousel, même en devenant archi-chancelier de l'empire.

— Non! — dit d'Aigrefeuille, — ce sont les voitures du sénat et du corps diplomatique.

— Ah ! c'est vrai !

Effectivement, une longue file d'équipages, plus ou moins élégants, s'avançait à la suite des troupes. A la suite de ces carrosses venaient de simples fiacres renfermant les sénateurs et les conseillers d'État.

Le luxe était loin alors de l'apogée auquel il devait atteindre quelques années plus tard.

Les voitures particulières étaient à cette époque fort peu communes, aussi avait-on été contraint, pour le cortége, d'avoir recours aux voitures de place dont on avait dissimulé les numéros alors énormes et placés en blanc sur fond noir, en collant dessus des carrés de papier blanc qui n'embellissaient pas bien certainement les caisses, la plupart de couleur voyante.

— Eh mais ! — dit vivement M. Delarive — regarde donc Coralie !

Madame Delarive tressaillit violemment en devenant encore très-pâle.

— Quoi donc ? balbutia-t-elle.

— Tiens ! là... près de la porte de la cour !... reprit M. Delarive qui, placé comme il l'était, ne pouvait remarquer l'émotion nouvelle de sa femme. Là ! là ! A l'entrée du Carrousel !

Les regards de madame Delarive suivirent la direction indiquée. Ils fouillèrent la foule et un soupir de soulagement s'échappa des lèvres de la charmante femme.

— Eh bien ? dit-elle.

— Tu ne vois pas ?

— Mais, quoi ?

— Près de ce jeune homme et de cette jeune fille qui sont en grand deuil...

— Oh ! pauvres enfants ! comme ils ont l'air d'être émus ! — dit madame Delarive en joignant les mains avec une expression de compassion généreuse et tendre.

— C'est cela... oui ! Eh bien ! derrière eux ? ne vois-tu pas cet homme qui est debout et qui regarde de ce côté... Tiens ! il te voit... il te sourit !...

— Mais c'est M. de Laverdi ! s'écria Coralie avec étonnement.

— Lui-même ! ou plutôt le célèbre commandant Crochetout ! L'intrépide corsaire ! (1)

— Comment ! — il est à Paris et il n'est pas venu nous voir ! Il faudra le gronder, mon ami !

— C'est ce que je ferai !

— Ah !... — voilà un officier qui va lui parler !

— Tiens ! dit d'Aigrefeuille qui s'était penché pour voir. C'est le colonel Bellegarde, un des officiers d'état-major du général Murat !

— Qu'est-ce qu'il peut donc vouloir à Laverdi. Ils ne se connaissent pas !

Des acclamations frénétiques, éclatant avec un entrain merveilleux, résonnèrent à l'autre bout de la place :

— Ah ! dit Belcroix. Cette fois, c'est la voiture des Consuls.

— Oui ! oui ! je l'aperçois ! Elle débouche sur la place ! dit Villevieille.

Effectivement un vide existait dans le cortége, immédiatement après les voitures renfermant les autorités civiles, puis s'avançaient six magnifiques chevaux blancs, traînant

---

(1) Voir le romau du même auteur : *Le capitaine Crochetout*, en vente chez l'éditeur Dentu.

un superbe carrosse suffisamment doré. Dans ce carrosse étaient les trois Consuls.

La foule enthousiaste poussait des cris qui devaient profondément remuer le cœur de celui qui les provoquait, car ces cris montaient vers le ciel, comme l'amour de tout un peuple allant vers Dieu implorer sa protection et sa clémence.

La voiture s'avançait lentement, les Consuls saluaient, mais il était bien évident, bien constant que c'était à un seul que s'adressaient ces manifestations de bruyante tendresse et d'adoration.

— Ce sont les six chevaux que l'Empereur d'Allemagne a donnés au général Bonaparte, après la signature de la paix de Campo-Formio ! dit d'Aigrefeuille.

— Et voyez-vous ce magnifique sabre qu'il porte à sa ceinture ? — ajouta Villevieille.

— Oui ! — M. Delarive.

— Eh bien ! c'est encore un cadeau de l'Empereur d'Autriche.

— Ce sont les symboles de la paix ! — dit M. Delarive. — Le premier Consul a bien fait de s'en parer en un jour comme celui-ci.

— Oh ! — dit madame Delarive en se penchant en avant. — Voyez donc comme madame Bonaparte est émue ! Elle ne peut retenir ses larmes ! Qu'elle doit être heureuse ! entendre tout un peuple n'ayant qu'une voix pour saluer et bénir l'homme qu'elle aime ! Mais Dieu est juste, car si une femme mérite un pareil bonheur, c'est bien elle.

Le cortége continuait sa marche au milieu des acclamations qui se transformaient en véritable tonnerre. C'était effrayant à entendre, c'était magnifique à contempler.

La voiture franchit le seuil de la cour et vint s'arrêter devant l'escalier du pavillon de l'Horloge.

Les cris frénétiques ne discontinuaient pas : les tambours battaient aux champs, les musiques faisaient entendre leurs plus entraînantes fanfares, les chapeaux volaient dans les airs, les mains se heurtaient avec des applaudissements furieux.

— Mon Dieu ! que c'est beau, que c'est bon d'être aimé ainsi ! — dit M. Delarive. — Que doit-il se passer dans le cœur du général !

— Il met pied à terre ! — dit madame Delarive, émue elle-même profondément comme tous ceux qui étaient là, par cette émotion générale.

— Les deux autres consuls aussi ! — ajouta M. de Belcroix en se penchant pour mieux voir.

— Cambacérès et Lebrun vont monter prendre place auprès de madame Bonaparte ! — dit d'Aigrefeuille.

— On amène le cheval du général.

— Ah ! — il ne vient donc pas ici ?

— Non ! — il va passer la revue des troupes.

— Mon Dieu ! — quel temps ! Que tout cela est beau ! Que doivent dire tous ces ambassadeurs étrangers qui l'entourent ?

Effectivement, les consuls, Cambacérès et Lebrun, se disposaient à venir prendre place sur le balcon du pavillon de l'horloge, auprès de madame Bonaparte. Le général s'était élancé à terre, quittant le premier la voiture : il était au milieu d'un splendide état-major, il parlait à quelques officiers généraux.

— Oh ! Coralie, vois donc comme ce brave Laverdi paraît enthousiaste ! — dit M. Delarive à sa femme.

— Cela est vrai !

— Il a le visage cramoisi à force de crier ? Je suis sûr qu'il pense à couler quelque navire anglais en mémoire de cette journée.

— Oui, sans doute, mais s'il est rouge, les deux jeunes gens qui sont près de lui, sont bien pâles. Cette jeune fille a une expression d'anxiété et de douleur qui fait mal à voir. On dirait que son compagnon est obligé de la soutenir... Ah ! voici Laverdi qui s'approche d'eux, qui...

La parole s'arrêta sur les lèvres de madame Delarive, et elle demeura immobile, la main étendue comme si elle venait tout à coup d'être frappée d'immobilité.

— Coralie ! mais qu'as-tu donc ? — s'écria M. Delarive.

La charmante femme ne put répondre : sa tête se renversa sur son épaule. Son mari la saisit dans ses bras et la plaça sur un fauteuil.

Elle était extrêmement pâle, elle avait les traits décomposés, elle était évanouie...

XVI

LA REVUE

Au moment où le premier consul avait quitté la voiture dans laquelle il était venu avec ses collègues, tous les officiers d'état-major avaient mis pied à terre.

Le premier consul était alors devant le pavillon de l'Horloge.

A cette époque, le général Bonaparte était extrêmement maigre, ce qui faisait paraître sa taille moins élevée encore. Sa figure était amincie, son teint mat et pâle. On lisait clairement sur cette physionomie si expressive la fatigue des nuits passées au travail.

Aussi comme cette pâleur, cette apparence maladive

pressaient, intéressaient et inquiétaient à la fois! car jamais, certes, à une époque, dans aucun pays, la conservation d'un homme n'a été désirée autant que la sienne. C'est que, pour cette France pleine de vie et de force, pour cette France qui venait de traverser dix années de troubles incessants, de guerres étrangères, de guerres intérieures, de guerres civiles même, de luttes de tous genres, d'anxiétés et de périls de toutes espèces, d'incertitudes perpétuelles, le premier consul était le représentant de l'énergie, de la force, de la gloire, de la paix, de la tranquillité, de la sécurité et surtout de cette stabilité régénératrice sans laquelle un pays ne peut rien faire ni rien être.

L'amour du peuple français pour le premier consul était de la véritable adoration, et ceux, parmi les plus incrédules, qui se fussent trouvés transportés sur la place du Carrousel ce jour-là, dont nous venons de raconter la matinée, eussent senti leur doute s'effacer au bruit des acclamations frénétiques qui ne cessaient pas autour de ce jeune homme revêtu d'un simple uniforme d'officier général.

Un peu à gauche, dans la cour, était un groupe de chevaux de main qui attendait l'état-major.

Devant ce groupe on voyait un petit cheval blanc de race arabe richement harnaché d'une selle de velours ponceau à torsades d'or.

Ce cheval, qui paraissait plein de feu et d'ardeur, piaffait, se cabrait, sautait, dansait, faisait autour de lui un vide que chacun respectait.

Un homme le tenait par la bride d'une main et le caressait de l'autre pour le calmer en prononçant quelques paroles avec des intentions gutturales ; cet homme qui, lui aussi attirait l'attention de beaucoup, c'était Roustan le mameluck.

Roustan ! qui ne connaît le nom de ce satellite de l'astre qui a illuminé les premières années du siècle ? Roustan était à la fois garde du corps et piqueur, cavalier pour accompagner et valet de chambre. Il partageait le service avec Hambart (1) et Hébert, et plus tard il le partagea avec

Tout le monde sait cela, mais ce qu'on ignore plus généralement, c'est la façon dont Roustan entra au service du général Bonaparte.

Roustan était d'une bonne famille de la Géorgie. Enlevé à l'âge de six à sept ans et conduit au Caire par les agents chargés de recruter les jeunes esclaves, il avait été placé au service des mamelucks d'honneur.

Devenu jeune homme, il était entré dans cette belliqueuse milice.

Le sheick du Caire, en faisant don au général Bonaparte d'un magnifique cheval arabe, lui avait donné en même temps deux esclaves pour le servir : ces deux esclaves avaient été Roustan et Ibrahim (2).

Depuis cet heureux instant de sa vie, Roustan n'avait plus quitté son illustre maître, et était devenu un accom-

---

(1) Hambart était d'une timidité et d'une taciturnité extrêmes. Le premier consul l'appelait en riant : « *mademoiselle Hambart*. » Nommé plus tard concierge du château de Meudon, il fut pris pendant les Cent Jours d'un accès de folie, et quelques instants après une conversation qu'il avait eue avec l'empereur, il se tua en se plongeant un couteau de cuisine dans le cœur. Constant.

(1) Ibrahim fut attaché au service de l'Impératrice Joséphine sous le nom d'Ali, mais, d'un caractère irascible, il ne put rester au milieu de ses camarades. Il mourut garçon de château, à Fontainebleau.

pagnateur indispensable dans toutes les occasions solennelles.

Lors de son retour en France, le général avait ramené avec lui Roustan. A cette époque, où le costume oriental était loin de foisonner dans nos promenades et sur nos boulevards comme aujourd'hui, la vue de Roustan produisit sur le peuple un effet prodigieux. Il est juste de dire qu'il était toujours vêtu de la façon la plus somptueuse et la plus éclatante.

On racontait une foule d'histoires sur Roustan, histoires qui augmentaient singulièrement son importance aux yeux de tous les crédules : on disait qu'en Egypte il avait sauvé les jours de son maître en se jetant entre lui et le sabre d'un ennemi : ce qui était faux, mais l'obscurité de ces histoires n'en contribuait pas moins à rendre Roustan un personnage du plus grand intérêt pour la masse (1).

Il était beau à voir, il faut l'avouer, avec son costume éblouissant. Et son calme, son sang-froid, son grand air impassible, en tenant la bride de ce cheval blanc qui ruait,

---

(1) Je ne veux pas dire par là que Roustan fut incapable de ce trait de courage et de dévouement, mais je détruis un bruit faux. Au reste si Roustan fut de tous les cortéges durant l'époque impériale, il fut aussi de *toutes* les batailles, ce qui ne laisse pas que de lui faire un grand honneur, car il ne quittait pas l'Empereur, et on sait si l'Empereur savait s'exposer. Roustan avait épousé une jeune et jolie Française, nommée mademoiselle Douville, et dont le père était valet de chambre de l'Impératrice. Lorsque, en 1814 et en 1815, quelques journaux firent à Roustan le reproche de n'avoir point suivi jusqu'au bout la fortune de celui pour lequel il avait toujours annoncé le plus grand dévouement, il répondit que les liens de famille qu'il avait contractés lui défendaient de quitter la France, et qu'il ne pouvait rien déranger au bonheur dont il jouissait dans son intérieur.

dansait et sautait autour de lui étaient bien faits pour attirer sur sa personne tous les regards.

Tandis que le premier consul avait mis pied à terre et que ses deux collègues franchissaient le seuil du palais, les tambours avaient cessé de battre, les musiques avaient cessé de jouer, les acclamations avaient seules continué à se faire entendre :

Les demi-brigades, sous les armes et rangées en bataille, attendaient avec une impatience frémissante que le général Bonaparte vînt passer sur leur front et dans leurs rangs.

En quittant la voiture, le premier consul s'était trouvé en face du général Lannes, qui commandait l'un des corps d'armée de Paris. Il lui avait souri, et lui tendant familièrement la main :

— Nous allons passer la revue de ces braves gens, — dit-il, — n'en déplaise à Cambacérès, qui prétend que la parade le fera dîner trop tard.

Le second consul qui venait de descendre et qui alors passait, sourit aussi, tandis que le général Lannes éclatait bruyamment.

— Allons, — reprit le général Bonaparte, — occupe-toi de tes conscrits, Lannes, et je suis sûr que tu ne grogneras pas, quand bien même tu aurais faim !

— Oh! pour cela non, — répondit Lannes. — Il m'est parbleu bien égal de manger la soupe froide ou chaude, pourvu que vous nous fassiez travailler à chauffer un bon bouillon à ces *satanés* Anglais (1).

(1) Cette scène et les paroles que je viens de citer sont historiques. Le général Lannes avait les Anglais dans une aversion véritablement extraordinaire. « C'était quelque chose d'antipa-
» thique, de répulsif, comme s'il avait été devant un animal

Et le jeune général, quittant vivement son chef, s'élança pour donner des ordres relatifs à la revue qui allait commencer.

Le premier Consul s'était retourné vers la gauche des officiers.

Les voitures étaient passées et les agents étrangers, faisant partie du cortége et assistant à cette cérémonie qui indiquait une ère nouvelle, étaient sous le vestibule du pavillon. Ils se disposaient à monter à la suite du deuxième et du troisième Consul.

Ces agents étaient M. de Muisquing, ambassadeur d'Espagne, M. de Sandoz-Rollini, ministre de Prusse, M. de Schimmelpenninck, ambassadeur de Hollande, M. de Subelloni, envoyé de la république Cisalpine, enfin les chargés d'affaires de Danemarck, de Suède, de Suisse, de Bade, de Hesse Cassel, de Rome, de Gênes, etc.

La Prusse, à cette époque, était dans un état d'indécision perpétuel relativement au parti qu'elle devait prendre vis-à-vis de la France. Elle voulait bien que la France épuisât l'Autriche et s'épuisât elle-même dans une lutte prolongée, mais elle aurait souhaité qu'elle renonçât à une partie de la ligne du Rhin, ce à quoi le premier Consul était loin de consentir. Cependant, voulant conserver la neutralité de la Prusse, il avait pris jusqu'alors des ménagements. Il avait envoyé, au mois de décembre précédent, son aide-de-camp Duroc à Berlin pour maintenir le gouvernement prussien dans son système de neutralité, ce qui

» malfaisant ou contraire à sa nature, dit madame d'Abrantès
» dans ses Mémoires.

» Un effet bizarre des affections léguées par les parents à
» leurs enfants, ajoute-t-elle plus loin, c'est que le fils aîné du
» maréchal Lannes a épousé une Anglaise, et je crois que sa
» belle fille l'aurait fait revenir de ses préventions. »

nuisait à l'Autriche, et le roi de Prusse avait envoyé à Paris, tout récemment, M. de Sandoz.

En se retournant vers les agents diplomatiques, le premier Consul reconnut au premier coup-d'œil l'ambassadeur prussien, et lui adressa un geste amical auquel M. de Sandoz répondit par un profond salut.

Le premier Consul l'appela par un signe de la main, l'ambassadeur s'approcha :

— M. de Sandoz, — lui dit le général Bonaparte, — si vous êtes curieux d'assister à un beau spectacle, vous n'avez qu'à rester près de moi, je vais passer la revue de la garde consulaire et des demi-brigades récemment arrivées à Paris. Vous me direz ensuite ce que vous pensez.

M. de Sandoz savait fort bien que parmi ces demi-brigades, qui étaient étagées en face du palais, se trouvaient des corps ayant servi sous les généraux Hoche, Moreau, Macdonald et ayant conquis sur la Prusse toutes les provinces rhénanes. La pensée de se trouver, lui Prussien, en face de ces hommes qui avaient contraint la Prusse au traité de Bâle, lui fit faire une légère grimace, et il voulut esquiver l'invitation :

— Général, — dit-il, — tout autre que moi serait heureux de l'honneur insigne que vous daignez me faire... mais... vous le voyez... je suis venu en voiture et je n'ai pas de cheval.

— Oh ! — dit vivement le premier Consul, — je vais à l'instant vous faire donner l'un des miens.

Puis avec un doux sourire :

— Monsieur de Sandoz, ajouta-t-il d'un ton presque caressant, — je vous prie de m'accompagner.

Refuser était impossible. L'ambassadeur s'inclina encore

en saluant et en voulant dire qu'il était prêt à suivre le premier Consul.

Roustan avait amené le cheval blanc devant le général. Celui-ci s'élança en selle. A peine *Désiré*, tout à l'heure si impatient, si vif, si remuant, sentit-il le poids du cavalier, qu'il se calma soudainement et devint, sans punition, d'une docilité extraordinaire.

Tous les officiers, formant le brillant état-major du chef de l'Etat, étaient à cheval. M. de Sandoz était parmi eux.

Le premier Consul l'invita du geste à ne pas s'éloigner de lui.

Depuis quelques instants un silence profond s'était fait sur la place, la foule, attentive et muette, paraissait attendre le commencement de cette revue qui allait avoir lieu.

Tout à coup les tambours battent aux champs dans toutes les directions, les cris de commandements se font entendre et se répètent comme d'écho en écho d'une extrémité de la ligne à l'autre, les soldats, par un mouvement unanime et régulier, présentent les armes, les drapeaux s'inclinent, et un immense cri de : « Vive le premier Consul ! » est encore poussé par la multitude, éperdue d'enthousiasme.

Le général fait faire un pas en avant à son cheval et, inclinant un peu la tête à gauche, il lève les yeux vers le balcon sur lequel étaient assis les deux autres Consuls, madame Bonaparte et la famille du général.

Madame Bonaparte paraissait profondément émue. Elle était excessivement pâle, des larmes abondantes, qu'elle ne pouvait dissimuler, inondaient son visage, et ses épaules étaient agitées par des mouvements convulsifs.

Le premier Consul lui adressa un sourire ainsi qu'à sa mère, puis avant que les acclamations eussent cessé, il pressa son cheval et s'avança vers la droite, du côté où était rangée la garde consulaire, car il devait naturellement commencer sa revue par ce corps d'élite.

En le voyant approcher, le front des soldats devenait resplendissant, leurs regards se dardaient sur cet homme dont ils avaient suivi l'admirable fortune.

En tête de la première division de la garde consulaire, celle des grenadiers, était un jeune général de trente ans, fort distingué de tournure, à la physionomie martiale et franche. En voyant le premier consul s'avancer, il salua respectueusement de la pointe de son épée :

— Bonjour, Davoust ! — dit le général Bonaparte avec un sourire affable.

Puis se tournant vers l'ambassadeur prussien :

— C'est comme moi un ancien élève de Brienne, — dit-il, — il est d'une promotion après la mienne, c'était mon conscrit à l'école. Aujourd'hui le conscrit est général comme moi. Il est jeune aussi, monsieur, mais il a gagné ses grades sur le champ de bataille. Chef de bataillon au 3e volontaire de l'Yonne, il a fait toutes les campagnes de 1791 avec Dumouriez. Il aimait vos grenadiers prussiens, monsieur, et tenez ! il en a gardé un souvenir.

Et le premier Consul montrait, en souriant toujours, une noble cicatrice que portait le jeune général.

— Il a fait toutes les campagnes de la Moselle et du Rhin en 94, 95 et 97, et il vient de faire avec moi la campagne d'Égypte. Est-ce bien là vos états de service, Davoust ?

— Oui, mon général, — répondit le futur prince d'Eckmühl. — C'est bien cela !

Le premier Consul continua sa marche, il s'avançait au tout petit pas de son cheval, s'arrêtant souvent, parlant aux soldats, aux officiers, aux sous officiers, questionnant les uns et les autres, écoutant toutes les réclamations, réveillant un souvenir glorieux pour celui-ci, grondant amicalement celui-là, parlant enfin cette langue qui va au cœur et qui faisait que tous ces hommes qui le dévoraient des yeux, et qui ne vivaient que pour lui, étaient prêts aussi à mourir pour lui, sans hésiter !

Au reste, le premier Consul prenait grand plaisir à ces revues, que depuis son avènement au pouvoir il passait régulièrement tous les cinq jours. Tous les régiments existant en France étaient venus, venaient ou devaient venir alternativement à Paris, et passer la revue, comme la garde, tous les quintidi à midi.

A chacune de ces revues, le premier Consul avait près de lui, avec l'aide-de-camp de service, le ministre de la guerre, le général commandant la première division, et le commandant de Paris, enfin toutes les personnes auxquelles un ordre devait être immédiatement transmis, dans le cas où, dans le cours de son inspection, le premier Consul trouverait quelque chose à changer, ou bien une amélioration à commander.

De cette manière nul retard dans la communication des ordres, tout se faisait avec rapidité, bien plus, avec contentement, car on savait qu'on était observé et que, si l'on était puni pour cause de négligence, l'exactitude dans le service était aussi appréciée par le chef du gouvernement qui voyait tout par lui-même.

— C'est une grande économie de temps, — disait le premier Consul en demandant quelques explications à l'ambassadeur Prussien, — et l'économie du temps est une grande chose, c'est pourquoi j'ai choisi invariablement le dimanche pour toutes mes grandes fêtes militaires, afin que les ouvriers ne perdent pas une journée à admirer le tambour-major des grenadiers. Le temps perdu est une calamité sans remède.

Tout en parlant, le premier Consul continuait son inspection, s'arrêtant constamment, pour mieux connaître les soldats et les officiers, et se faire connaître lui-même des demi-brigades qui ne le connaissaient pas. Il entrait dans les moindres détails de l'équipement, de l'armement, de la manœuvre, encourageant les soldats à lui répondre sans crainte.

Déjà il avait passé dans les rangs de l'infanterie légère, de la cavalerie et de l'artillerie de la garde consulaire, quand il arriva en présence de la 66e demi-brigade. Le drapeau de cette demi-brigade était un haillon de gloire splendide à contempler : noirci, déchiré, déchiqueté, il ne tenait plus à sa hampe que par un véritable miracle.

Le drapeau s'inclina, tandis que les tambours battaient.

Le premier Consul regarda le drapeau, ôta son chapeau et passa en s'inclinant...

Un même cri s'échappa de la gorge de tous les soldats de la demi-brigade...

En ce moment, un roulement de tambour éclata tellement sonore, tellement violent, tellement étourdissant, que l'attention de tous se porta sur la cause de ce formidable bruit.

A la droite de la demi-brigade étaient ses tambours; et à l'extrémité de cette ligne des tambours, était un soldat de taille moyenne, rouge de cheveux et de moustache. Ce soldat qui portait un caisse suspendue devant lui, tenait ses baguettes de chaque main et à l'aide de ces baguettes, maniées avec une habileté, une dextérité, une vigueur extraordinaires, il faisait un roulement dont le bruit dominait à lui seul celui de toutes les autres caisses.

— Eh ! — dit le premier Consul en examinant le tambour, — c'est Castagnet !

Le tambour cessa aussitôt de battre, se redressa, laissa tomber son bras gauche, tandis que la main droite s'élevait à la hauteur du front :

— Castagnet, en personne naturelle, comme vous dites ! — répondit-il.

— Je te reconnais !

— Ça prouve que vous avez de la mémoire.

— C'est toi qui es entré le troisième dans le fossé de Saint-Jean-d'Acre.

— Oui, mon général.

— Cela t'a valu des baguettes d'honneur ?

— Un peu... que j'en suis même flatté indéfiniment !

— Et c'est encore toi, si j'ai bonne mémoire, qui as sauvé la vie à ton commandant ?

— Toujours du même tonneau, mon général ! — répondit Castagnet en rougissant.

— Tu es un brave soldat !

— Vous me le dites, ça me suffit.

— Et tu l'as prouvé, cela vaut mieux. Que veux-tu ?

Castagnet regarda son général, et se dandinant sur les hanches en paraissant hésiter :

— Je voudrais une faveur un peu numéro un ! — dit-il enfin.

— Laquelle ? — demanda Bonaparte.

— Une impossible...

— Enfin ! parle !

— Eh bien... entrer dans la garde...

— Tu es assez bon tambour pour cela, j'en parlerai à Davoust.

— Vrai ? — cria Castagnet.

— Je te le promets !

— Ah ! cré mille tout ce que vous voudrez. Je me ferai couper en morceaux, c'est sûr ! Vive le premier Consul.

Et reprenant ses baguettes, Castagnet exécuta en guise de remerciement, un roulement plus fantastiquement bruyant encore que le premier.

Le général continua sa marche, Castagnet n'avait pas achevé son roulement.

— Hein ? quoi ? t'es content ? — cria une voix sonore.

Castagnet leva les yeux de dessus sa caisse ; l'état-major était passé et les guides fermaient le petit cortége : c'était l'un de ces guides, qui, arrêtant brusquement son cheval, avait adressé la parole au tambour :

— Sabre-de-Bois ! — s'écria Castagnet.

— En personne ! — répondit Cascaradin.

— Tu as entendu ?

— Tout !

— Dans la garde !

— Oui !

— Ah ! quel homme !

Les deux soldats se serrèrent les mains.

— A propos, — reprit Cascaradin, tu ne sais pas de qui qu'on m'a parlé l'autre jour ?

— Non ! — de qui ?

— Du capitaine Davilliers !

Castagnet ouvrit des yeux énormes.

— Pas possible !

— Si ! que je te dis !

— Et qui ça qui t'en a parlé ?

— Ah! voilà. — On ne sait pas.

— Mais...

— Demain, viens déjeuner au cabaret de la *Butte des Moulins*, à neuf heures, nous causerons!

— C'est dit!

Cascaradin s'éloigna, pressant son cheval pour rejoindre l'escorte.

En ce moment, le premier Consul ayant achevé de passer en revue toute la garde consulaire, la 96°, la 43° et la 30° qui occupaient tout le côté gauche de la place, le côté appuyé à la galerie du bord de l'eau, revenait au trot vers le côté droit, celui adossé aux Feuillants.

C'était de ce côté qu'était rangée la 17° légère, et pour aller se placer sur le front de cette demi-brigade, il fallait forcément que le premier Consul passât devant la porte, donnant sur la grande place.

Or, c'était précisément contre cette porte que se tenaient appuyés Aline et Abel, et à quelques pas en arrière, cet homme que monsieur et madame Delarive avaient reconnu, et auquel l'aide-de-camp du général Murat avait été parler quelques instants avant l'arrivée des Consuls.

XVII

LA LETTRE.

Le premier Consul était arrivé devant la 17°, et il s'était arrêté brusquement.

Tous les soldats de la demi-brigade avaient les yeux rivés sur cet homme qu'ils ne connaissaient encore que de nom, sur ce général illustre sous les ordres duquel ils n'avaient jamais servi.

Le général, lui aussi, parcourait du regard les rangs de la 17e, inspectant de son coup-d'œil infaillible officiers et soldats. Il y eut un moment de silence général.

Tout à coup un cri perçant retentit, troublant ce court silence... un mouvement se fait dans la direction de la grande porte de la place.

Une jeune fille, soutenue par un jeune homme s'est efforcée de percer les rangs de la foule.

Avec un élan suprême, ils sont parvenus à se dégager, à traverser un piquet de soldats, et ils se sont élancés, la jeune fille agitant un papier au-dessus de sa tête.

Au même instant un des grenadiers, faisant la haie, se précipita en criant : « En arrière ! »

Le jeune homme le repousse. Le grenadier le saisit au collet et veut le rejeter en arrière ainsi que sa compagne.

Le jeune homme résiste..., une lutte s'est engagée... la jeune fille a poussé un cri... D'autres soldats se sont élancés...

— Je ne veux que lui remettre cette pétition, — crie la jeune fille d'un ton suppliant avec des larmes dans la voix.
— Il s'agit de mon père !... oh ! je vous en prie, je vous en supplie... laissez-nous...

Toute cette scène s'était accomplie si rapidement, que personne, autre que les acteurs, n'avaient eu le temps d'y prendre part... Le premier Consul s'était retourné, il avait tout vu d'un seul coup d'œil.

— Laissez approcher ces jeunes gens ! dit-il, ne voyez-vous pas qu'ils veulent me parler.

A ces mots, le grenadier se recula, et abandonnant son prisonnier et se tenant immobile, il présenta les armes.

Le jeune homme et la jeune fille se soutenaient en tremblant, ils paraissaient en proie tous deux à l'émotion la plus vive...

La jeune fille chancelait à chaque pas, le jeune homme soutenait, la portant presque.

Le premier Consul attendait... Toute la foule considérait cette scène dans le plus profond silence, chacun regardait, anxieux, se demandant ce que cela signifiait, ce qui allait avoir lieu.

La jeune fille était arrivée près du premier Consul et elle avait tendu le papier en se laissant tomder à genoux. Son compagnon la soutenait toujours.

— Que me voulez-vous, mon enfant ? — demanda le premier Consul en se couchant presque sur l'arçon de la selle pour prendre le papier que la jeune fille tendait d'une main défaillante. Puisque vous aviez quelque chose à me demander, il fallait solliciter une audience...

La jeune fille ne répond rien, mais elle attache un regard suppliant sur le premier Consul et sur le papier, et de grosses larmes coulent de ses yeux, tandis que de rauques soupirs s'échappent de sa poitrine.

— Voyons cela ! — répond le général Bonaparte en déchirant l'enveloppe de la lettre.

Et, dépliant le papier, il se met à lire rapidement. La lettre était ouverte, mais sans doute importante et expressive, car durant sa lecture les sourcils du général se sont froncés plusieurs fois, et ses lèvres se sont pincées avec une expression de mécontentement manifeste.

En apercevant la jeune fille toujours à deux genoux sur le pavé de la cour :

— Relevez-vous donc ! — dit-il. — Ce n'est que devant Dieu qu'on s'agenouille.

La jeune fille, aidée par le jeune homme, s'est relevée lentement.

Le premier Consul les considérait l'un et l'autre avec la plus extrême attention, et son regard d'aigle semblait aller fouiller dans le fond de leur cœur.

— Vous êtes mademoiselle Aline Davilliers ? demanda-t-il après un silence.

— Oui... mon général ! — balbutia la pauvre enfant dont l'émotion était effrayante.

Le premier Consul se retourna vers le jeune homme.

— Et vous ? demanda-t-il.

— Je suis le fiancé de mademoiselle ! — répondit Abel.

— Ah ! très-bien ! Et madame Davilliers ?

— Elle est couchée sur un lit de douleur depuis de longs mois.

Un nouveau silence s'écoula ; la jeune fille pleurait toujours sans pouvoir prononcer une parole.

— Mademoiselle, — lui dit enfin le premier Consul, — je ne sais si ce que dit cette lettre est l'expression de la vérité, il faut que je m'en assure. Soyez certaine que s'il y a lieu, justice éclatante vous sera rendue... Si madame votre mère est convaincue, dites-lui donc en mon nom qu'elle prenne patience et qu'elle compte sur moi.

Et saluant la jeune fille en soulevant le bord de son chapeau, le premier Consul veut continuer sa marche...

Mais en entendant les paroles qui viennent d'être prononcées, l'émotion de la jeune fille devient telle qu'elle dégénère en spasmes nerveux.

Sa pâleur est effrayante, ses yeux se sont fermés, elle a poussé un cri, et, s'échappant des bras d'Abel, elle est retombée à genoux, sa tête heurtant violemment les jambes de devant de *Désiré*.

L'animal surpris, effrayé, se recule, se cabre, se dresse. Le premier Consul, surpris aussi, va peut-être être précipité à terre, quand une main ferme saisit la bride du cheval et parvient à le contenir.

Pendant ce temps, soldats et officiers se sont précipités pour secourir la jeune fille évanouie que le cheval a failli fouler aux pieds, et qu'il eut écrasée sans la présence d'esprit et la fermeté de celui qui s'est élancé à sa tête.

Lorsque le premier Consul avait été sur le point d'être jeté bas par *Désiré*, des cris de frayeur s'étaient élevés dans la foule, mais quand on le vit descendre de cheval et se diriger avec empressement vers le corps inanimé de la jeune fille qui gisait à quelques pas de lui, tout le monde battit des mains et il y eut de longues acclamations d'enthousiasme.

Le général, se baissant, avait soulevé lui-même la jeune fille dans ses bras.

— Un médecin ! un médecin ! cria une voix.

— Non ! non ! inutile — dit le général. — C'est l'émotion. De l'eau ! rien que de l'eau. On doit en avoir ici dans quelque bidon. Est-ce qu'il n'y a pas une cantinière dans cette brigade ?

— Présent ! voilà ! — cria une voix émue.

Et la mère l'Etape, qui s'était précipitée, tendit un verre plein d'eau fraîche.

Le premier consul humecta les lèvres de la jeune fille.

— Pauvre petite ! — disait la vivandière en la contemplant, c'est bien *mademoiselle pas de chance*, ça ! Hier pas de pain et des sottises partout, aujourd'hui manquée d'être écrasée... Ah ! pauvre petite.

La jeune fille rouvrait les yeux, mais elle manquait évidemment de forces.

Le premier Consul prit son mouchoir et en imbiba un des coins avec lequel il frotta les tempes d'Aline, la jeune fille paraissait soulagée.

Abel la soutenait d'un côté.

Cascaradin, qui était accouru et qui avait reconnu son compagnon de la veille, s'était empressé également auprès de la jeune fille.

— Elle ne peut se soutenir, — dit le général au guide. — Emporte-la au palais, et dis qu'on lui donne tous les soins nécessaires.

Cascaradin se baissa, prit la jeune fille et l'emporta. Abel la suivit.

— Ah ! — murmura le guide, — c'est mademoiselle Davilliers, et vous êtes son épouseur. Je ne m'étonne plus pourquoi vous vouliez tant me faire jaboter hier.

Le premier Consul s'était remis en selle. La vivandière demeurait debout devant lui, le regardant fixement :

— Ce qu'il y a de sûr, — dit elle enfin, c'est que vous êtes un brave homme !

— Grand merci ! — dit en riant le général.

— Ah ! il n'y a pas de quoi ! — Je dis cela parce que je le pense, et je ne dis jamais que ce que je pense, moi !

Le général examina à son tour cette jeune et jolie cantinière, créature séduisante s'il en fut, et qui se campait en face de lui, soutenant son regard avec l'aplomb et l'assurance d'un vieux soldat.

— Qui êtes-vous ? demanda-t-il brusquement.

— La cantinière de la 17ᵉ ! — répondit la jeune femme.

— Votre nom ?

— La mère l'Etape !

— Ah ! — fit le général, — c'est vous qui, devant Zurich, avez battu la charge à la place d'un tambour qui venait d'être tué, et qui avez rallié ainsi, sous le feu de l'ennemi, une partie de votre brigade ?

— Eh bien ! oui ; c'est moi !

— C'est encore vous qui, au passage du Rhin, avez défendu un canon contre les Autrichiens ?

— C'est encore moi.

— C'est encore vous qui, à Neuwied, avez tué trois Autrichiens qui attaquaient le porte-drapeau blessé.

— Ah ! — s'écria la mère l'Etape, — vous savez donc tout, mon général ?

— Je sais tout ce qu'il faut que je sache pour récompenser les braves cœurs comme le vôtre. — Approchez cantinière !

La mère l'Etape s'avança, mais avec timidité cette fois, et en rougissant. Elle était alors sur le front de la demi-brigade :

— Cantinière, — dit le premier Consul en élevant la voix de manière à être entendu de tous ceux qui l'entouraient, — je ne puis vous donner une arme d'honneur pour récompenser votre belle conduite, mais néanmoins, comme cette conduite mérite d'être signalée à tous, je vous ferai faire un bidon d'honneur !

— Hein ! — fit la cantinière stupéfaite.

— Vive le général Bonaparte ! — vociférèrent les soldats de la 17ᵉ qui tous, adorant leur intrépide cantinière, se sentaient profondément flattés de l'honneur qui lui était fait.

La mère l'Etape était demeurée immobile, ne sachant

que faire... ne sachant comment exprimer ce qu'elle ressentait.

Tout à coup elle bondit et s'appuyant sur la crinière de Désiré :

— Mon général, — dit-elle d'une voix émue, — il faut que je vous embrasse.

— Volontiers, — dit le premier Consul en se penchant pour recevoir l'accolade.

Cette scène acheva de porter à son comble l'enthousiasme forcené des soldats et de la foule : ce furent des cris, des applaudissements qu'aucune expression ne saurait rendre.

XVIII

LE DÉFILÉ

Le premier Consul après avoir atteint la limite des bâtiments du palais qui, à cette époque, étaient adossés aux terrains des Feuillants (depuis rue de Rivoli), après avoir passé devant le pont et dans les rangs des troupes échelonnées jusqu'au guichet de la rue de l'Echelle, après avoir inspecté les escadrons de la grosse cavalerie qui formait l'extrême gauche, le premier Consul revint au galop se poster devant le pavillon de l'Horloge.

Derrière lui se groupa le brillant état-major qui l'avait accompagné, et au premier rang duquel était l'ambassadeur Prussien qui paraissait tristement étonné de tout ce qu'il voyait.

Le général Bonaparte fit alors un signe : un officier d'ordonnance s'approcha en se découvrant et en se penchant vers le général qui lui dit à voix basse quelques mots. Aussitôt l'officier partit au galop et parcourut rapidement tout le front des troupes, puis il revint prendre sa place.

Un instant après, le premier Consul fait avancer de quelques pas *Désiré*, dont les flancs sont haletants et les naseaux couverts d'écume. Il lève le bras et agite la main au-dessus de sa tête...

Aussitôt un roulement de tambours se fait entendre... ce roulement grossit peu à peu comme un *crescendo* de tonnerre, puis il cesse brusquement, subitement... Le bruissement de cinq mille fusils enlevés à la fois au commandement de « portez armes ! » retentit et se prolonge sur toute la ligne...

Une voix jette un commandement dans l'espace : les tambours battent la marche, tout s'ébranle !

Alors la figure du premier Consul tout à l'heure si pâle, si impassible, s'anime et se colore. Son œil se lève lentement et s'abaisse avec une expression souriante. Il s'affaise sur la selle de son cheval, appuie la main droite sur sa sa hanche et son regard se relevant encore vient se fixer sur l'ambassadeur de Prusse qui semble absorbé dans la contemplation de ce magnifique tableau.

C'est que le premier Consul a remarqué l'ondulation imprimée aux drapeaux, c'est qu'il vient d'apercevoir ses soldats qui s'avancent lentement vers lui, dans un ordre parfait, avec un ensemble admirable ; c'est qu'enfin le défilé de la garde consulaire va commencer.

Du geste le général appela l'ambassadeur auprès de lui ; celui-ci s'empressa d'obéir et s'avança, au grand étonnement des officiers généraux, qui ne comprenaient pas pour quel motif le chef de l'Etat accordait à un Prussien l'honneur de l'appeler ainsi près de lui.

En cet instant les grenadiers de la garde consulaire s'avançaient ; Davoust les précédait. Après lui et son état-major venaient les sapeurs avec leurs barbes énormes.

Derrière ces sapeurs était un espace libre, puis marchaient les tambours, les coudes en dehors, la tête penchée de côté et les baguettes sur la peau d'âne avec un ensemble de rrra et de flla à rendre subitement l'ouïe aux sourds les plus récalcitrants.

Entre ces tambours et ces sapeurs, dans cet espace vide s'avançait un homme, un seul homme, mais quelle place il tenait à lui tout seul !

Exagération à part, il eut été impossible de s'approcher de cet homme en avant, en arrière, à droite ou à gauche, à plus de dix pieds au moins.

Cet homme c'était le tambour-major de la garde consulaire, le premier tambour-major de tous les tambours-majors de la France, le maréchal de la Canne.

Comme il était beau, mon Dieu ! Renversant son torse en arrière pour ne pas perdre une ligne de sa gigantesque taille, tendant le jarret, raidissant sa jambe que recouvrait une culotte de peau blanche illustrée d'arabesques, avançant un pied majestueux que chaussait une bottine de cuir fauve frangée d'or, la main gauche appuyée sur la ceinture tricolore et dorée qui serrait sa taille, la tête recouverte d'un colbach dont les poils retombaient jusqu'au menton et qui dérobaient absolument la vue du visage, et le tout enfin surmonté d'une gerbe éblouissante de plumes et de panaches à rendre jaloux un prince indien.

Le coude droit complétement en dehors, le bras arrondi comme le bois d'un arc et dans les mains une canne et quand je dis *canne*, c'est que le vocabulaire se refuse à me prêter une autre expression.

C'était un petit arbre surmonté d'une pomme colossale et entouré de la base au sommet par une torsade de fil d'or grosse comme un câble de navire.

Cette canne, le tambour-major la maniait, la tournait, la lançait avec une majesté et une vigueur au-dessus de tout éloge.

En arrivant à vingt pas du premier Consul, le tambour-major se redressa encore et redoubla de moëlleux et de grâce dans ses mouvements.

Lançant brusquement sa canne en ligne droite, il la rattrapa par le milieu.

Alors lui imprimant un mouvement de rotation incroyable, successivement dans les deux sens, il la lança encore, mais cette fois, avec une telle vigueur, que la canne monta dans les airs en tournoyant comme si elle eût été poussée par une catapulte.

Ce fut un cri général d'admiration et d'étonnement.

— Oh! oh! — dit le premier Consul en souriant. Qui donc est ce tambour-major qui lance sa canne à la hauteur des cheminées du Palais? Tout le monde a le nez en l'air!...

— Ah! parbleu! je le reconnais! — j'aurais dû m'en douter! C'est Rossignolet, mon ancien tambour-maître de la 32e demi-brigade, mon casseur de lanternes! Regardez-le, monsieur l'ambassadeur. Cet homme-là, à ma connaissance, a tué de sa main plus de quinze Kaïserlich. C'est lui, qui dans les marais d'Arcole, m'a aidé à remonter le talus sous le feu des batteries ennemies, c'est encore lui qui, le troisième, a traversé le pont, et, en Egypte, se trouvant seul et égaré dans le désert, a tué une panthère en ayant pour toutes armes son sabre et sa canne... Croyez-vous qu'il y ait beaucoup de régiments en Europe ayant à leur tête, un pareil homme?

Et le général adressa un signe de tête amical à Rossignolet, qui ressentit une telle émotion que ses moustaches s'en hérissèrent.

— Voici maintenant l'infanterie légère de la garde, — continua le premier Consul. — Bonjour Soult, bonjour! Ah! vous regardez ce jeune général, monsieur l'ambassadeur? Vous avez raison! c'est un de ceux qui a devant lui le plus bel avenir. Il y a longtemps que je le connais, et la première fois que nous nous rencontrâmes, celui de nous deux qui eût pu prédire à l'autre l'avenir qui lui était réservé, l'eût certes bien étonné. C'était en 1785, l'année du fameux procès du Collier. Je sortais de l'école de Brienne, j'étais sous-lieutenant et Soult, lui, était simple soldat au régiment de royale infanterie. Il avait seize ans alors. Il est resté sept ans pour attraper l'épaulette de sous-lieutenant, mais deux ans après il était colonel, et quatre ans ensuite général. C'est lui qui, à Zurich, a pris aux Autrichiens trente pièces de canons et six cents chevaux! C'est un soldat, celui-là, monsieur.

Et comme les drapeaux passaient, le général leva son chapeau avec respect.

— Ah! — reprit le premier Consul qui paraissait prendre plaisir à faire passer à l'ambassadeur la revue morale des troupes qui défilaient devant eux. — Voici la 30ᵉ demi-brigade, ma brigade des *Gringalets*; ce son tous des *Enfants de Paris*. Voyez vous ces petits soldats? En guerre ce sont des lions, en paix ce sont des vauriens qui ne tiennent aucun compte de la discipline, et ne songent qu'à boire et à s'amuser en cherchant querelle à tout le monde. Ils se moquent de la salle de police, parce qu'ils méritent tous d'y être, et qu'il n'y en a pas d'assez grande pour cela. Mais en campagne! quel élan! quelle intrépidité!

quel entrain ! Tenez ! voyez cette dernière compagnie !
Elle ne pense pas seulement à conserver l'alignement. Ah !
si jamais, — ce qu'à Dieu ne plaise ! — la France et la
Prusse se brouillaient, ce serait ma trentième que je placerais en face de votre garde royale...

— Espérons que cela n'arrivera pas, général ! — répondit M. de Sandoz.

— Je l'espère et le souhaite, monsieur, car je désire la
paix, je l'ai prouvé en envoyant Duroc à Berlin, et j'insiste
vivement auprès du roi Frédéric-Guillaume, pour qu'à défaut de la paix générale, que je ne saurais croire probable
avant une nouvelle campagne, il rende à la France deux
services, dont il sera tenu grand compte à la Prusse, je
m'y engage. Raccommodez-nous avec Paul Ier, et décidez
l'électeur de Bavière à refuser ses soldats et son territoire
à la nouvelle coalition.

Ces paroles avaient été prononcées pendant que le défilé
continuait. L'ambassadeur les avait écoutées avec la plus
grande attention.

Relevant la tête, il regarda fixement le premier Consul.

— Dois-je transmettre ces paroles au roi, mon maître ?
— demanda-t-il.

— Certes, monsieur l'ambassadeur.

— Officiellement ?

— Non... officieusement d'abord... Ajoutez que le traité
de Campo-Formio est la base que j'offre pour la négociation. Je désire que l'indépendance de la Hollande, de la
Suisse et des Etats-Italiens soit garantie...

En ce moment, la 17e arrivait, manœuvrant avec un ensemble qui fit faire un signe approbateur au premier Consul. Officiers et soldats firent entendre de frénétiques acclamations.

Mais une voix dominait toutes les autres : cette voix c'était celle de la cantinière, de la pimpante mère l'Etape, qui en passant, agitait son chapeau.

Le général sourit. Il comprenait qu'avec cet attrait extraordinaire que lui seul possédait, il venait de conquérir l'attachement de tous ces hommes qui la veille encore ne le connaissaient que de nom.

L'infanterie avait achevé son défilé. La cavalerie commença le sien. En tête étaient les escadrons de la garde consulaire, commandés par Bessières et en avant de ces escadrons, celui des guides :

— Me voici en pays de connaissance, — dit le premier Consul. — Ces cavaliers-là ont tous fait avec moi les campagnes d'Italie et d'Egypte. Ils ne comptent plus avec les hauts faits. Ils ruineraient les manufactures d'armes d'honneur s'il fallait leur en donner autant qu'ils en méritent. Voyez celui-là, ce grand blondin... C'est Cascaradin, surnommé par ses camarades *sabre de bois*, et savez-vous pourquoi, monsieur ? C'est qu'un jour, pendant la campagne d'Italie, il prétendit en parlant des cuirassiers de Klénau, qu'un sabre d'acier était trop bon pour des Autrichiens et qu'on pouvait aussi les battre avec un sabre de bois. Ses camarades se sont moqués de lui. A la première rencontre, Cascaradin est arrivé sur l'ennemi avec un bâton monté en guise de sabre et il s'est battu avec ce bâton à l'aide duquel il assommait ses ennemis. Depuis lors, il ne jure plus que par *Sabre de bois* et ses camarades lui en ont donné le surnom.

Le défilé continuait, bientôt il ne resta plus que les équipages du train, que les soldats dans leur langage épigrammatique avaient surnommé les *Hussards à quatre roues*.

Le premier Consul mit pied à terre, et se disposa à entrer dans le grand vestibule.

— Qu'est-ce qui vous a le plus frappé dans tout ce que vous venez de voir? demanda-t-il à l'ambassadeur de Prusse.

— Ma foi! général, répondit M. de Sandoz, — c'est votre étonnante facilité à vous souvenir, après si longtemps, des faits d'armes et du nom de tant de soldats.

— Monsieur, dit en riant le général, — c'est la mémoire du cœur, c'est celle d'un amant qui se rappelle ses premières maîtresses : celle-là ne se perd jamais.

Puis il ajouta d'un ton plus sérieux :

— Par ce que vous venez de voir, vous devez supposer que les bruits d'épuisement dans lequel on prétend être la France, sont faux et absurdes ; l'armée française est forte et belle : elle ne demande qu'à marcher en avant, l'Autriche le saura bientôt. Quant à la Prusse, je désire franchement et loyalement sa neutralité. M'avez-vous bien compris ?

— Parfaitement, général.

— En ce cas, agissez !

— Il est un point cependant sur lequel j'ai un éclaircissement à vous demander.

— Lequel ?

— Les provinces rhénanes...

— Le Rhin est la limite naturelle de la France, — interrompit le général. — Ne comptez jamais que la France exige moins que Mayence avec la Moselle et la Meuse pour autres limites.

— J'en référerai à ma cour! — dit l'ambassadeur en s'inclinant.

Le premier Consul s'avança alors au-devant des chefs

des corps groupés sous le vestibule, et il les complimenta successivement sur la bonne tenue de leurs troupes.

Alors, franchissant les marches du grand escalier, il se disposa à monter suivi de son état-major.

Comme il atteignait le vaste palier sur lequel s'ouvrent les grands appartements de réception, il aperçut un guide qui se glissait doucement dans la foule et s'efforçait d'arriver jusqu'à lui.

Ce guide, c'était Cascaradin.

— Mon général ! — dit-il avec embarras.

— Quoi ? que me veux-tu ? demanda le premier Consul en s'arrêtant.

— C'est... c'est votre *petite trouvée mal,* vous savez bien...

— Je ne sais ce que tu veux me dire.

— Eh si ! La *petite trouvée mal* que vous avez secourue tout à l'heure.

— Ah ! oui ! Eh bien ?

— Qu'est-ce qu'il faut en faire ?

— Où est-elle ?

— En bas, avec le petit particulier...

Le premier Consul réfléchit durant quelques secondes, puis levant le doigt :

— Qu'ils attendent tous deux ! — dit-il.

Et il passa outre.

Dans les appartements, le premier Consul trouva une foule ardente, nombreuse, empressée.

Madame Bonaparte vint au-devant de lui : son émotion était toujours très-vive.

Les trois consuls prirent place dans le salon d'honneur : alors un autre genre de revue et de défilé commença : le ministre de la guerre présenta les autorités militaires aux chefs de l'Etat, le ministre de l'intérieur présenta les autorités civiles, le ministre de la marine tous les officiers de mer se trouvant pour le moment à Paris.

Il devait y avoir banquet au palais. Le premier Consul, tout en saluant et recevant ceux qui lui étaient présentés, s'était penché vers sa femme, qui était près de lui, et lui avait parlé bas.

Joséphine joignit les mains en ouvrant de grands yeux.

— Quoi ! cette jeune fille ! — dit-elle.

— Oui !

— Celle qui est tombée aux pieds de ton cheval et qui m'a causé une telle frayeur !

— C'est celle-là ! donne des ordres en conséquence, je t'en prie.

Joséphine se pencha vers madame de Rémusat, qui était derrière elle et qui était l'une des quatre dames accordées par décision des consuls à madame Bonaparte *pour lui aider à faire les honneurs du palais.*

Les trois autres étaient mesdames de Talhouet, de Luçay et de Lauriston (1).

— Chère amie, dit Joséphine de sa voix la plus douce, n'y a-t-il pas là, près de vous, quelqu'un que je puisse charger d'une mission intelligente et délicate ?

Madame de Rémusat regarda autour d'elle.

— Il y a M. d'Aigrefeuille ! — dit-elle.

— Eh bien ! appelez-le ! C'est justement ce qu'il me faut.

Madame de Rémusat se retourna, et levant la main, elle fit un geste rapide.

M. d'Aigrefeuille, qui causait avec son inséparable ami de Villevieille, aperçut ce geste, le comprit, et quittant

(1) Elles devinrent sous l'Empire dames du palais.

son interlocuteur, il fendit la foule à l'aide de la proéminence majestueuse de son abdomen, et il parvint doucement jusqu'à madame de Rémusat.

— Qu'est-ce donc, madame ? — demanda-t-il avec empressement.

— C'est madame Bonaparte qui veut vous parler ! — répondit la dame d'honneur.

D'Aigrefeuille ouvrit démesurément ses gros yeux ronds et verts qu'il fit rouler dans leur orbite et il fit un pas en avant en saluant avec empressement.

Madame Bonaparte se tenait à demi tournée sur son fauteuil.

— Monsieur d'Aigrefeuille, dit-elle, — il faut que je mette votre obligeance à l'épreuve.

— Ah ! madame ! — s'écria le gastronome émérite avec un ton de galant reproche. — Faut-il donc que vous me mettiez à l'épreuve pour ne pas douter de moi ?

— Refusez-vous ?

— De vous obéir ! Jour du ciel ! je préférerais ne manger à tout jamais un gigot cuit à point, et être condamné indéfiniment aux dindons sans truffes ! Je suis à vos ordres, madame, tout entier à vos ordres.

Et d'Aigrefeuille s'inclina plus profondément encore que la première fois.

Madame Bonaparte sourit gracieusement, comme elle savait sourire, car tous les contemporains s'accordent pour reconnaître en elle le type le plus parfait de l'amabilité.

— Vous allez descendre dans le vestibule du palais, — dit-elle. — Vous demanderez un soldat des guides qui se nomme Cascaradin.

— Cascaradin ?

— Oui, ou, si vous aimez mieux, Sabre-de-Bois.

— Sabre-de-Bois ? — répéta d'Aigrefeuille du ton d'un homme qui n'est pas parfaitement sûr qu'on ne se moque pas de lui.

— C'est son surnom, et un surnom glorieux même, je vous raconterai cela un jour.

— Ah! très-bien! Donc, je vais demander Cascaradin Sabre-de-Bois. Et je lui dirai ?

— Qu'il vous conduise sur l'heure auprès d'une jeune fille et d'un jeune homme que Bonaparte a fait transporter au château. La pauvre enfant qu'il a failli fouler aux pieds de son cheval à la revue...

— Oui... oui... je sais.

— Quand vous serez auprès de cette jeune fille, vous la conduirez vous-même : vous-même, entendez-vous, — répéta Joséphine en appuyant sur le mot, — dans l'appartement que je vais occuper.

— Parfaitement. Et le jeune homme ?

— Vous lui direz qu'il attende.

— Et si la jeune fille me demande en quel nom j'agis ?

— Vous direz que c'est au mien.

— J'obéis, madame, j'obéis avec ardeur, et soyez convaincue...

— A propos, vous savez quel est l'appartement que je vais habiter ici ?

— Le rez-de-chaussée sur le jardin, du côté du pavillon des Feuillants.

— C'est bien cela. Allez vite !

— Et, — reprit d'Aigrefeuille après avoir paru hésiter un moment, — je dirai à cette jeune fille d'attendre ?

— Sans doute.

— Et... devrai-je attendre près d'elle ?

— Non ! cela vous retarderait et pourrait vous faire manquer l'heure de votre dîner ! — dit en souriant Joséphine.

— C'était ce à quoi je pensais, répondit naïvement d'Aigrefeuille.

Et comme il saluait une dernière fois pour s'éloigner, Joséphine le retint du geste.

— A propos, — reprit-elle, — que m'a-t-on dit ? Madame Delarive s'est trouvée mal pendant la revue. Est-ce vrai ?

— Oui, madame.

— Vous étiez près d'elle ?

— J'étais avec elle, son mari, Villevieille et Belcroix.

— Et comment cela lui a-t-il pris ?

— Subitement, sans cause apparente.

— Et où est-elle ?

— Elle n'a pas pu rester. Elle est partie avec son mari.

— Il faudra que j'envoie demander de ses nouvelles. Pauvre femme !

Et comme d'Aigrefeuille s'éloignait sur un dernier geste de Joséphine, Murat, qui venait d'entrer, passa en souriant devant madame Bonaparte et s'approcha du premier Consul.

En ce moment, le ministre de la marine achevait de présenter les officiers aux chefs du gouvernement. Tous ces officiers en grand uniforme avaient défilé...

Le premier Consul, pensant que la cérémonie était achevée, faisait déjà un pas en arrière quand Murat, s'avançant vivement, l'arrêta.

— Pardon, général, — dit-il, — mais les présentations ne sont pas achevées.

— Comment? dit le premier Consul avec étonnement.

— M. le ministre de la marine a encore quelqu'un à vous présenter,

— Qui donc?... — demanda Forfait en s'avançant. — Qui donc ai-je oublié ?

— Le citoyen que voici ?

Et Murat désigna du geste un homme qui s'avançait au milieu du salon.

— Je ne connais pas cet officier !... — dit le ministre avec étonnement.

— Vous ne le connaissez pas de vue, mais vous devez le connaître de nom, répondit Murat en souriant.

Puis s'avançant vers le nouveau venu et le prenant par la main :

— M. de Laverdi, avec lequel j'ai eu l'honneur d'être lié autrefois ! dit le jeune et brillant général avec une expression d'aimable dignité charmante.

— C'est-à-dire le capitaine corsaire Crochetout ! — dit vivement le ministre.

— Lui-même !

— Ah ! vous aviez raison ; général, de me dire que je devais connaître de nom cet officier. C'est, effectivement, une des plus belles réputations de notre marine. Il a fait pendant deux ans des courses dans l'océan indien, et les Anglais en gardent de cuisants souvenirs.

Le premier Consul avait fait un pas en avant.

— C'est vous qui commandiez dernièrement la corvette la *Brûle-Gueule* — dit-il en regardant fixement le marin.

— Oui, général ! — répondit Crochetout (1).

(1) Voir le roman du même auteur : Le *Capitaine Crochetout*, En vente chez l'éditeur Dentu.

— C'est vous qui, pris entre un vaisseau de ligne et une frégate, avez fait sauter votre navire plutôt que de consentir à le rendre?

— J'ai fait ce que tout autre eût fait.

— Vous avez fait ce qu'un homme de cœur seul eut pu faire, citoyen.

Puis après un silence :

— Vous n'avez plus de navire maintenant?... — reprit le premier Consul.

— Si fait, général ! — répondit Crochetout.

— Depuis quand ?

— Depuis un mois.

— Quel est ce navire?

— Une autre corvette plus belle que la *Brûle-Gueule*.

— Et qui vous a donné le commandement de cette corvette ?

— Personne, général. Les armateurs n'avaient plus un navire.

— Mais où avez-vous trouvé celui-là?

— Sur la mer.

— Vous l'avez donc pris ?

— Aux Anglais, oui, général.

— Avec quoi?

— Avec une barque de pêche avariée qui a coulé en abordant.

Le général regarda le corsaire avec une expression qui dut, certes, remuer le cœur de M. de Laverdi.

— Je suis content de vous avoir vu, — reprit le général avec un mouvement de tête significatif. Je remercie Murat de vous avoir présenté à moi. Venez me voir dans deux jours, à huit heures du matin, j'aurai à vous parler.

Laverdi s'inclina profondément, et se retira après

avoir adressé un regard de reconnaissance au général Murat.

Le banquet allait avoir lieu. Au moment de passer dans la galerie de Diane, où le couvert était dressé, le premier Consul s'approcha de sa femme.

— La jeune fille est dans mon appartement ! dit Joséphine.

— Très-bien, — répondit le général. — Vois-la et fais-la parler : il faut absolument que je sache la vérité en ce qui a concerné son père. C'est de la dernière importance pour ce que je veux faire.

En achevant ces mots, le premier Consul et ses deux collègues prirent la tête du cortége qui s'apprêtait à passer dans la salle préparée pour le festin.

D'Aigrefeuille était rentré depuis quelques instants et avait pris le bras de son ami Villevieille.

Comme il se disposait à quitter le palais, car ni l'un ni l'autre n'ayant de caractère officiel ne pouvait prendre part à cette cérémonie, ils rencontrèrent M. de Belcroix qui arrivait tout essoufflé.

Le jeune élégant paraissait dans un état d'agitation très-violent ; son teint était animé, ses yeux ardents, sa coiffure, dérangée, sa toilette toute désordonnée.

— Eh ! bon Dieu ! qu'avez-vous ?... — demanda d'Aigrefeuille avec étonnement.

— Corvisart ! Où est Corvisart ? Vous n'avez pas vu Corvisart ? demanda Belcroix avec anxiété.

— Corvisart ? Mais je ne sais...

— Le docteur est là-haut, dans le grand salon, — interrompit Villevieille.

— Je vais le trouver.

Et Belcroix s'élança : d'Aigrefeuille le retint doucement

— Mais qu'y a-t-il donc ? — lui demanda-t-il. — Qui donc est malade ?

— Madame Delarive ! — répondit Belcroix.

— Madame Delarive ! — répétèrent les deux amis.

— Eh oui ! Elle est plus au mal !

— Et depuis quand ?

— Depuis une heure ! Il faut que je voie Corvisart, que je le ramène avec moi !

Et Belcroix bondit sur les marches du grand escalier.

XIX

LE RÉCIT

— Pour lors, tu l'as vu ?

— Oh ! oui, que je l'ai vu... Vu comme je te vois, comme je vois la mère Eustache, comme je vois Françoise, comme je vous vois toutes !

— Et il t'a causé ?

— Il m'a dit un tas de choses !

— Il t'a embrassée ?

— Il m'a embrassée !

Un silence décelant une stupéfaction admirative des plus profondes suivit cet échange de paroles. C'était dans l'arrière-boutique de la mère Brochard, la fruitière de la rue de la Huchette, qu'avait lieu cette scène.

Il était huit heures du soir, il faisait nuit noire au dehors, et deux chandelles plantées dans deux chandeliers de fer noircis par le temps et par l'usage éclairaient mal la petite pièce.

Les chandelles avaient ce qu'on nomme en style figuré, un nez des plus allongés.

Le bout carbonisé de la mèche apparaissait comme une pièce d'artifice à demi éteinte au-dessus de la flamme rougeâtre et fumeuse.

Un tourbillon noirâtre s'élevait vers le plafond bas, tandis que des cascades de suif liquide se précipitaient le long de la chandelle et allaient former à sa base des amas du plus pittoresque dessin.

Cet état souffreteux et maladif des engins d'éclairage dénotait la préoccupation profonde de toutes celles qui étaient là (car la chambre ne renfermait que des femmes), et cependant il y avait sur une table placée dans un coin une gigantesque paire de mouchettes posées la pointe menaçante.

Mais personne ne semblait se préoccuper du soin à donner au luminaire, tant on était absorbé par une préoccupation vive.

Il y avait là huit femmes rassemblées : sept avaient les yeux démesurément ouverts, la bouche béante, les doigts écartés, la pose enfin de personnes subissant l'impression de quelque étonnant récit.

Ces femmes formaient un cercle dans la pièce.

Au centre de ce cercle était la mère l'Étape, debout, l'œil enflammé, les poings sur les hanches, avec la pantomime énergique et expressive dont elle assaisonnait d'habitude tous ses discours.

La cantinière de la 17e était en train de raconter les péripéties de la revue du matin. Toutes les commères qui l'entouraient poussaient des *hélas!* des *grand Dieu!* des *est-ce étonnant!* à faire croire qu'elles prenaient ce récit pour quelque fantastique légende.

Tout avait bien été encore cependant jusqu'au moment où la vivandière avait raconté, dans son style coloré, l'événement causé par l'évanouissement d'Aline. Alors un même cri de surprise avait jailli de toutes les poitrines.

— Aline ! Aline Davilliers ! — avait dit la mère Brochard.

— La petite de la rue Saint-Séverin ? — avait ajouté la mère Eustache.

— Celle pour qui tu as flanqué une paire de giffles à cet animal de Mussot ? avait dit Françoise, l'ex-cuisinière de la citoyenne générale Lefebvre.

— Juste ! — avait répondu la mère l'Etape.

— Et elle était à la revue ?

— Oui.

— Et elle s'est jetée aux pieds du premier Consul ?

— Oui.

— Et c'est lui qui l'a relevée, qui l'a soignée, qui l'a mijottée ?...

— Et qui a donné l'ordre de la conduire au palais. Oui ! oui ! oui ! J'y étais, j'ai tout vu, tout entendu, et, la preuve, c'est que c'est de ma main que le citoyen premier Consul a pris le verre d'eau dans quoi qu'il lui a fait tremper les lèvres. C'est moi qui l'ai donné !

— Ah ! bien ! dit la mère Brochard, en voilà une chose étonnante !

— Un peu !

— Cette petite à qui on a fait des avanies hier, le premier Consul en a pris soin aujourd'hui, et de sa propre main encore !

— La preuve, c'est qu'il a donné l'ordre de la transporter au palais.

— Ah ! bien ! Elle est drôle celle-là !...

— Et qu'est-ce qu'elle lui voulait au citoyen premier Consul ?

— Elle voulait lui remettre une lettre !...

— Au premier Consul ! Comment ! Elle lui a écrit ?

— Il paraîtrait !

— Eh bien ! Tu diras tout ce que tu voudras, mais je n'en reviens pas ! dit la mère Brochard.

— Ni moi ! — ajouta la mère Eustache.

— Ni moi ! — dirent les autres.

— Et, reprit la fruitière, le premier Consul lui a fait des mamours !...

— Oui ! dit la cantinière, en tout cela je suis de votre avis : c'est bien étonnant.

— Et c'est après cela qu'il t'a parlé ?

— Oui.

— Et qu'il t'a embrassée ?

— Et que je lui ai rendu !

— Enfin, c'est toujours bien agréable pour toi ce qui est arrivé.

— Oh ! oui ! et la preuve, c'est que je l'aime joliment maintenant ! Oui ! — continua la cantinière en s'animant de plus en plus. — Je l'aime cet homme là à me faire couper en morceaux pour lui. Ah ! je ne m'étonne plus, maintenant que je le connais, qu'il ait tant conduit les autres à la victoire et à la gloire ! Le premier Consul ! c'est un héros ! c'est un amour ! c'est un vrai troupier, c'est...

— C'est un Dieu, quoi ! dit une voix sonore.

Toutes les femmes se retournèrent brusquement en entendant cette acclamation.

Un homme venait de franchir le seuil de la boutique, et sans qu'on l'entendît, tant on était préoccupé par ce qu'on disait, il était arrivé jusqu'à la porte de la petite salle. Cet homme portait l'uniforme des guides.

— Qu'est-ce qu'il veut, celui-là ? — dit la mère Brochard en allant au-devant du visiteur.

— Il veut dire à la jolie petite mère l'Etape, ci-présente, répondit le guide en s'avançant, qu'elle est la crême des vivandières, et que, pour cueillir une rose sur son teint...

— De quoi qu'il parle avec sa cueillette de roses ! dit la mère l'Etape en riant. C'est pas encore la saison, mon brave homme. Repassez au printemps...

— Quant à ce qui est de repasser, ma petite mère, dit le soldat en caressant amoureusement sa moustache, on passera et on repassera autant que tu le voudras, pourvu qu'on ait celui de te reluquer en passant et en repassant !

— Ah çà ! qu'est-ce que tu veux ? reprit la mère Brochard.

— Je veux voix la jolie vivandière de la 17ᵉ, et je la vois et la contemple comme j'ai eu celle de contempler les pyramides d'Egypte avec un ruban de queue de siècles qui, paraîtrait voir, était là-haut à nous regarder.

— Eh ! qu'est-ce qu'il me chante cet olibrius avec ses pyramides et son ruban de queue ! — s'écria la mère l'Etape avec impatience ! dis donc, j'ai autre chose à faire qu'à t'écouter, tu sais !

— Ça ! faudrait savoir !

— C'est tout su, ainsi, file l'ancien, et laisse-nous tranquilles. Tu n'es pas de mon régiment, toi !

— Non ! mais que je voudrais que tu sois du mien !

— Allons ! bonsoir.

Et la mère l'Etape fit un geste pour congédier le guide. Celui-ci se redressa :

— Minute! — dit-il. Pas croire que l'on est entré ici seulement par agrément, c'est nonobstant pour affaire de service, ma belle citoyenne.

Et se campant sur les hanches, la tête droite, les coudes au corps, les talons sur la même ligne :

— Cascaradin, dit Sabre-de-Bois, dit-il, à celui d'être le vôtre, et il vient nonobstant dedans ces *lieux* à la seule fin d'obéir aux ordres tempestifs du citoyen premier Consul son général !

— Hein? s'écria la vivandière. Tu viens de la part du premier Consul?

— Tu l'as dis!

— C'est pas une plaisanterie?

— Plaisanterie! quand on parle du citoyen premier Consul! Peux-tu croire?

— C'est lui qui t'envoie?

— Oui... et non...

— Pourquoi faire?

— Pour que je te glisse deux mots dans le tuyau de l'oreille.

— A moi!

— Eh oui!

— Et c'est lui qui t'a dit que tu me trouverais ce soir à cette heure chez la mère Brochard?

— Ah! — dit Cascaradin, — pour ce qui est de çà ; je dis non. Il ne savait pas où tu étais.

— Enfin, qu'est-ce qu'il me veut le général? me donner mon bidon!

— Pas encore, mais ça viendra.

— Eh bien! qu'est-ce que c'est? quand tu me regarderas comme un imbécile!

— C'est, qu'il paraîtrait voir que tu connais la *petite trouvée mal* de ce tantôt.

— La *petite trouvée mal*? Oui, je la connais.

— Et tu sais où elle demeure?

— Oui.

— Pour lors, laisse-moi t'emboîter le pas, et filons!...

— Comment!

— Dam! chez la *petite trouvée mal*.

— Et pourquoi y faire?

— Pour lui transmettre les ordres du général, donc.

— Mais quels ordres?

— Tu verras! mènes-moi-z'y! tu entendras tout.

La mère l'Etape regardait la mère Brochard et les autres femmes.

— Eh bien! mais, si j'y comprends quelque chose, je veux bien être pendue, dit-elle.

XX

LA MÈRE EUSTACHE

— Pour lors, — reprit Cascaradin en se dandinant sur ses hanches, — la chose est claire néanmoins et nonobstant. A ce soir, j'étais dans le vestibule que je flânais en regardant le palais, qui est maintenant ma demeure, ce qui, par parenthèse, ne laisse pas que d'être flatteur. Enfin je flânais donc quand Roustan arrive.

— Que veux-tu, mauricaud? que je lui dis.

— Que le général t'attend, qu'il me répond.

— J'enjambe les escaliers, et me voilà!

— Approche! que me dit le général Berthier qui était avec mon général.

— Cascaradin, que me dit à son tour le premier Consul tandis que je saluais militairement, tu te rappelles la jeune fille de tantôt ?

— La jeune fille? que je dis sans savoir.

— Oui.

— Ah ! la *petite trouvée mal* ?

— C'est cela

— Très-bien, mon général.

— Tu vas lui porter cela !

Et il me donne le paquet que voilà, continua Cascaradin en montrant un petit paquet très-mince et très-plat enveloppé de papiers et scellé avec des cachets de cire rouge.

Et le premier Consul me fit un geste comme qui dirait : file ! pour lors, je prends le paquet et naturellement je file, c'était la consigne, c'était tout.

Me voilà dans la cour, me voilà sur la place, me voilà dans la rue, me voilà sur les quais, et puis près du Pont-Neuf, je m'arrête comme un imbécile.

— Ousque je vas ? que je me dis en me donnant un coup de poing.

— Chez la *petite trouvée mal* ! que je me réponds.

— Oui, mais ousqu'elle demeure, la *petite trouvée mal* ? Et me voilà coi comme un dindon qui aurait soif. En effet, ousque demeurait la *petite trouvée mal* ? j'en savais rien.

Je me creuse, dam ! eut fallu voir ! retourner, c'était pas possible. Le général aime à être obéi sans qu'on perde une minute. Fallait trouver la *petite mal trouvée*, et je me *fourgonnais* la cervelle sans rien de rien, quand, crac ! une idée me pousse comme un champignon sur un mur.

— La vivandière de la 17e la connaît, que je me dis, et la preuve c'est que quand la *petite mal trouvée* se l'est trouvée, mal, elle a poussé un cri et elle lui a parlé comme à une vieille connaissance. Pour lors, en trouvant la vivandière de la 17e, j'aurai trouvé du coup la *petite trouvée mal*. Il y avait bien le jeune homme du déjeuner, mais je ne savais pas où il pouvait être…

— Quel jeune homme du déjeuner ? — demanda la mère l'Etape.

— Un petit chose qui connaît la *petite trouvée mal*… Un petit brunet défrisé… mais pour ce qui était de savoir où il était, j'en savais rien. Et comme ça me commençait à me tracasser, je me dis : faudrait rattraper la vivandière. Et là-dessus, je me dis encore : la 17e demi-brigade est casernée dans l'ancien couvent des Chartreux-Saint-Jacques, allons-y ! là je verrai la mère l'Etape et elle me conduira auprès de la *petite trouvée mal*.

Et me voilà au casernement, et on me dit que la vivandière est en ville, dedans la rue de la Huchette, maison de la fruitière. Et je me remets en marche et j'arrive… et me voilà.

En achevant ces mots, Cascaradin reprit sa pose respectueuse, les talons en ligne et les coudes au corps.

— Donc, dit la mère l'Etape avec étonnement le premier Consul envoie quelque chose à la demoiselle ?

— Oui.

— Et qu'est-ce que c'est ?

— Dam ! c'est ça…

Et Cascaradin avança la main qui tenait le paquet mince et cacheté. La vivandière regarda ce paquet, l'examina avec attention et lut la suscription :

— « *A mademoiselle Aline Davilliers.* » C'est bien pour la petite !

— Pour lors ?

— Pour lors, je t'y mène. Viens ! tu m'attendras dans la rue pendant que j'irai la prévenir, car sa mère est malade.

Et passant devant, la vivandière quitta la boutique et sortit vivement, suivie par le guide.

La mère Brochard et ses amies, s'étaient regardées durant cette scène avec une expression d'étonnement, attestant qu'aucune d'elles ne comprenait ou ne paraissait comprendre. Après le départ de la vivandière et du soldat, les regards se croisèrent de nouveau avec un redoublement d'ébahissement et de curiosité :

— Qu'est-ce que ça veut dire tout ça ? dit la mère Brochard.

— Le premier Consul qui s'intéresse tout de suite à cette petite qui, devant cette porte mourait de faim, il n'y a pas deux jours ! ajouta Françoise.

— C'est vrai, dit la mère Eustache.

— Mais qu'est-ce que c'est donc que ces gens-là ?

— On disait que le père était un gredin, un brigand, un rien du tout.

— Ah ! dam, on dit comme ça un tas de choses.

— Mais il a été fusillé.

— Dam, oui.

— Et d'ordinaire, on ne fusille pas les honnêtes gens.

— C'est vrai.

— Il est vrai qu'autrefois on les guillotinait, dit la mère Brochard, mais maintenant !...

— Enfin, vous direz ce que vous voudrez, mais tout ça c'est bien drôle !

C'était évidemment l'opinion générale. Les deux premières qui quittèrent la boutique quelques instants après le départ de Cascaradin et de la jolie mère l'Etape, furent la mère Eustache et Françoise la cuisinière.

Toutes deux descendirent en causant la rue de la Huchette.

Arrivées à l'angle de la rue Zacharie, elles s'arrêtèrent encore et Françoise quitta sa compagne en lui souhaitant une bonne nuit, puis elle frappa à la porte d'une maison voisine et elle entra.

C'était là que demeuraient les maîtres chez lesquels elle était en service.

La mère Eustache, pour jouir plus longtemps sans doute de l'agréable vue de son amie, était demeurée immobile, à la même place où l'avait laissée Françoise, et elle avait attendu, les regards rivés sur celle qui venait de la quitter, jusqu'au moment où la porte s'était refermée sur la cuisinière.

Alors la mère Eustache reprit sa marche en remontant la rue Zacharie dans la direction de la rue Saint-Séverin.

La nuit était très-noire, très-profonde, et les quartiers de Paris, notamment ceux avoisinant les quais sur la rive gauche, étaient loin de connaître ce luxe de luminaire qui les fait resplendir aujourd'hui, quelque épaisses que soient les ténèbres. Les lanternes occupées jadis pour servir de potence, avaient à peine été remplacées de distance en distance par le gouvernement inactif et incapable du Directoire.

Il y avait une lanterne à la rencontre de la rue de la Huchette et de la rue du Petit-Pont, mais depuis cette dernière rue jusqu'à celle de la Boucherie, il n'y avait pas le plus petit fanal.

La rue Zacharie ni la rue Saint-Séverin ne possédaient de lanternes, de sorte que la nuit venue, ce dédale de voies étroites et sinueuses devenait un véritable labyrinthe, dans lequel un peloton de fil conducteur eût été de la plus grande utilité.

Mais sans doute la vieille mère Eustache connaissait admirablement son vieux Paris, car à peine eût-elle repris sa marche, qu'elle s'avança rapidement d'un pas ferme, en dépit de l'épaisseur des ténèbres, et comme quelqu'un qui se dirige vers un but qu'il a hâte d'atteindre.

Remontant rapidement la rue Zacharie, elle atteignit la rue Saint-Séverin, elle tourna à gauche et elle se dirigea vers le cloître.

En approchant de la petite place de l'Eglise, elle ralentit le pas et elle écarquilla ses petits yeux, comme pour s'efforcer de percer les ténèbres.

Bientôt elle marcha avec précaution, sans faire le moindre bruit.

Elle avait alors dépassé la petite place en suivant le côté droit de la rue Saint-Séverin.

Elle s'arrêta à l'ombre des grandes murailles de l'Eglise.

Elle se tint là, immobile, et regarda encore, s'efforçant toujours de percer les ténèbres.

Après quelques instants d'efforts soutenus, son œil distingua dans la nuit l'ombre d'un grand corps dessinant sa silhouette au milieu de la place.

Cette ombre paraissait attendre.

Au bout de quatre à cinq minutes, une autre ombre surgit, provenant d'une maison voisine donnant sur la place

La seconde ombre s'approcha de la première, puis toutes deux revinrent vers la maison.

Alors, la mère Eustache traversa la place en sens contraire, et descendant le bout de rue qu'elle venait de monter, elle s'approcha du groupe de maisons faisant face à l'Eglise.

Collée contre la muraille, elle se tint dissimulée dans l'ombre le plus qu'elle put et, avançant la tête, elle écouta...

Un sourd murmure de voix arrivait jusqu'à elle.

Près de dix minutes s'écoulèrent sans que la vieille femme eut fait un mouvement, ni eut changé de place.

Le murmure de voix venait de cesser.

La mère Eustache attendit encore... puis, soit qu'elle en eût assez entendu, soit qu'elle obéit à un sentiment que nous connaîtrons sans doute bientôt, elle se recula doucement, et traversant la rue Saint-Séverin, elle alla se blottir dans l'angle d'une porte bâtarde dont l'encadrement avançait fortement en saillie.

Là, elle demeura de nouveau immobile, et parut encore attendre.

Un bruit de pas retentit accompagné d'un murmure de voix, puis l'ombre d'un homme passa, dans la nuit, quittant la petite place et se dirigeant vers la rue Zacharie.

Le bruit d'une porte se refermant, résonna, puis le retentissement des pas sur le pavé s'éteignit, et tout rentra dans un silence absolu, profond, que rien ne troubla pendant quelques minutes.

La mère Eustache s'avança doucement, s'efforçant de percer les ténèbres, elle traversa lentement et avec précaution la rue, et elle longea le côté droit de la place.

Les portes des quelques maisons faisant face à l'église, étaient closes.

La mère Eustache parut examiner attentivement chacune de ces portes :

— Ah ! — dit-elle en se parlant à elle-même. — Il paraîtrait que la vivandière a l'intention d'y passer la nuit, car elle a refermé...

Alors elle traversa la place, marchant droit dans la direction de l'église... Arrivée sous le porche, elle se retourna et elle examina les fenêtres des maisons qu'elle avait en face d'elle, avec la même attention que celle qu'elle avait mise précédemment à examiner les portes.

Son regard se promenait sur ces façades noirâtres, sur lesquelles ne brillait aucun point lumineux.

Tout, à l'intérieur de ces maisons, paraissait plongé dans le sommeil.

Tout à coup, cependant, la mère Eustache tressaillit... une lueur pâle venait d'apparaître timidement à travers un clair rideau à une de ces lucarnes qui, placées verticalement dans la toiture, n'ont d'avantage sur celles posées de biais, que d'ouvrir sur le gros chéneau destiné à recevoir toutes les eaux de gouttières. Ces sortes de lucarnes se voient de la rue.

La mère Eustache parut porter le plus vif intérêt à cette apparition de la lumière, car elle fit un pas en avant comme obéissant malgré elle à une influence occulte.

— Ah ! — dit-elle, — elles sont dans le grenier, dans la chambre de la petite... Elles n'ont pas voulu entrer chez la mère, ni chez le jeune homme... c'est bon à savoir, cela...

Et comme la lumière demeurait immobile, attestant ainsi que ceux qu'elle éclairait n'avaient point l'entention de sortir aussitôt de la grille, la mère Eustache quitta son poste et regagna la rue Saint-Séverin.

Tournant à droite, elle longea le pied de la haute muraille de la gracieuse église, et elle atteignit la vieille rue Saint-Jacques.

Tournant encore à droite, elle remonta cette rue d'un pas rapide et avec une vigueur dont on eût, certes, cru incapable ce corps à l'apparence débile, maladive et fatiguée.

Elle passa devant la rue de la Parcheminerie, devant la rue du Foin et arrivant à la hauteur de la rue des Mathurins, elle s'engagea dans cette rue, tournant toujours à droite.

De nos jours, il est absolument impossible de se faire une idée de ce qu'était cette rue des Mathurins il y a seulement dix ans, par la même raison qu'il est également impossible de reconnaître le vieux Paris dans le Paris de 1868.

La rue des Mathurins-Saint-Jacques était alors une voie sinueuse, étroite, tortueuse et boueuse, serpentant de la rue Saint-Jacques à la rue de la Harpe et recevant deux affluents : la rue des Maçons et la rue de la Sorbonne, auxquelles il fallait ajouter le débouché du fameux cloître Saint-Benoît.

Quand je dis *fameux* en parlant du cloître Saint-Benoît, je n'emploie certes pas un significatif exagéré, car quoique bien des Parisiens le sachent, il n'est peut-être pas, à Paris et en France, de monument plus curieux, comme origine, que cette église de Saint-Benoît, qui, touchant à son cloître, lui a valu son surnom.

Près des *vignobles* qui garnissent, au nord et à l'est, le penchant de la montagne Sainte-Geneviève, disent les chroniqueurs, on avait longtemps rendu un culte à *saint Bacchus*, nommé en français *saint Bacch*. Le culte de ce saint, établi dans les domaines du dieu du vin, au centre des vignes, était célébré le 7 octobre.

Or, le 7 octobre est la fête de saint Benoît. Et maintetenant veut-on savoir comment de *saint Bacchus* ou *saint Bacch* on a fait *saint Benoît* (noms qui, au reste, ont plus d'un point de ressemblance) ?

Sur un vitrage de cette chapelle, on lisait ces mots au quatorzième siècle : «*In hoc sacello, sanctus Dionysius cœpit invocare nomen sanctæ Trinitatis.* » Or, la sainte Trinité étant qualifiée de *benedicta*, benoîte, et le nom de Benoît ressemblant assez à celui de Bacch, Bacchus, qui jusqu'alors avait prévalu, mais qui commençait à paraître suspect à des chrétiens, on appela l'église vouée à saint Bacchus, Saint-Benoît.

En 1203, cette église fut donnée aux *Pères-Mathurins*, qui avaient leur couvent, mur mitoyen avec l'hôtel de Cluny. Par un motif de construction qui prouve l'origine païenne de l'église, l'autel avait son chevet tourné du côté de l'Occident, situation absolument contraire au rit observé, aussi l'église reçut-elle pendant longtemps le surnom de *Mali versus, Maltournée, Bétournée*,

Sainct Bénéois li bestornez,
Aidiez à toy mal atornez.

dit la pièce de Des Moutiers, de Paris.

En 1364, le 11 juillet, il y eut combat dans le cloître entre les Chauvines de Notre-Dame et les prêtres de Saint-Benoît pour une question de priviléges, et maître Jean Leclerc, notaire du chapitre dudit Saint-Benoît, reçut une abominable volée de la part desdits Chauvines qui, il paraîtrait, y allaient si peu de main morte qu'il fut *foulé aux pieds*, mentionne la plainte portée au Parlement et lue le 17 février 1395 *(trente et un ans après !)* Que dire de la justice d'alors ?

En 1793, saint Benoît s'était vu expulser de son autel, et on avait fait de l'église un dépôt aux farines, ce qui était évidemment une faute d'histoire, car enfin, puisque la République faisant tant, elle eût dû restituer à Bacchus ce qui lui avait appartenu, et au lieu d'un dépôt de farine, ériger dans son ancien temple un dépôt de vins.

Longtemps, et naturellement, ce cloître Saint-Benoît avait été la demeure des chanoines, prêtres et autres membres du chapitre, mais depuis la Révolution, ces habitations avaient changé de locataires, et plus d'un sans-culotte s'était installé là où avait vécu un bon abbé.

Une particularité remarquable même, touchant ce cloître Saint-Benoît, c'est que, durant l'époque sanglante de la Révolution, il avait été la résidence des plus fougueux révolutionnaires du quartier Saint-Jacques.

En 1800, la réputation sanglante du cloître était depuis longtemps effacée, mais à cette réputation en avait succédé une autre qui, pour ne pas être de même nature, n'en était pas pour cela meilleure ni plus rassurante pour les habitants des environs.

On racontait que les trop célèbres bandes des Chauffeurs avaient là des affiliés et des affidés ; on ajoutait que les bandes avaient pris possession du souterrain existant dans l'ancien cloître et communiquant avec les catacombes de Paris. Enfin, on allait jusqu'à dire que, passé une certaine heure de la nuit, il était dangereux de s'aventurer dans les passages de l'ancienne église.

Fouché n'avait pas encore pu mettre en pratique et en activité cet admirable système de police municipale qui, aujourd'hui, fait de la capitale de la France la ville la plus sûre, et celle où il s'accomplit le moins de crimes qui existe peut-être au monde, aussi les malfaiteurs avaient-ils beau jeu, et il fallait le reconnaître : si la version n'avait pour base la vérité dans l'acception propre du mot, au moins reposait-elle sur de grandes probabilités.

A l'heure où la mère Eustache s'engageait dans la rue des Mathurins, le cloître était absolument désert et les maisons paraissaient plongées dans le silence le plus profond. La vieille femme après avoir fait quelques pas dans la rue, traversa la chaussée et, tournant à gauche, elle s'engagea dans l'étroite ouverture de la rue du Cloître.

Quand elle eût dépassé la première maison de gauche, elle s'arrêta.

Elle demeura un moment immobile, la tête à demi-tournée en arrière dans la position d'une personne qui écoute si elle est suivie.

Convaincue sans doute par le silence profond qui régnait tout à l'entour qu'elle était seule et absolument seule, elle reprit sa marche.

La rue du Cloître-Saint-Benoît aboutissait à la rue Saint-Jacques après avoir fait un coude à gauche en passant sur le côté de l'ancienne église.

A l'endroit où ce coude était formé, les maisons rentraient brusquement, et cette rentrée formait une petite place ayant l'aspect d'un carré long.

La mère Eustache gagna cette place.

A gauche, dans le vide formé par la construction des maisons, stationnait un fiacre de laide apparence avec ses deux maigres chevaux efflanqués, aux jambes arquées et à la tête descendant entre les genoux.

L'automédon, enveloppé dans un manteau, dormait sur

son siége, le corps renversé en arrière et le dôme de la voiture lui formant un peu moëlleux traversin.

En apercevant cette voiture, la mère Eustache longea la muraille ; arrivée à la hauteur de la portière de droite, elle s'arrêta.

Aussitôt une main sortit de l'intérieur et la portière s'ouvrit toute grande.

La mère Eustache sauta sans que le marchepied fut abaissé, et elle pénétra dans l'intérieur de la voiture.

Aussitôt le cocher parut se réveiller : il rassembla ses rênes, fit claquer son fouet et poussa ses chevaux qui partirent à une allure aussi vive et que n'eût certes pu faire présager leur maigre apparence.

La mère Eustache s'était assise sur la banquette de devant, l'ombre d'un personnage se dessinait vaguement au milieu de l'obscurité sur la banquette de derrière.

— Eh bien ! dit une voix sonore et mâle avec un accent cuivré des plus prononcés.

— Vous ne vous étiez pas trompé ! — répondit la mère Eustache.

— Ah ! ah !

— Le premier Consul s'occupe de la petite Davilliers.

— En vérité.

— J'en ai eu la preuve ce soir.

— Le paquet remis par Cascaradin ?...

— La mère Eustache bondit sur sa banquette et se pencha en avant.

— Quoi !... — dit-elle, — vous savez...

— Je sais cela !

— Mais il y a une demi-heure à peine que Cascaradin est arrivé chez la mère Brochard.

— Eh bien ?

— Comment avez-vous pu savoir...

— Là n'est pas la question. — Continuez !

— Le soldat avait reçu mission de se rendre auprès d'Aline Davilliers, seulement il ignorait où trouver Aline, il ne savait comment faire pour accomplir l'ordre reçu, quand il s'est souvenu que la vivandière de la 17ᵉ avait eu l'air de connaître la jeune fille...

— Ah ! très-bien !... — C'est pour cela que Cascaradin est allé ce soir chez la mère Brochard avant de se rendre chez Aline.

— C'est cela même.

— Je m'explique un point qui m'avait paru obscur.

— Lequel donc ?

— La démarche de Cascaradin chez la mère Brochard. Je savais qu'il y avait été, mais j'ignorais pour quelle cause. — Continuez.

— La vivandière a conduit aussitôt le guide auprès d'Aline.

— Vous les avez suivis ?

— Naturellement.

— Et vous avez vu Cascaradin entrer dans la maison de la petite.

— Non !

— Comment ?

— Il n'est pas entré, il est resté en dehors, sur la place. La mère l'Etape qui connaît l'état désespéré de madame Davilliers a craint que l'apparition d'un soldat dans son domicile ne déterminât quelque crise violente. Elle est montée chercher la petite qui est redescendue avec elle au bout de quelques instants.

— De sorte que la conférence a eu lieu sur la voix publique.

— Oui.

— Alors vous avez entendu ce qui a été dit ?

— Naturellement.

Le personnage frappa ses deux mains l'une contre l'autre avec une expression de triomphe :

— Ah ! vous avez entendu ? — s'écria-t-il.

— Tout !... — dit la mère Eustache.

— Eh bien ?

— Je n'ai pu savoir ce que contenait le papier car Aline ne l'a pas ouvert, mais j'ai compris que j'avais en face de moi trois de nos ennemis les plus terribles.

— Cascaradin veut s'employer à éclaircir l'affaire Davilliers ?

— Oui.

— Et la mère l'Etape aussi ?

— Oui.

— Est-ce qu'elle connaît quelqu'un dans toute cette affaire ?

— Personne autre qu'Aline.

— Vous en êtes sûr ?

— J'en réponds !

— Alors elle n'est pas à craindre ?...

— Je le crois.

Un court silence suivit cet échange de paroles prononcées, tandis que le fiacre courait au grand trot de ses chevaux dans les rues désertes et obscures.

— Et, — reprit le personnage assis au fond de la voiture, et... A-t-on parlé du capitaine Raymond de Beaury ?

— Non !... — répondit la mère Eustache.

— On n'a pas prononcé son nom ?

— Pas une fois.

— Très-bien !

Le personnage parut réfléchir encore, puis se penchant un peu en avant :

— Il faut que je sache ce que contient ce petit paquet envoyé ce soir par le premier Consul à mademoiselle Davilliers ! — dit-il.

— Vous le saurez, je m'y engage ! — répondit la mère Eustache.

— Quand le saurais-je ?

— Demain soir.

— Comment ?

— Ou j'aurai fait parler Aline ou j'aurai vu moi-même ce paquet.

— De quelle façon vous y prendrez-vous ?

— De la façon la plus simple. Nous nous sommes entendues, la mère Brochard, Françoise, moi et une autre pour faire alternativement le service auprès de la malade.

— Ah ! ah !... — qui a eu cette idée.

— Moi !

— Excellente ! — Continuez vite !

— C'est demain mon jour. Je vais à sept heures du matin m'installer auprès de la malade, vous comprenez ?

— Parfaitement.

— Alors attendez encore et je vous dirai tout.

— Vous saurez ce qu'il en est ?

— Je vous le jure !

— Très bien. Si cela est, comptez sur ce que je vous ai promis.

— C'est comme si je le tenais.

Le personnage assis au fond de la voiture, se pencha en avançant la main, et il frappa un petit coup sur l'une des vitres du devant avec la pomme d'une canne de jonc.

La voiture qui était rapidement entraînée ralentit aussitôt son allure ; puis bientôt elle s'arrêta. L'homme passa le bras au dehors et fit jouer le bouton de fermeture, mais il maintint la portière fermée en appuyant sa main sur le chassis de la glace.

— C'est tout ce que vous aviez à me dire, n'est-ce pas?... demanda-t-il.

— Tout absolument! répondit la mère Eustache.

— Alors je vous reverrai demain soir à pareille heure?

— Oui.

— Où cela?

— Au même endroit qu'aujourd'hui.

— Et vous saurez ce qu'il faut savoir?

— Je le saurai! Encore une fois, je vous le promets!

— Très-bien! à demain.

L'homme ouvrit alors la portière, la mère Eustache descendit lestement, la portière se referma, la voiture partit, s'éloignant avec une rapidité qui dénotait que l'attelage valait certes bien plus qu'il ne paraissait.

La mère Eustache, demeurée seule, jeta un regard rapide autour d'elle. Quoique depuis le moment où la voiture avait quitté la rue du Cloître-Saint-Benoît, elle eût constamment marché, elle n'avait pas accompli un bien long trajet du point de départ au point d'arrivée.

Sans doute le fiacre avait roulé uniquement pour obéir à un besoin de locomotion forcé et il avait croisé ses traces comme un cerf aux abois. Parti de la rue du Cloître-Saint-Benoît, il venait de s'arrêter à l'angle formé par la rencontre de la rue Sainte-Etienne-des-Grès avec la rue des Sept-Voies.

La mère Eustache avait en face d'elle le monument célèbre du Panthéon, qui dessinait le profil gigantesque de son dôme sur le ciel noirci.

La vieille femme se croyait sans doute dans un tout autre quartier de la ville, car en reconnaissant le monument célèbre elle ne put retenir un geste d'étonnement profond, mais se remettant vivement, elle re dirigea vers l'édifice dont la masse projetait en plein son ombre sur elle.

Au moment où elle atteignait la grille, un homme surgissant tout à coup, se dressa devant elle ; cet homme était de taille moyenne et son corps était enveloppé dans les plis d'un énorme manteau.

La mère Eustache s'arrêta devant cet homme sans dire un mot : celui-ci entr'ouvrit son manteau et tendit le bras ; la mère Eustache tendit la main et une bourse tomba dans cette main en rendant un son argentin.

La mère Eustache fit un signe de tête expressif, et tournant sur elle-même comme pour continuer sa marche.

— Dans une heure ? — dit-elle.

— Rue du Puits-qui-Parle ? demanda une voix.

— Oui.

Et la mère Eustache continua sa route sans se retourner et en enfouissant dans sa poche la bourse qui venait de tomber dans sa main.

L'homme au manteau disparut dans les ténèbres opaques de la nuit.

La mère Eustache venait alors d'atteindre la rue Saint-Jacques.

— Pourquoi m'a-t-il ramenée rue des Grès ? — se disait-elle sans ralentir son allure. — Est-ce par hasard ?... Savait-il au contraire que l'autre m'attendait et voulait-il s'en assurer ?... C'est ce qu'il faudrait savoir...

Elle demeura un moment immobile :

— C'est ce que je saurai !

XXI

LA MALADE

A l'heure même où la mère Eustache quittant la voiture qui l'avait déposée rue Saint-Etienne-des-Grés, rencontrait au pied du Panthéon cet homme enveloppé dans un grand manteau, un domestique courant à perdre haleine, remontait la rue de Choiseul, traversait le boulevard et s'engageait dans la rue Taitbout.

Cette rue, qui de nos jours est l'une des voies les mieux situées de Paris, dans le centre duquel elle se trouve, et dont le terrain vaut presque son pesant d'or, était, il y a encore soixante ans, l'une des rues les moins fréquentées et les moins habitées de la capitale.

C'était pour ainsi dire une ruelle large, percée entre les jardins des hôtels de la Chaussée d'Antin et ceux de la rue d'Artois (depuis rue Laffite).

Elle était bordée à droite et à gauche par de hautes murailles que dominaient, en été, les cîmes verdoyantes, et en hiver, les branchages desséchés des grands arbres. Ces murailles étaient percées de distance en distance par de petites portes à l'aspect mystérieux et triste : c'étaient les sorties secrètes des grands jardins des hôtels.

La rue Taitbout qui allait alors, comme maintenant, du boulevard à la rue de Provence, ne possédait dans toute son étendue que trois maisons ouvrant sur ses chaussées leurs portes et leurs fenêtres.

Les deux premières maisons bordaient le boulevard. La troisième, située beaucoup plus haut, à droite, jusqu'aux abords de la rue de Provence, paraissait beaucoup moins importante que les deux autres.

Evidemment, ces deux premières étaient des maisons de rapport, bâties dans de vastes proportions, et l'autre une habitation particulière.

Cette maison n'avait sur la rue qu'un rez-de-chaussée consacré aux cuisines, un premier étage et des combles ; c'était un hôtel, petit, fort petit, mais de l'aspect le plus mignon et le plus soigné. Un beau jardin s'étendait derrière, à droite et à gauche, ce qui était facile à constater par la vue des grands arbres qui formaient un cordon jusqu'à la rue de Provence.

En considérant cet hôtel, même sans y pénétrer, on sentait qu'il devait être habité par des gens soigneux et de bon goût. Tout dans ce petit bâtiment respirait l'aise et la coquetterie.

Le domestique qui, toujours courant, avait traversé le boulevard et s'était engagé dans la rue Taitbout, avait paru redoubler de vitesse et d'agilité. En quelques secondes il atteignit la porte de cet hôtel et, soulevant le marteau, il frappa vivement.

La porte s'ouvrit, il entra : un homme avançait la tête par le carreau mobile de la porte d'une loge de concierge :

— Le docteur est venu ? — demanda le valet tout essoufflé.

— Non ! pas encore ! — répondit le concierge.

— M. Corvisart n'est pas ici !

— Non !...

— Ah ! — mon Dieu ! — mais où donc est-il ?

En ce moment, un bruit de pas précipités retentit à l'étage supérieur.

— C'est Jérôme ? — cria-t-on.

— Oui, monsieur, — répondit le valet en s'avançant vers le vestibule de l'escalier.

— Eh bien ? le docteur ?

— Mais je le croyais ici, monsieur !

— Comment ?

— Quand je suis arrivé chez lui, on m'a répondu qu'il venait de partir pour se rendre à l'hôtel, et je pensais le trouver en rentrant.

— Mais il n'est pas venu !

— Monsieur veut-il que je retourne ?

— Non ! inutile !...

Un bruit de porte se refermant, indiqua que celui que Jérôme avait appelé *monsieur*, venait de rentrer dans les appartements.

Le valet demeura un moment immobile, puis un pas léger retentit sur l'escalier, et une jeune et jolie camériste apparut descendant de l'étage supérieur et tenant à la main un plateau sur lequel étaient posés un verre, une carafe et plusieurs flacons.

— Comment va madame ? — demanda Jérôme.

— Hélas ! toujours de mal en pis ! — répondit la camériste.

— Ah ! mon Dieu ! mais qu'est-ce qu'elle a ?

— On ne sait pas !

— Et ce docteur Corvisart, qu'on ne peut parvenir à trouver depuis tantôt !

— Qu'est-ce que cela veut dire ?

— Je ne sais pas.

— Si vous saviez, Jérôme, quelle crise vient d'avoir madame, c'était effrayant ! Elle se tordait, elle se roulait, elle criait... Ah ! j'en suis encore toute tremblante !

— Pauvre Virginie !

— Monsieur était là et M. de Coulanges, l'oncle de madame, y était aussi, ils avaient appelé Clara et Rose... Eh

bien ! à nous cinq nous ne pouvions pas tenir madame !
elle nous entraînait... elle qui est si faible et si mignonne !
c'était comme une lionne !

— Et d'où souffre-t-elle !

— Elle ne le dit pas ! mais... — ajouta Virginie en baissant la voix et d'un ton tout confidentiel... — une chose bien étonnante et que j'ai remarquée, c'est que...

— Quoi donc ? — dit vivement Jérôme en voyant Virginie s'arrêter.

— Il m'avait semblé entendre... dit la camériste en écoutant, — mais non ! je me serai trompée.

— Mais qu'est-ce que c'est que la chose étonnante que vous avez remarquée ?

— Eh bien ! vous savez combien madame aime monsieur ?

— Oh ! dam oui ! Un vrai ménage d'amoureux malgré l'âge, on peut le dire.

— Vous savez que d'ordinaire toutes les fois que madame souffre, qu'elle a une migraine ou un malaise quelconque, il faut que monsieur soit là, auprès d'elle.

— Oui ! oui ! il faut qu'elle ait ses mains dans les mains de monsieur, et qu'elle s'endorme la tête appuyée sur son épaule, elle dit que cela la soulage...

— Oui...

— Eh bien ?

— Eh bien ! mon cher Jérôme... aujourd'hui c'est tout le contraire !

— Comment ?

— Rien que la vue de monsieur paraît redoubler les souffrances de madame !

— Pas possible !

— C'est comme cela !

— Mais vous vous trompez ?
— Je vous dis que je l'ai remarqué.
— Madame repousse monsieur ?
— Non. Elle ne le repousse pas, mais sa présence a l'air de redoubler ses souffrances.
— Je ne comprends pas.
— Quand elle n'a pas de crise, quand elle est calme, ça va bien, c'est comme à l'ordinaire, mais quand les secousses nerveuses se produisent, quand madame a des spasmes... quand ses regards rencontrent monsieur, elle pousse des cris rauques, elle étend les bras comme pour le repousser, pour l'empêcher de venir vers elle et la crise redouble de fureur.
— Ah ! voilà qui est étonnant.
— N'est-ce pas ?
— Et monsieur s'est-il aperçu de l'effet qu'il produisait ?
— Je n'oserais l'affirmer, mais je crois que oui.
— Ah ! qu'il doit avoir du chagrin !
— Oh ! oui.
— Et M. de Coulanges ?
— L'oncle de madame ? Il s'efforce de la soigner, de la calmer, mais il ne peut en venir à bout, le pauvre homme ! aussi il paraît tout autant affligé que monsieur.
— Mais c'est affreux !
— Oh ! c'est horrible.
— Enfin, qui est cause de tout cela ?
— Est-ce qu'on sait ?
— Et dire que c'est aux Tuileries que madame a eu sa première crise !
— Elle qui était partie si contente !

En ce moment des cris sourds partant de l'étage supérieur arrivèrent jusqu'au vestibule de l'escalier.

— Ah! mon Dieu! s'écria Virginie en pâlissant. — Voilà encore une crise!

Et mettant le plateau qu'elle tenait dans les mains de Jérôme :

— Prenez cela! dit-elle.

Puis elle s'élança rapide dans l'escalier, franchissant les marches avec une précipitation, avec une agilité merveilleuse. Elle atteignit le premier étage... Les cris redoublaient et prenaient ce caractère de souffrance poignante qui fait mal à entendre.

Jérôme était demeuré à la même place. Trois ou quatre valets s'étaient élancés des pièces voisines s'ouvrant sur le vestibule. Tous restèrent immobiles et comme stupéfiés par ces cris déchirants.

— Ah! la pauvre madame! elle si bonne, si douce, si aimante, faut-il qu'elle souffre ainsi! — disaient les braves gens avec des larmes dans la voix et dans les yeux.

Un roulement rapide retentit au dehors, et ce roulement cessant soudain décela l'arrivée d'une voiture qui venait de s'arrêter subitement.

— Ah! — s'écria Jérôme, — c'est le docteur.

Avant que le marteau ne résonnât, les portes de la rue étaient ouvertes et un homme vêtu de noir s'élança dans le vestibule.

— C'est madame Delarive qui est malade? — dit le nouveau venu.

— Oui, monsieur le docteur, — répondit Jérôme. — Ah! notre bonne maîtresse est bien malade! Tenez, entendez ces cris.

Corvisart, sans s'arrêter, gravit lestement les marches

de l'escalier, Jérôme le suivait. Arrivé sur le palier du premier étage le docteur s'arrêta.

— Annoncez-moi, dit-il à Jérôme.

Le valet ouvrit précipitamment une porte et pénétra dans un beau salon, meublé avec un goût et une élégance qui, à cette époque où l'ère de la richesse n'était pas revenue pour la France, devait certes paraître bien extraordinaire.

Corvisart attendit dans ce salon, Jérôme alla entr'ouvrir une autre porte.

— Monsieur le docteur ! — dit-il à demi-voix.

— Qu'il entre ! qu'il entre ! — dit M. Delarive en se précipitant. — Venez ! venez, docteur !

Et saisissant les mains de Corvisart, il l'entraîna rapidement. Des cris déchirants éclataient alors, venant de la pièce dont la porte était demeurée ouverte.

Cette pièce était une chambre à coucher de très-belle dimension, très-richement meublée et avec un goût exquis. Les murailles étaient tendues de soie Pompadour. Le lit, dont le bois était recouvert, était matelassé en soie pareille.

Des rideaux de mousseline des Indes formaient des nuages diaphanes autour de la couche et devant chaque fenêtre, un tapis moëlleux assourdissait le bruit des pas.

D'ordinaire cette chambre toute garnie de chinoiseries, de colifichets artistiques, devait être charmante à contempler, on sentait que ce devait être une atmosphère de bonheur qui régnait dans ce lieu si coquettement paré, mais ce soir-là où Corvisart en franchissait le seuil, l'aspect était bien différent.

La chambre était tout en désordre : dans la cheminée brûlait un grand feu chauffant des linges, des serviettes étendues et présentées à la flamme sur le dos des fauteuils et des chaises.

Le marbre de la commode était encombré de flacons de toutes formes et de toutes grandeurs.

Tous les tiroirs du meuble avaient été ouverts et mal refermés.

Un petit guéridon, placé au centre, était lui aussi encombré de verres et de carafes de sucre et de cuillères.

Le lit était à demi tiré au milieu de la pièce, et, sur ce lit défait était étendue une femme paraissant en proie aux plus vives douleurs. C'était madame Delarive.

Son visage était livide, ses traits étaient tirés, décomposés, ses lèvres étaient bleuâtres, ses narines étaient fortement pincées.

Des convulsions effrayantes agitaient son corps, des spasmes nerveux faisaient tordre ses bras et retourner ses doigts avec des craquements secs et des secousses violentes. Les dentelles de sa camisole de nuit étaient déchirées, lacérées. Le bruit rauque de la respiration de la malade succédait aux cris.

Près d'elle se tenaient trois femmes, Virginie et deux autres caméristes, toutes trois attentives, anxieuses et profondément affectées.

A quelques pas du lit, appuyé contre le chambranle de la cheminée et enveloppant la malade dans un regard d'une ineffable tristesse, se tenait un beau vieillard de soixante ans, à la physionomie noble et intelligente, à l'air imposant et grave, au maintien plein de distinction, au geste sévère.

Il y avait de grands points de ressemblance entre le visage de ce vieillard et celui de madame Delarive : il y avait entre eux aussi ce que l'on nomme un grand air de famille.

En voyant entrer le docteur, le vieillard avait fait vivement quelques pas vers lui en lui tendant la main.

— Ah ! le ciel soit béni, Corvisart ! vous voilà ! — dit-il d'une voix émue.

— Eh bien ? mais, qu'y a-t-il ? — demanda Corvisart en marchant vers le lit.

Il se pencha sur la malade dont la crise nerveuse paraissait redoubler de violence.

Evidemment madame Delarive n'avait pas vu le docteur, évidemment elle n'avait pas conscience de ce qui se passait autour d'elle.

Le docteur l'examina sans mot dire avec une attention extrême, puis profitant d'un léger moment de calme, il porta alternativement les doigts sur le pouls et sur le front.

— Depuis combien de temps ces crises se succèdent-elles ? — demanda-t-il en se retournant vers le mari.

— Il y a huit heures à peu près, docteur, — répondit M. Delarive.

— Huit heures !

— C'est-à-dire que la première crise a eu lieu il y a huit heures. Entre elle et la seconde, il s'est écoulé près de deux heures, puis une heure entre la seconde et la troisième, et les deux autres sont venues sans intervalle de calme.

Corvisart réfléchissait.

— Je vous ai envoyé chercher de tous les côtés, — poursuivit M. Delarive. M. de Belcroix a même eu l'obligeance de se rendre aux Tuileries dans l'espérance de vous y rencontrer, mais tout a été inutile et je ne savais que faire...

— Je n'étais pas à Paris, — répondit Corvisart, — j'avais été appelé à Auteuil. Mais cette première crise a eu lieu vers deux heures alors, car il en est dix maintenant.

— Oui, docteur.

— Et dans quelles circonstances?

— Nous étions au château des Tuileries : nous regardions défiler le cortége et ma femme paraissait être fort bien, quand tout à coup elle est tombée évanouie dans mes bras.

— Pour quelle cause?

— Pour aucune.

— Comment?

— Je vous jure que je n'en connais pas.

— Mais cependant il doit y en avoir une et sérieuse ! — dit le vieillard en s'avançant.

— Mon cher oncle, — dit M. Delarive, — je vous affirme qu'il n'y a pas eu de cause à cet évanouissement suivi de ces crises épouvantables.

— Cependant il faut qu'il y en ait une. Jamais Coralie n'a été sujette à de pareilles attaques nerveuses.

— Cela est vrai !

— Jamais elle n'a été ainsi, je le répète. Et ce matin elle se portait bien.

— Elle était gaie ? — demanda Corvisart.

— Oui, docteur.

— Elle a déjeuné comme d'ordinaire?

— Comme d'ordinaire.

— Elle n'a rien eu qui la contrariât?

— Rien absolument... n'est-ce pas, monsieur de Coulanges.

— Rien, — dit le vieillard. — Ma nièce et mon neveu font un ménage d'anges, toujours même air. Coralie était même très-gaie et très-heureuse d'avoir une fenêtre aux Tuileries. Elle a mis tous ses soins à sa toilette et...

Des cris affreux interrompirent le vieillard. La crise, qui depuis quelques instants avait paru se calmer un peu, redoublait tout à coup de violence.

XXII

LA CONSULTATION

Madame Delarive se tordait avec des cris horribles. Corvisart s'était précipitamment rapproché du lit, il étudiait les symptômes de cette maladie étrange.

Faisant un pas vers la table, il y prit un verre, il y versa un filet d'eau, et ajoutant au breuvage quelques gouttes du contenu d'un flacon qu'il avait choisi entre plusieurs autres, il revint vers la malade.

La crise était loin de se calmer, elle prenait des proportions effrayantes, elle dégénérait en convulsions.

— Préparez tout de suite une infusion de valériane sauvage! dit le docteur à Virginie.

La caméristе s'élança vivement.

— Efforcez-vous de soulever votre maîtresse! continua le docteur en s'adressant à Clara et à Rose.

— Je vais vous aider! — dit vivement. M. Delarive en s'avançant.

— Non! non! laissez! — dit le docteur.

Les deux servantes s'efforcèrent de soulever leur maîtresse, pour que Corvisart put la faire boire, mais elles n'y purent parvenir d'une façon convenable. Les crispations nerveuses de madame Delarive étaient tellement violentes, tellement fortes, les secousses qu'elles imprimaient tellement vives et tellement saccadées, que Rose et Clara se sentaient entraînées sans pouvoir résister.

Le docteur prit d'autres flacons et les fit tour à tour respirer à la malade sans obtenir le moindre succès ; la crise, au lieu de diminuer, paraissait augmenter de violence.

— Mon Dieu ! mais quelle est donc cette maladie — disait M. Delarive avec un accent de profonde douleur et de véritable désespoir.

M. de Coulanges ne disait rien. Il paraissait suivre les différentes périodes de la crise nerveuse avec une attention dont rien ne pût le distraire.

Corvisart avait les sourcils froncés, le regard fixe et l'expression du visage inquiète.

Se tournant brusquement vers M. Delarive qui avait fait un pas en avant :

— Donnez-moi un paquet de plumes ! — dit-il vivement.

— Plaît-il ? — répondit M. Delarive qui certes, avait cru avoir mal attendu.

— Un paquet de plumes ! — répéta Corvisart. — Des plumes d'oie !

— Pourquoi donc ?

— Donnez donc !

Le ton du médecin était impératif, le mari de la pauvre malade se précipita vivement.

Il sortit, puis il rentra presqu'aussitôt tenant à la main un paquet de plumes à écrire.

Le docteur prit le paquet et le présenta à la flamme d'une bougie. Les plumes roussirent aussitôt, se recoquillèrent en criant et en dégageant une fumée nauséabonde et une odeur âcre et désagréable.

Le docteur plaça ce paquet de plumes à demi carbonisé et tout fumant sous les narines de la malade. Ce remède étrange fut d'un effet presque soudain.

La malade se calma, les cris furent moins forts, ses membres se détendirent et ses mains retombèrent sur les draps qu'elles ne déchirèrent plus.

Madame Delarive ne rouvrit pas les yeux, mais elle demeura étendue sur sa couche, n'ayant plus le corps agité que par des secousses nerveuses revenant par intermittence.

Le docteur prit dans sa poche une petite boîte qu'il ouvrit. Cette boîte contenait une douzaine de pilules enveloppées dans un papier d'argent.

Le docteur enleva une de ces pilules, et la plaçant dans une petite cuillère à demi pleine d'eau sucrée, il fit avaler cette pilule à sa malade.

M. de Coulanges était près du docteur.

— Que lui faites-vous prendre ? — demanda-t-il.

— Des pilules de belladone.

— Vous voulez la faire dormir ?

— Oui.

Quelques instants s'écoulèrent sans qu'aucune crise nouvelle se manifestât. M. Delarive respirait plus librement :

— Elle va mieux ? — dit-il en s'adressant à Corvisart.

Celui-ci fit un signe affirmatif sans répondre autrement. Il revint près de la malade et il parut concentrer toute son attention sur elle.

Le génie d'observation est certes l'une des plus grandes

qualités du médecin. C'est l'observation qui fait les grands docteurs, et Corvisart a été une preuve de ce principe.

Corvisart était non-seulement un profond et philosophique observateur, mais encore c'était sur l'observation constante et incessante de l'état moral de ses malades qu'il basait les soins qu'il leur donnait. Aussi ce que Corvisart désirait avant tout, c'était de connaître à fond l'état de l'esprit de ceux qu'il traitait, et cet état de l'esprit était pour lui l'un des plus certains pronostics.

Vingt minutes s'écoulèrent : l'effet de la pilule se produisait. Madame Delarive, bien qu'éprouvant alors, mais à des distances plus grandes, ces saccades nerveuses qui la remuait des pieds à la tête comme une commotion électrique, madame Delarive était néanmoins beaucoup plus calme. Sous l'empire d'un irrésistible accès de sommeil, elle demeurait étendue, les yeux fermés, la respiration haletante, mais cependant un peu plus facile.

— Elle en a pour trois heures de calme, au moins, dit Corvisart.

— Vous croyez ! — s'écria M. Delarive.

— J'en réponds !

— Ah ! Dieu vous récompense, docteur !

— Ces demoiselles veilleront sur madame Delarive ! — dit Corvisart en désignant Virginie, Rose et Clara.

— Vous croyez...

— Sans doute. Passons dans votre cabinet.

— Laisser ma femme seule...

— Elle n'est pas seule, — dit Corvisart, — ces demoiselles vont veiller sur elle.

— Le docteur a raison, — dit vivement M. de Coulanges. — Passons dans votre cabinet.

M. Delarive jeta un dernier regard sur la malade, puis

il s'approcha du lit, il se pencha, il baisa sa femme sur le front sans qu'elle parût s'en apercevoir, et, se retournant vers le docteur et M. de Coulanges :

— A vos ordres ! — dit-il.

Les trois hommes quittèrent la chambre et passèrent dans une pièce voisine servant de cabinet de travail au mari de Coralie.

M. de Coulanges et M. Delarive se placèrent chacun sur un siége en face de la cheminée, le docteur demeura debout, la hanche appuyée contre le chambranle, le coude droit posé sur la tablette :

— Docteur, — dit vivement M. Delarive, — quelle est la maladie de ma femme ? Cette maladie est-elle grave ? A quelle cause l'attribuez-vous ? Oh ! parlez ! dites vite !

— Permettez ! — dit Corvisart d'une voix grave. — Je ne vous ai prié tous deux de passer dans ce cabinet que pour que nous puissions causer quelques instants à l'aise. De quelle maladie est atteinte madame Delarive ? Je ne puis répondre à cette question, car aucun symptôme n'est précis. Les veines du cou sont gonflées, le cœur a des battements rapides et précipités, le pouls est fort élevé, mais cet état anormal est-il causé par les surexcitations prolongées du système nerveux, ou bien cette surexcitation du système nerveux n'est-elle que la conséquence d'un désordre intérieur ? Voilà ce qu'il m'est encore impossible de dire, messieurs, et ce qu'il ne me sera probablement loisible de savoir que dans quelques heures.

— Mais alors...

— Permettez encore ! — interrompit Corvisart. — Vous m'avez dit que ce matin madame Delarive se portait bien ?

—Admirablement.

— Hier ? les jours précédents ?

— Sa santé était excellente.

— Elle ne s'est pas plaint de maux de tête, de malaises...

— Elle ne s'est pas plaint, à moi, du moins, mais nous pouvons interroger Virginie, Rose et Clara...

— Inutile, dit M. de Coulanges, je leur ai fait à toutes trois ces questions, et elles m'ont unanimement répondu que ma nièce paraissait jouir depuis longtemps d'une santé parfaite, et que pas une fois elle n'avait formulé même une plainte.

— Donc, — reprit le docteur, — ce matin lorsque vous êtes parti pour les Tuileries, madame Delarive était en excellente santé ?

— Excellente ! répéta M. Delarive.

— En route paraissait-elle souffrante ?

— Nullement, elle a plaisanté tout le temps fort gaîment avec Belcroix, qu'elle se plaisait à faire enrager à propos de ses soi-disant bonnes fortunes auxquelles il paraît faire sans cesse allusion.

— Enfin, quand a eu lieu la première crise ? Dites-moi tout sans omettre un seul détail, je vous prie.

— C'était dans le salon, lors de l'arrivée sur la place du premier Consul...

M. Delarive, qui avait commencé sa phrase, s'arrêta tout à coup, comme frappé par un souvenir soudain.

— Ah ! — dit-il, — j'oubliais. C'est avant d'entrer, c'est au moment où nous étions dans les rangs serrés de la foule. MM. d'Aigrefeuille et de Villevieille, s'efforçaient de nous faire passer pour pénétrer dans le palais, la masse des curieux se ruait et se pressait autour de nous... Tout à coup, je vis ma femme pâlir, se rejeter en arrière...

J'étendis le bras pour la soutenir mais elle se remit aussitôt...

— Ensuite ?

— Tout d'abord j'attribuai cette pâleur, ce spasme, à l'effet produit par la foule...

— C'était probable, en effet.

— Nous entrâmes au palais, ma femme ne souffrait plus, elle semblait un peu inquiète, un peu agitée, un peu énervée, enfin, mais peu à peu ce malaise disparut complètement et elle reprit toute sa bonne humeur ordinaire et toute sa liberté d'esprit.

— Elle ne se plaignit pas encore ?

— Non !

— Après ?

— J'étais près d'elle quand le premier Consul apparut sur la place. Sa main était appuyée sur mon bras. Tout à coup je sentis cette main frissonner, les doigts me serrer avec violence. Je me retournai vivement, Coralie tombait évanouie sur une chaise...

— C'est tout ?

— Oui, docteur.

— Et il n'y eut aucune cause apparente à cet évanouissement ?

— Aucune... Du moins je n'en connais pas...

Puis, comme le docteur se taisait :

— Que supposez-vous donc ? — demanda vivement M. Delarive avec inquiétude.

— Rien ! — répondit Corvisart. — Je cherchais les causes pour connaître le mal, mais puisque ces causes nous sont inconnues, attendons !

Un léger coup fut frappé à la porte :

— Entrez, dit M. Delarive.

La tête de Virginie apparut par l'entrebâillement du battant de la porte.

— Madame dort, — dit-elle, — faut-il la laisser dormir?

— Sans doute! — dit vivement Corvisart.

Puis se tournant vers M. Delarive :

— Le calme durera plusieurs heures, je vous le répète, — continua-t-il. — Je reviendrai demain matin, à la première heure.

— Vous partez? dit M. de Coulanges.

— Oui.

Le vieillard saisit le docteur par les mains, et le regardant fixement :

— Il n'y a aucun danger? — demanda-t-il.

— Aucun, du moins je n'en ai vu aucun, je vous le jure! répondit vivement Corvisart.

— Alors, docteur, je vais partir avec vous et je reviendrai aussi demain matin.

Les trois hommes rentrèrent dans la chambre, ils s'assurèrent que la malade sommeillait, qu'elle était plus calme, que les saccades nerveuses diminuaient et s'apaisaient, et ils passèrent dans le salon.

Corvisart prescrivit aux caméristes les soins qu'il y avait à prendre : il ordonna qu'on ne quittât pas la malade une seule minute, il laissa une nouvelle dose de belladone en cas de crise nouvelle, et, se tournant vers M. de Coulanges, après avoir encore formellement promis de revenir le lendemain de grand matin.

— A vos ordres! — dit-il.

Les deux hommes prirent congé de M. Delarive qu'ils laissèrent plus calme. Tous deux montèrent dans la voiture du docteur qui partit rapidement.

Corvisart et M. de Coulanges étaient appuyés chacun dans un angle du véhicule. Aucun d'eux ne prononçait une parole, et tous deux paraissaient absorbés dans de profondes pensées.

Enfin Corvisart tressaillit, et comme se répondant à lui-même :

— C'est bien étrange ! — dit-il.

— N'est-ce pas ? — répondit vivement le vieillard.

XXIII

UN VISITEUR NOCTURNE

Un silence beaucoup plus long que le précédent suivit cet échanges de paroles. Les deux hommes paraissaient absorbés dans des réflexions pénibles. Enfin M. de Coulanges se rapprocha de Corvisart :

— Docteur ! — dit il.

Corvisart tressaillit encore comme il avait déjà tressailli :

— Quoi ? demanda-t-il brusquement.

— Que pensez-vous de ma nièce ?

— Je vous le dirai demain.

— Demain vous me direz ce que vous disiez à Delarive. Vous concluerez d'après le diagnostic, mais ce n'est pas cela que je vous demande.

— Qu'est-ce donc ?

— A cette heure même, que supposez-vous qu'elle ait ?

— Permettez, — dit Corvisart en se retournant, — si ce sont mes suppositions que vous me priez de vous raconter, je ne dois pas le faire. Un médecin peut supposer, soit ! mais il ne doit jamais faire part de ces suppositions.

— Je comprends parfaitement ce que vous voulez dire, docteur, mais...

— Mais quoi ? — dit Corvisart en voyant le vieillard hésiter à poursuivre.

— Mais je comprends aussi que ces symptômes de maladie nerveuse sans cause aucune vous inquiètent, vous tourmentent et vous étonnent. Est-ce vrai ?

— Je l'avoue.

— C'est là aussi ce qui m'étonne, m'inquiète et me tourmente, car, ainsi que je vous l'ai dit, jamais ma nièce n'a été sujette à ces crises...

— Toutes les femmes y sont sujettes.

— Non, docteur !

— Comment ?

— Vous me répondez cela pour me tranquilliser et je vous en remercie, mais si je ne suis pas médecin, je suis observateur, et le remède que vous avez employé pour ramener le calme, m'a singulièrement et bien péniblement donné à réfléchir.

— Comment ?

— Cette odeur de plumes brulées que vous lui avez fait respirer.

— Eh bien !

— Eh bien ! docteur, l'emploi des odeurs fétides dans de semblables cas, dénote toujours une affection sérieuse des plus graves.

Corvisart regarda M. de Coulanges avec une expression d'étonnement véritable :

— Ah ! vous savez cela ! — dit-il.

— Oui, docteur.

— Vous êtes donc chimiste, car bien peu de gens peuvent faire cette remarque.

— Je me suis effectivement occupé de chimie.

— Et... que concluez-vous ?

— Que vous voyez ma nièce plus gravement atteinte que vous ne le dites, ou que vous ne voulez le dire avant d'être parfaitement certain de vos paroles.

— Cela est vrai, monsieur.

— Coralie est en danger, — n'est-ce pas ?

Corvisart hésita.

— Répondez nettement et franchement, docteur, je vous en conjure ! — dit M. de Coulanges. Je ne suis ni le père, ni le mari de Coralie, vous ne devez donc pas craindre de me dire la vérité, et je vous adjure de ne me pas céler cette vérité, quelque triste qu'elle soit à entendre.

Corvisart secouait la tête, de l'air d'un homme qui hésite sur le parti qn'il a à prendre, et qui interroge sa conscience avant de parler.

— Docteur ! reprit M. de Coulanges, — vous ne pouvez refuser de me répondre ! Coralie est en grand danger, n'est-ce pas ?

— Demain, je vous parlerai nettement, répondit Corvisart.

— Votre réponse en est une précise ! Si ce que je suppose n'était pas, vous ne sauriez hésiter ! Je vous en prie, parlez nettement.

— Eh bien !... — dit Corvisart, — j'avoue que je suis inquiet !

— Vous craignez un épanchement au cerveau ?

— Peut-être.

— Pourquoi n'avoir pas pratiqué une saignée ! — s'écria le vieillard.

— Parce que je ne suis sûr de rien, et qu'en pareille circonstance une saignée pratiquée à tort peut avoir les résultats les plus sinistres. Dans le doute un médecin doit toujours s'abstenir.

— Ainsi... Coralie... peut mourir !

Corvisart ne répondit pas... Le vieillard étouffa un soupir. Le silence du docteur en telle circonstance était réellement terrible, effrayant !....

La voiture continuait rapidement sa course à travers les rues désertes.

— Nous voici à votre porte ! — dit le docteur en tirant brusquement le cordon de soie qui pendait au-dessus de la banquette de devant.

La voiture qui venait d'atteindre la place du Palais-Egalité, avait tourné à gauche, prenant la rue Croix-des-Petits-Champs, et s'arrêtait à l'angle de la rue du Bouloi. Corvisart ouvrit la portière et s'effaça pour laisser passer le vieillard, mais celui-ci ne bougea pas...

— Docteur ! — dit-il, — je vous adjure de me dire ce que vous pensez de l'état de ma nièce.

— Monsieur, — répondit Corvisart, — comme médecin et comme homme je ne puis vous répondre autrement que je l'ai fait. Comme médecin j'ai constaté la présence de symptômes alarmants, il est vrai, mais je suis dans le doute sur l'état de la malade. Ces crises successives peuvent déterminer une congestion fatale, elles peuvent entraîner les perturbations de l'organisme les plus graves, elles peuvent enfin avoir le résultat le plus triste, mais elles peuvent aussi se terminer brusquement par une réaction bienfaisante. Dire ce qui arrivera, comme médecin, je ne le puis, il faut attendre. Comme homme, que puis-je vous dire encore ? Il me faudrait connaître l'état moral de votre nièce, et même connaître la cause morale qui a déterminé cette surexcitation extraordinaire du système nerveux.

— La cause morale, — dites-vous, — attribuez-vous donc cet accès nerveux uniquement à une cause morale ?

— Lui connaissez-vous une cause physique ?

— Non, je l'avoue.

— M. Delarive, que j'ai interrogé en votre présence, m'a fait la même réponse, vous vous souvenez ?

— Oui.

— S'il n'y a pas cause physique il faut qu'il y ait une cause morale.

— Mais quelle peut être cette cause alors ? — dit M. Delarive avec étonnement.

— Voilà ce que je donnerais beaucoup pour savoir, monsieur ! voilà ce que vous, l'oncle de madame Delarive, vous pour lequel elle n'a jamais eu, je crois, ni secret ni arrière-pensée, vous devriez connaître. Si je connaissais cette cause, moi, monsieur, je m'engagerais, quel que soit la gravité de l'état de la malade, à la sauver sans qu'un doute fut permis.

M. de Coulanges courba le front. Il réfléchit durant quelques minutes, puis, saisissant la main de Corvisart et la serrant brusquement avec une rude étreinte.

— Puisqu'il faut que vous sachiez cette cause pour sauver ma nièce, — dit-il, — je la connaîtrai et je vous la dirai.

— Quand ? — demanda vivement Corvisart en retenant à son tour la main qui avait saisi la sienne et en la pressant doucement.

— Demain.

— A quelle heure ?

— A quelle heure irez-vous chez Coralie?

— Aussitôt que vous aurez pu m'éclaircir.

M. de Coulanges réfléchi encore, puis relevant la tête:

— Venez demain matin à huit heures! — dit-il. — J'aurai vu Coralie et avant que vous ne la voyez je vous aurai parlé.

— Très-bien.

— Mais... jusque-là... il n'y a pas de danger?

— En mon âme et conscience je ne le crois pas.

— Alors demain matin à huit heures, rue Taitbout. Je ne fais que monter chez moi et je retournerai passer la nuit auprès de ma chère malade. A son premier moment lucide, je la ferai parler.

— Alors à demain!

Le vieillard serra la main du docteur, s'élança à terre et la voiture reprit sa marche rapide.

XXIV

M. DE COULANGES

M. de Coulanges habitait une charmante petite maison, bâtie entre cour et jardin, et située à l'angle de la rue du Bouloi et de la rue Croix-des-Petits-Champs. Les habitants de notre Paris moderne ne doivent certes pas admettre la possibilité de ce que je viens dire: qu'il y a soixante ans au plus, une maison entre cour et jardin put exister dans ce quartier, aujourd'hui le plus populeux, le plus remuant, le plus bruyant de la capitale.

C'est qu'il y a soixante ans, cher lecteur, il y en a même cinquante, le passage Vérot-Dodat, ni la rue Montesquieu n'existaient pas.

A la place de ce pâté de maisons que perce aujourd'hui ce passage peut-être le plus fréquenté de Paris, de ce pâté de maisons qui s'étend de la rue Coquillière à la rue du Pélican, bordé à droite et à gauche par la rue de Grenelle, la rue du Bouloi et la rue Croix-des-Petits-Champs, s'élevait jadis le splendide *Hôtel des Fermes*, devenu sous la Révolution la *maison de Douane* et en face de cette maison, occupant l'immense étendue de terrain qui, partant de la rue Saint-Honoré, va jusqu'à la rue Bailli, s'élevaient les bâtiments de l'ancien *collége des Bons-Enfants*.

Ce collége dont on ne connaît pas bien la date précise de la fondation, mais qui existait cependant au treizième siècle, se nomma tout d'abord : l'Hôpital des Pauvres-Ecoliers et il méritait ce titre, car alors, les Ecoliers étaient obligés comme la plupart des religieux de Paris, de demander l'aumône.

> Les *bons enfants* oyez crier :
> *Du pain*, ne veuil pas oublier !

Ce sont les *crieries de Paris* qui parlent ainsi. Le célèbre Jacques Cœur fut celui qui procura à ce collége des revenus suffisants, mais aussi dès que ce collége eût obtenu de l'aisance il devint la proie du Chapitre de l'Eglise Saint-Honoré, avec le cloître de laquelle il était mur mitoyen. Cette église, dans laquelle était le tombeau du trop fameux cardinal Dubois, avait été démolie en 1792.

Les bâtiments du collége étaient restés debout, bien que sur l'emplacement de l'Eglise on eût construit un mur avec des boutiques couvertes formant un marché.

Par ce qui précède on doit comprendre facilement, maintenant, comment cette partie d'un quartier, aujourd'hui si animé et si bruyant, était encore dans les premières années du siècle, presque triste et solitaire à cause de son manque de communications et de petites quantités de maisons d'habitation qui s'y élevait.

La petite maison de M. de Coulanges était donc presque isolée, entre ces bâtiments du vieux collége et ceux de la Douane.

La voiture du docteur s'était éloignée avant que la porte d'entrée, sur le battant de laquelle avait résonné puissamment le marteau de bronze, ne se fût ouverte. Cependant, M. de Coulanges attendit peu. La porte s'ouvrit et un valet, tenant à la main une lanterne sourde allumée, se présenta sur le seuil.

M. de Coulanges entra sans mot dire, et traversant la cour d'un pas rapide, il se dirigea vers le vestibule du petit hôtel dont il ouvrit la porte vitrée.

— Monsieur, non ! n'entrez pas ! — dit vivement le valet au moment où son maître allait tourner le bouton d'une porte percée dans la muraille de gauche.

— Hein ? fit M. de Coulanges en s'arrêtant avec un étonnement profond. — Que me dis-tu donc, Henri ?

— Je dis à monsieur de ne pas entrer là ! — répondit le valet en baissant la voix.

— Pourquoi ?

— A moins que monsieur ne veuille recevoir.

— Comment ?

— Il y a là quelqu'un.

— Quelqu'un ! à pareille heure ?

Il était effectivement près de deux heures du matin, et l'annonce d'une visite à cette heure avancée de la nuit, pouvait à bon droit semble étonnante.

— Qui est-ce ? — demanda M. de Coulanges.

— Je ne sais, répondit le valet, — c'est un monsieur qui s'est présenté, et, qui, sur la réponse que nous lui avons faite que monsieur était sorti a voulu absolument attendre.

— Il y a donc longtemps qu'il est là ?
— Il y a près de deux heures.
Deux heures ?
— Oui, monsieur.
— C'est à minuit alors qu'il est venu ?
— A minuit ! — répéta M. de Coulanges. — Voilà qui est véritablement étrange. Et il n'a pas dit son nom ?
— Non, monsieur. Il a dit seulement qu'il voulait attendre monsieur, qu'il le fallait absolument et que si on lui refusait l'entrée du salon, il attendrait dans la rue. Voyant son insistance nous n'avons pas osé refuser.
— Quel homme est-ce ?
— Un homme comme il faut, sans quoi nous ne l'eussions pas laissé dons le salon.
— Un jeune homme.
— Non, monsieur.

M. de Coulanges réfléchit durant quelques secondes, puis prenant la lumière des mains du valet, il s'avança vers une autre porte:

— Dis à ce monsieur que je suis rentré, — dit-il — et demande lui son nom afin que je sache si je puis le recevoir.

Et M. de Coulanges passa dans une petite pièce communiquant avec un laboratoire, dans lequel il avait l'habitude de travailler, et avec une autre grande salle toute garnie de bibliothèques pleines de livres et servant de cabinet d'étude.

Cette première pièce était comme un petit salon d'attente, sorte de vestibule dans lequel attendaient souvent même les amis du maître de la maison, car M. de Coulanges ne pouvait pas souffrir être dérangé dans ses études.

C'était un savant et un grand savant que ce vieillard à l'aspect calme et sérieux, un savant profondément instruit, bien que sa réputation ne fût pas faite. M. de Coulanges s'occupait depuis longtemps de physique, de chimie et de science mécanique. Il travaillait des journées et des nuits entières dans son laboratoire, et il avait pour intime ami le fameux Cabarus, qui venait parfois passer avec lui des heures entières.

Après avoir traversé la petite pièce formant vestibule, M. de Coulanges avait pénétré dans son cabinet d'étude et, machinalement, sans se rendre compte évidemment de ce qu'il faisait, il avait allumé toutes les bougies de deux grands candélabres placés sur une table formant bureau :

— Quel peut être cet homme ? — se demandait-il parfois en s'arrêtant.

Puis, cette pensée s'effaçait rapidement pour faire place à la préoccupation que lui causait l'état de sa nièce.

La porte s'ouvrit et Henri entra :

— Cette personne insiste pour voir monsieur à l'instant même ! — dit le valet.

— Son nom ? — demanda le vieillard.

— Le monsieur refuse de le dire.

— Il ne veut pas dire qui il est ?

— Non, monsieur. Il dit seulement qu'il veut voir monsieur, qu'il faut qu'il le voie, qu'il le verra et qu'il ne sortira pas de l'hôtel sans avoir parlé à monsieur.

— Et il refuse de dire son nom ?

— Positivement.

— Voilà qui est étrange !

— Introduis cet homme ! — dit M. de Coulanges.

Le valet sortit vivement. Quelques minutes s'écoulèrent, puis la porte se rouvrit, le valet apparut sur le seuil, s'effaça respectueusement en se collant le long du chambranle, et un personnage vêtu de noir et enveloppé dans une énorme houppelande à collet triple, ainsi que cela était de mode, entra en s'inclinant si profondément, que M. de Coulanges ne pût voir son visage.

Le valet disparut, et la porte du cabinet se referma.

L'homme, en se redressant lentement, s'était tenu à l'écart et dans la partie de la pièce qu'éclairait très-faiblement les bougies. Quand le valet eut disparu et que la porte se fût refermée, M. de Coulanges, qui était debout à l'autre extrémité de la pièce, fit un pas en avant vers le nocturne visiteur.

— Que me voulez-vous ? monsieur, demanda-t-il.

Sans répondre, l'inconnu s'avança à son tour et plaçant son visage en pleine lumière, il demeura immobile.

Ce visage était celui d'un homme de cinquante ans au plus, visage fort beau et fort régulier comme traits, mais à l'expression fière, dure et peu aimable.

M. de Coulanges était demeuré dans la position d'un homme frappé de stupeur.

Le corps à demi-penché en avant, les bras repliés, les mains étendues, les yeux démesurément ouverts, ainsi que la bouche, sur les lèvres de laquelle venait mourir un cri, M. de Coulanges paraissait métamorphosé en statue, et ce qui pouvait rendre l'illusion plus complète, c'est que ses joues étaient d'une véritable pâleur de marbre.

— Ah! je vois avec plaisir que vous me reconnaissez ! — dit froidement le personnage à la houppelande noire.

M. de Coulanges s'était redressé subitement, et passant la main sur son front.

— Vous vous trompez sans doute, monsieur! — répondit-il.

Le changement opéré dans la personne du vieillard était tel, que toute trace d'émotion et d'étonnement avait disparu. Seulement il était encore un peu pâle. L'étranger le regarda fixement.

— Oh! dit-il, — vous ne me reconnaissez pas?

— Pour vous reconnaître, — répondit M. de Coulanges avec un calme un peu affecté et en contraignant évidemment sa voix à ne pas trembler. — Pour vous reconnaître, il faudrait que je vous eusse d'abord connu, et je ne me rappelle pas avoir eu cet honneur.

— Très-bien! — dit l'homme sans sourciller. — Alors vous ne me reconnaissez pas?

— Non, monsieur.

— Eh bien! j'ai meilleure mémoire que vous, moi, car je vous affirme que je vous reconnais parfaitement, quoiqu'il y ait quelque chose comme vingt-cinq ans que je n'ai eu l'avantage de vous voir.

— Je ne me rappelle pas, monsieur.

— Oh! je suis tranquille! vous finirez par vous rappeler, je vous le promets.

M. de Coulanges redressa la tête avec beaucoup de hauteur :

— A qui ai-je l'honneur de parler? — demanda-t-il d'une voix brève.

L'homme sourit railleusement :

— Pas possible! — dit-il.

— Votre nom, monsieur? — reprit M. de Coulanges sans changer de ton.

L'homme s'inclina en souriant plus fort :

— Vous tenez à ce que je vous le dise ? — demanda-t-il.

— Sans doute.

— C'est juste ! Il faut savoir qui on reçoit. Eh bien, monsieur, je me nomme Armand Lourmel.

— Alors, vous voyez que j'avais raison de dire que je ne vous connaissais pas, car votre nom m'est aussi inconnu que votre personne.

— Il doit même l'être davantage, — dit le personnage en riant toujours, mais si vous daignez m'accorder quelques moments d'entretien, je suis convaincu qu'avant une demi-heure d'ici j'aurai réveillé tous vos souvenirs, même les plus cuisants...

M. de Coulanges lança sur son visiteur un regard perçant.

— Je vous écouterais avec plaisir, — dit-il, — si je n'avais tous mes moments comptés.

— Oh ! — reprit celui qui venait de se donner le nom d'Armand Lourmel, — ce que j'ai à vous dire vous intéressera !

— Qu'est-ce donc, monsieur ?

— Tout d'abord, monsieur, — dit Armand en changeant de ton, — permettez-moi de vous dire que je vous prie d'agréer mes plus sincères excuses pour ce que ma visite à pareille heure peut avoir d'étrange, et pour ce que mon insistance à vous entretenir peut avoir de singulièrement déplacé. Si vous voulez m'écouter, dans quelques instants vous aurez excusé et mon insistance et ma visite irrégulière.

M. de Coulanges s'était assis. En dépit de la froideur qu'il avait affectée, il paraissait, depuis quelques instants, en proie à une sorte d'anxiété des plus vives. Se dominant encore cependant, il appuya ses deux coudes sur la table placée devant lui.

— Si vous avez à me parler, monsieur, — dit-il, — faites vite, je vous écoute, mais je vous répète que tous mes moments sont pris.

Armand Lourmel s'inclina en souriant finement. S'installant confortablement sur son siége, il croisa ses jambes l'une sur l'autre, renversa le torse en arrière, et penchant doucement la tête à gauche avec une allure de véritable grand seigneur du temps passé :

— M. de Coulanges, — dit-il d'un ton de voix insinuant, — je ne crois pas être indiscret en vous demansi, en 1772, il y a vingt-huit ans, par conséquent, vous n'habitiez pas Rochefort ?

— J'habitais, en effet, Rochefort à cette époque, — répondit le vieillard.

— Vous viviez en famille, n'est-ce pas ? C'est-à-dire que vous n'aviez pas voulu quitter votre chère sœur.

— Cela est encore vrai.

— Cette sœur, femme charmante et pleine de qualités, je le reconnais, avait épousé un certain M. Albert Derrieux ?

— Oui.

— Un des plus riches armateurs de la ville, un des hommes les plus connus de Rochefort et des environs.

M. de Coulanges fit un geste affirmatif en regardant son interlocuteur.

— Continuez ! — dit-il.

— M. Albert Derrieux était un bon et beau cavalier de quarante-cinq ans, et madame votre sœur, qui avait épousé M. Derrieux fort jeune, car elle avait quinze ans à peine quand elle s'était mariée, avait tout au plus trente-deux ou trente-trois ans.

— Ensuite?

— Une fille, unique enfant, était issue de cette union sans nuages. A l'époque où je vous prie de vous reporter avec moi, cette jeune fille avait quinze ans, et elle était belle comme sa mère l'avait été à cet âge. Je ne crois pas exagérer, monsieur, n'est-ce pas vrai ?

— Continuez ! — dit M. de Coulanges d'une voix brève.

— Cette jeune fille se nommait Coralie. C'était la reine de la ville. Riche, belle, instruite, aimable, Coralie se voyait entourée par une cour empressée de lui plaire, cour nombreuse, remuante, composée des éléments les plus divers. On trouvait de tout dans le cortége formé autour de la belle jeune fille, depuis le parvenu jusqu'au grand seigneur, depuis le brillant officier de la marine royale jusqu'au plus humble employé d'une maison de commerce de troisième ordre.

Coralie, c'était l'étoile brillante de la ville, et autour d'elle on voyait tous les astres des classes différentes de la société ; tous, il faut le dire, avec des espérances que pouvait encourager la manière de voir de M. Derrieux.

Vous vous rappelez, n'est-ce pas, que le digne armateur avait déclaré, depuis l'enfance de sa fille, qu'il ferait de son union, quand elle aurait atteint l'âge du mariage, non pas une condition de fortune ou de rang, mais uniquement une condition de bonheur.

Il était extrêmement riche, Coralie était son unique enfant ; il avait déjà ces idées grandes et larges qui, prévalant quelques années plus tard, devaient enfanter la Révolution, il avait donc dit qu'il ne prendrait en considération ni le manque de fortune, ni le manque de position sociale.

Les années, en s'écoulant, n'ayant amené aucun changement dans la manière de voir de l'armateur, les prétendants à la main de sa fille avaient afflué de tous les côtés, ainsi que je viens de vous le dire et ainsi que vous devez vous le rappeler sans aucun doute.

— Cela est vrai ! dit M. de Coulanges.

— Parmi ces nombreux prétendants, — poursuivit le visiteur, — aucun n'avait eu le talent de plaire à mademoiselle Derrieux, et la jeune fille demeurait impassible et calme au milieu de cette foule d'adorateurs empressés, lorsqu'en 1772, cette année à laquelle je vous prie de vous reporter, arriva à Rochefort un jeune homme dont je crois inutile de vous retracer le portrait, car ce portrait doit être encore présent à votre pensée.

M. de Coulanges fit un signe d'assentiment.

— Il se nommait Louis de Préchamps, et il était gentilhomme de la Saintonge. Vous aviez même, je crois, connu jadis quelques-uns des membres de sa famille, et, si j'ai bonne mémoire, ce fut vous, monsieur, qui fûtes, pour M. de Préchamps, l'introducteur officieux et officiel auprès de la famille de madame votre sœur.

— Tout cela est encore très-vrai, monsieur.

— Inutile encore de vous rappeler, j'imagine, qu'à peine Louis vit-il mademoiselle Coralie qu'il en devint éperdûment épris. Louis était jeune, ardent, passionné, habitué à triompher de tous les obstacles et à ne reculer devant rien. Cet amour lui monta à la tête comme une traînée de poudre subitement enflammée. Il aimait mademoiselle Coralie, il osa tout entreprendre pour lui avouer cet amour et le lui faire partager... et, sans trop flatter M. de Préchamps, je dois dire qu'il réussit.

— Hélas ! oui, — dit M. de Coulanges.

— Hélas ! n'est pas exact, monsieur, car je ne crois pas

que ce ménage fût jamais malheureux, et mademoiselle Coralie, devenue madame de Préchamps, ne s'est jamais plainte.

— Vous oubliez de dire, monsieur, — dit vivement le vieillard, — et puisque nous rappelons l'histoire du passé, il faut être minutieusement exact : vous oubliez de dire que M. Derrieux et sa femme se sont longtemps opposés à ce projet d'union.

— Que vous approuviez, vous... ce dont Louis vous fut même fort reconnaissant.

— M. Derrieux avait raison, et j'avais tort.

— Permettez-moi d'être d'un avis opposé au vôtre.

— M. de Préchamps était un fou, pis qu'un fou, un homme capable de ne reculer devant rien pour satisfaire ses moindres désirs, ses plus légers caprices.

— Passons sur les défauts de M. de Préchamps : je les reconnais tous.

— Oui, continuez !

— Le mariage eut lieu...

— Quelques jours avant l'union projetée, vous oubliez de dire que M. de Préchamps fit la confession des dettes énormes qu'il avait, et il n'avait que cela...

— Il eut le mérite de la franchise !

— Il fut contraint à parler, puisque M. Derrieux le plaça en face de deux de ses principaux créanciers, et ce soir-là le mariage fut rompu.

— Oui, mais mademoiselle Coralie, qui avait le cœur bien placé, implora son père en faveur de son fiancé, elle pleura, elle...

— Le lendemain, interrompit M. de Coulanges, — un duel d'un retentissement effrayant, et dans lequel M. de Préchamps joua le principal rôle, celui d'un vainqueur généreux, lui ramena tous les esprits, et comme le nom de Coralie était intimement mêlé à toute cette sanglante affaire, l'union devint nécessaire.

Le gentilhomme avec lequel se battit M. de Préchamps avait osé tenir, sur le compte de mademoiselle Derrieux à laquelle il avait fait une cour assidue et malheureuse, des propos gravement offensants.

— M. d'Almoy nia avoir tenu les propos qui lui étaient imputés.

— Cependant il se battit.

— Et il faillit être tué, soit, mais ce fut M. de Préchamps qui le contraignit à se battre...

— Enfin le duel eut lieu.

— Sans doute, et je répète qu'il eut un tel éclat, que le mariage devint nécessaire.

— Il eut donc lieu ; si je ne me trompe, ce fut en 1773.

— Vous ne vous trompez pas, et vous ne vous tromperiez pas encore en ajoutant que le jour où M. Louis de Préchamps devint l'heureux époux de ma nièce, mademoiselle Coralie Derrieux, il devint fort riche de pauvre qu'il était, Coralie avait apporté 400,000 livres en dot, et la fortune de son père et de sa mère était de deux millions en biens immobiliers et en bien ruraux, et Coralie était fille unique.

— C'était un magnifique mariage pour M. Louis de Préchamps. C'était, il est vrai beaucoup plus qu'il n'aurait pu jamais espérer.

— Ah ! vous avouez.

— Pourquoi n'avouerais-je pas, puisque c'est la vérité? D'ailleurs que pût-on donc jamais reprocher à monsieur de Préchamps?

— Rien, je l'avoue aussi.

— Ah ! c'est heureux, M. de Préchamps ne fit-il pas tout pour rendre sa femme heureuse ?

— Cela est vrai !

— Vous fûtes témoin, monsieur, du bonheur calme et paisible de ces jeunes gens, et vous vous rappelez les éclats de joie avec lesquels ils accueillirent la venue en ce monde, dix-huit mois après la célébration de leur union, d'un charmant petit garçon dont vous fûtes même le parrain.

M. de Coulanges leva les yeux vers le ciel en étouffant un soupir.

— La naissance de cet enfant, — poursuivit Armand Lourmel, — vint resserrer des liens de famille prêts à se rompre, Monsieur et madame Derrieux, revenus enfin des folles préventions qu'ils avaient ressenties contre leur gendre, monsieur et madame Derrieux, ne pouvant douter du bonheur de leur fille, commencèrent à regarder comme leur fils celui qui en avait pris le titre. Vous souvenez-vous, monsieur de Coulanges, de ce que fit ce jour-là M. de Préchamps ?

— Parfaitement, monsieur, car je fus son intermédiaire, M. de Préchamps rapporta à son beau-père la dot, demeurée intacte de sa femme, il s'était contenté du revenu de ces 400,000 livres et même, je dois l'avouer, il avait eu l'excessive délicatesse de payer le quart de ses dettes personnelles uniquement avec une partie de ces revenus faisant des économies sur ses propres dépenses.

— Vous vous rappelez combien M. Derrieux fut ému de cet acte, et lorsque Louis lui déclara qu'il le priait de garder ce capital qui devait être le bien de l'enfant qui venait de naître, et de lui en servir seulement l'intérêt, M. Derrieux s'inclina devant son gendre et lui demanda pardon de l'avoir méconnu. Vous étiez présent à cette scène, monsieur !

Un bruit sec retentit, le vieillard venait de se lever de son siége, mais avec une telle violence, une telle brusquerie nerveuse, que le fauteuil avait été jeté à la renverse.

M. de Coulanges était demeuré debout en face de son interlocuteur, son visage était d'une pâleur livide, ses yeux étaient injectés de sang, ses lèvres frémissaient, ses dents étaient serrées et ses mains crispées entraient les ongles des doigts dans la chair.

On eût dit que le vieillard eût été frappé subitement par quelque attaque horrible.

M. Lourmel le considérait attentivement sans rien dire, puis se levant lentement, il releva le siége renversé, et reprenant sa place :

— Est-ce vrai, ce que je vous dis là ? — reprit-il.

M. de Coulanges se laissa retomber dans son fauteuil, la tête dans les deux mains, et un soupir rauque s'échappa de sa gorge... un long silence régna dans la pièce, silence que M. Armand Lourmel ne chercha pas à faire cesser.

Enfin M. de Coulanges laissa retomber ses deux mains, et il redressa lentement son front ceint de la vénérable auréole.

— Est-ce vrai ce que je viens de dire ? — reprit encore Armand.

— Oui, très-vrai ! — dit le vieillard d'une voix rauque, mais de ce ton fermement arrêté d'un homme qui a un parti pris.

— A partir de ce jour, — continua Armand, — Louis vécut comme un véritable fils dans la famille de sa femme. Venant habiter dans la même maison que l'armateur, le jeune ménage donna l'exemple à la ville entière de l'intérieur le plus parfaitement uni.

— Moi-même je le disais parce que je le pensais, — dit le vieillard. — Ce fut quelque temps après cette époque qu'Anna, ma sœur, fit cette maladie terrible qui faillit la conduire au tombeau. Cette maladie n'était autre qu'un accident des plus graves, survenu dans ce que les dames de la ville nommaient une position intéressante.

Madame Albert Derrieux, ne se croyant pas enceinte, avait fait une chute.

— A votre tour, monsieur, — continua le vieillard en regardant fixement son interlocuteur, — à votre tour, vous vous souvenez, n'est-ce pas, des rumeurs que cet événement souleva en ville et dans les environs de Rochefort :

« Si madame Derrieux n'avait pas commis une imprudence, disait-on, si l'enfant était venu au monde, si cet enfant eut été un garçon... le droit d'aînesse enlevait tout à Coralie, tout sans exception d'une obole. »

Et en se regardant, on se demandait ce qu'en pareil cas eût fait M. de Préchamps que l'on accusait, à tort ou à raison, mais enfin que l'on avait toujours accusé d'avoir épousé mademoiselle Derrieux, uniquement pour l'immense fortune qu'elle avait à recueillir un jour. Vous souvenez-vous de ces bruits qui coururent, monsieur ?

— Parfaitement, monsieur !

— Alors que dites-vous ?

— Je dis que rien ne pouvait les justifier, car Louis de Préchamps adorait sa belle-mère, et il se montra, ce qu'il était en effet, profondément désolé de la maladie.

Enfin, madame Derrieux recouvra la santé et toute trace de danger disparut. Les années s'écoulèrent dans le calme et la quiétude, et bientôt madame de Préchamps augmenta la famille en donnant le jour à une petite fille... C'était si je ne me trompe pas encore, en 1779.

— Vers la fin de l'année.

— C'est bien cela.

— Et trois mois après la naissance de cet enfant, M. Derrieux mourait subitement dans les bras de sa femme.

— Hélas oui !

— Madame Derrieux adorait son mari, cette mort foudroyante au moment où elle pouvait espérer encore de longues années de bonheur la frappa rudement. Ma pauvre sœur fut presque folle de douleur.

Elle rêva un moment le suicide, elle me l'a avoué plus tard, quand elle comprit, en poussant un cri terrible, que la nature lui ordonnait de vivre et qu'en se donnant la mort elle commettait un double crime...

Anna était enceinte et rien ne pouvait sembler étrange dans cet événement, car bien qu'elle fut grand'mère, elle avait trente-neuf ans à peine.

Privée de son mari, elle reporta sur cet enfant qu'elle sentait vivre, sur cet enfant, dernier gage de leur tendresse, toute la somme d'affection qu'elle avait vouée jadis à Albert...

Les mois s'écoulèrent ; l'état de santé de ma pauvre sœur avait réveillé dans Rochefort et dans toute la province, les mille suppositions qu'on avait faites jadis lors de l'événement qui avait failli lui arracher la vie. On regardait M. de Préchamps avec une attention qui devait lui être certes insupportable... Coralie aussi devenait le point mire de tous les yeux, mais à la façon dont on la voyait empressée auprès de sa mère, on ne pouvait certainement que supposer toute la somme de tendresse désintéressée que renfermait son excellent cœur.

— Et Louis de Préchamps, — dit Armand, — sa conduite ne fut-elle donc pas aussi celle d'un homme désintéressé ?

— Si fait! je l'avoue. Il entourait sa belle-mère de soins, d'attentions, de tendresses qui soulevèrent autour de lui un véritable concert de louanges les plus flatteuses.

— Madame Derrieux était heureuse de penser qu'elle allait encore être mère...

— Sans doute. Elle trouvait dans son état un soulagement au poids du malheur qui l'avait accablée. Je ne la quittais pas et moi-même en partageant ses sentiments, j'entrevoyais une consolation possible et je remerciais Dieu qui, dans sa clémence, avait placé le remède à côté de la blessure.

Un soir, la grossesse d'Anna était fort avancée, c'était en 1780 au mois de juillet, la nuit était belle et je me promenais avec elle dans le jardin de la maison... nous causions tous deux, et naturellement notre conversation roulait entièrement sur l'excellent homme que nous pleurions tous et sur la créature que Dieu aller jeter dans la vie.

— C'est un garçon, j'en suis sûr, — me disait Anna, — ce sera le portrait vivant de son père, c'est pourquoi je l'aime tant.

— Je le crois! — disais-je, ne voulant pas la contrarier et me berçant moi-même dans ses rêveries consolatrices et touchantes.

Anna continua longtemps à me parler de la sorte; elle décrivait minutieusement cet enfant qui n'avait pas vu le jour encore, et elle se plaisait à reproduire en lui celui qui avait été le compagnon de son existence passée. Cette causerie intime nous conduisit fort tard...

Cette nuit-là, je puis vous en dire la date précise, monsieur, — continua le vieillard en dardant sur Armand le rayonnement de sa prunelle.

M. Lourmel ne broncha pas sous le poids de ce regard, il conservait, en apparence du moins, un calme que rien ne pouvait vaincre.

— Cette nuit là, — poursuivit M. de Coulanges, — c'était celle du 12 juillet de cette année 1780...

Anna était fatiguée, nous avions passé près de deux heures ensemble et il était minuit quand nous étions descendus au jardin. J'engageai ma sœur à rentrer... elle y consentit... S'appuyant sur mon bras, elle traversa l'allée des tilleuls et elle atteignit le perron.

Vous vous souvenez sans doute de la disposition des lieux ! — dit M. de Coulanges en s'arrêtant encore pour regarder son interlocuteur.

— Sans doute ! — répondit celui-ci.

— Alors vous allez comprendre ce qui me reste à dire et vous comprendrez aussi pourquoi n'écoutant plus votre récit, je substitue ma narration à la vôtre.

Armand s'inclina en signe qu'il était prêt à écouter.

— Je rentrai dans la maison avec ma sœur, — poursuivit le vieillard, — elle, s'appuyant toujours sur mon bras, nous montâmes dans son appartement ; ses femmes de chambre dormaient en nous attendant ; je les réveillai, je leur confiai leur maîtresse; j'embrassai ma sœur et je pris congé d'elle.

Il était alors un peu plus de deux heures du matin et le ciel s'étant couvert tout-à-coup, la nuit était devenue fort noire de très-claire qu'elle avait été.

Mon appartement, vous devez le savoir, puisque vous paraissez parfaitement connaître les lieux, mon habitation était située dans l'aile opposée à celle qu'habitait ma sœur, on pouvait communiquer facilement par l'intérieur d'une aile à l'autre, mais pour cela faire il fallait traverser de nombreuses pièces, ouvrir et fermer une multitude de portes.

La nuit était avancée, je craignais de réveiller les autres habitants du logis, je redescendis au jardin pour traverser la pelouse et gagner par l'extérieur la porte de mon aile d'habitation. Je franchis de nouveau les marches du perron de marbre.

La nuit était de plus en plus noire... Au moment où je refermai la porte du bâtiment occupé par ma sœur, il me sembla voir une ombre rapide glisser et disparaître derrière un taillis...

Je m'arrêtai subitement, je regardai attentivement... je ne vis rien... Je demeurai là immobile quelques instants néanmoins, car il m'avait paru voir l'ombre d'un homme ; mais comme cette apparition avait été tellement rapide qu'elle pouvait passer pour à peu près insaisissable, je me demandais, en hésitant, si j'avais bien réellement vu...

Le plus profond silence régnait dans le jardin. Je m'avançai vers le taillis, je ne vis rien... Convaincu que j'avais été le jouet de l'une de ces hallucinations si fréquentes durant la nuit, au milieu d'un jardin, je repris ma marche et je gagnai mon appartement...

Je dormais depuis une heure à peine quand je fus réveillé par des cris effrayants. Je sautai à bas de mon lit, je me précipitai vers la fenêtre...

Une grande lueur rouge embrasait l'horizon et illuminait ma chambre...

XXV

L'INCENDIE

M. de Coulanges s'était arrêté dans son récit. Il paraissait profondément ému. Armand Lourmel le regardait avec une attention extrême, et cette attention semblait péniblement fatiguer le vieillard.

Enfin, après un silence assez long et sans qu'Armand provoquât la continuation du récit, M. de Coulanges reprit :

— La lueur rougeâtre qui illuminait le jardin ne pouvait me laisser aucun doute : le feu devait être à une partie de l'habitation. Je m'habillai rapidement et je me précipitai au dehors. La première personne que je rencontrai fut M. de Préchamps.

— Où est le feu ? lui demandai-je.

— Je l'ignore ! — répondit-il. — J'arrive à l'instant. Au premier cri, j'ai mis en sûreté ma femme et mes enfants et je suis accouru.

— Effectivement, Louis semblait être encore sous l'empire de l'émotion qu'avait dû produire cet événement, surprenant tous les habitants dans le sommeil. Nous nous précipitâmes... les domestiques à demi-vêtus accouraient... Nous poussâmes tous à la fois un même cri de terreur et de douloureuse épouvante : c'était le centre de l'habitation qui était embrasé, et l'incendie entourait de ses flammes toute la partie des appartements de madame Derrieux.

— Anna ! ma sœur ! m'écriai-je.

Que se passa-t-il en moi ? Je ne puis le dire aujourd'hui ! La pensée du danger affreux que courait ma sœur décupla en moi toutes mes facultés.

— Comment m'y pris-je pour réussir ? je n'en sais rien encore : tout ce que je puis dire, c'est qu'après avoir traversé les flammes et escaladé les poutres embrasées, après avoir traversé des nuages opaques de fumée, après avoir senti les langues de feu me lécher au passage, je pus prendre Anna dans mes bras et l'emporter.

Elle était sauvée, mais l'émotion qu'elle avait éprouvée avait avancé l'époque de sa délivrance, et avant que l'incendie ne fût éteint, Anna mettait au monde un enfant si délicat, qu'on ne lui donna pas tout d'abord huit jours à vivre.

Cependant on se trompait, car cet enfant devait, grâce aux soins dont l'entourait sa mère, triompher de la faiblesse de sa constitution.

Quant aux causes de l'incendie, elles furent attribuées à l'imprudence d'une femme de chambre de ma sœur.

En préparant une boisson de nuit pour sa maîtresse, Claire (c'était le nom de cette femme de chambre), Claire avait eu la négligence de placer sa lumière contre un rideau de mousseline. Ayant attendu Anna fort longtemps, Claire était fatiguée (c'était durant notre promenade).

Sa maîtresse rentrée dans sa chambre, Claire s'était endormie sur une chaise en attendant que la boisson fut chaude. Cette boisson se faisait chauffer sur un petit fourneau portatif, et c'était dans une pièce voisine de la chambre à coucher de ma sœur que cela avait lieu, pièce qui était toute tendue en mousseline des Indes sur un fonds de taffetas.

C'était pendant le sommeil de Claire que le feu avait pris, et grâce à l'inflammabilité des matières, l'incendie s'était propagé avec une rapidité telle, qu'en un clin-d'œil la chambre avait été embrasée.

Claire, affolée, s'était réveillée au milieu de cette mer de feu et elle s'était précipitée dans le salon sans avoir la force d'appeler. Là elle était tombée évanouie.

C'était à cette autre cause que l'on devait le retard dans les appels au secours, retard qui avait failli coûter la vie à ma pauvre sœur.

Lors de l'enquête que vinrent faire les magistrats sur le lieu du sinistre, tous ces détails furent constatés minutieusement. Claire interrogée avoua tout, et elle fit voir sa robe brûlée. Une partie de sa chevelure avait été la proie des flammes.

Il résulta des informations que M. de Préchamps avait fait preuve de la plus vaillante énergie. Pendant que je me précipitais au secours de madame Derrieux, il parvenait, lui, à sauver trois femmes de chambre.

Puis il s'était mêlé aux travailleurs, ne les avait pas quittés et avaient puissamment contribué à arrêter les progrès de l'incendie.

Vous voyez, monsieur, poursuivit M. de Coulanges, en changeant de ton, que tous ces détails sont absolument présents à ma mémoire ?

— Cela est vrai, monsieur, répondit Armand en s'inclinant.

— J'entre dans tous ces détails, monsieur, parce que je crois que dans la position où nous sommes vis-à-vis l'un de l'autre, la clarté et la précision sont les meilleurs moyens à prendre et à employer.

— C'est mon avis.

— Dans le premier moment j'avais, je l'avoue, pensé à suivre une marche contraire, mais la réflexion et peut-être la connaissance que je puis avoir de votre caractère, m'ont déterminé à aller droit au but.

— Je vous remercie et suis disposé à en faire autant. Je vous dirai tout, quelque brutal que semble mon aveu.

— Alors, monsieur, laissez-moi vous dire tout ce que je sais, ensuite vous me direz ce que vous avez à m'apprendre. Laissez-moi continuer ce récit que vous avez commencé... après, vous expliquerez la cause qui vous amène.

— A vos ordres ! dit Armand Lourmel en s'inclinant poliment.

— L'enfant qui venait de naître, reprit le vieillard, reçut le nom d'Albert, car c'était celui de son père.

La naissance de cet enfant mâle venait jeter une perturbation profonde dans les affaires de la famille.

D'après les lois de l'époque, d'après le droit d'aînesse qui ne devait être aboli que dix ans plus tard (1), cet enfant mâle devenait l'unique héritier de toute la fortune paternelle et sa venue en ce monde dépouillait Coralie, sa sœur, de toute la fortune qui eut dû lui revenir un jour.

Lorsque M. Derrieux était mort, il n'avait pas supposé un seul instant que sa femme put être enceinte, de sorte qu'il n'avait pris aucune disposition. D'ailleurs, la mort l'avait frappé d'une façon si inattendue qu'il lui eût été impossible, à ses derniers moments, de rien changer aux dispositions antérieurement prises.

Ce qui concernait Coralie n'ayant pu être spécifié, l'enfant posthume jouissait de ses droits dans la plénitude de leur étendue et madame Derrieux n'y pouvait rien.

(1) Le droit d'aînesse fut aboli en France par les lois du 15 mars 1790 et celles du 8 avril 1791. On tenta, mais en vain, de le rétablir en 1826.

La nouvelle de ces événements fut le bruit public de la ville et des environs pendant des semaines entières.

On se perdait en conjectures sur ce que devait penser Coralie, sur ce que devait faire son mari.

Tous ceux qui avaient accusé Louis de Préchamps de n'avoir agi, en épousant mademoiselle Derrieux, que mû par une âpre pensée d'intérêt, tous ceux-là prétendaient que la naissance du petit Albert était le coup le plus violent que pût recevoir le jeune homme.

Coralie cependant adorait sa mère et elle lui témoignait cette adoration en toutes circonstances. Une partie de l'amour qu'elle avait pour cette mère se reporta sur le frère que Dieu venait de lui donner.

Quant à M. de Préchamps, soit qu'il eût pris son parti de l'événement désastreux pour sa fortune, soit qu'il se fût philosophiquement consolé en se trouvant assez riche, toujours fut-il qu'il ne laissa paraître qu'un tendre attachement pour sa belle-mère et son beau-frère.

Quelques mois s'écoulèrent : on était en hiver. J'étais toujours auprès de ma sœur et de son enfant que je ne quittais pas d'une minute.

M. de Préchamps avait reçu la nouvelle que l'un de ses meilleurs amis était mort aux Indes, et que le fils de cet ami, enfant désormais sans famille, car il avait perdu sa mère, devait bientôt arriver en France.

Cet enfant avait été embarqué sur un navire faisant voile pour Lorient.

Louis manifesta le désir de se rendre au-devant du pauvre orphelin. Sa femme l'approuva et voulut l'accompagner. Elle partit avec son mari et ses enfants.

J'étais demeuré auprès de ma sœur. Son fils reprenait, à vue d'œil, force et santé. Anna était presque heureuse.

Il y avait un mois que Louis, Coralie et leurs enfants étaient partis et nous attendions de leurs nouvelles avec une inquiète impatience.

On était alors dans la seconde moitié de décembre, et le temps horrible qui régnait sur mer nous faisait apporter chaque matin les plus sinistres nouvelles.

— Oh! me disait souvent Anna, si je savais ma fille ou son mari ou ses enfants sur mer, je mourrais de peur!

— Je la rassurais... Cependant les jours s'écoulaient et pas de lettre.

Notre inquiétude commençait à devenir grande, lorsqu'un soir, à la tombée de la nuit, le roulement d'une voiture retentit au loin. Ce roulement se rapprocha et bientôt nous aperçûmes une chaise de poste débouchant dans la grande allée qui faisait face à l'entrée principale de la maison.

— Ce sont eux! s'écria Anna avec un élan de joie.

— Oui! dis-je. — Je reconnais la voiture.

— Ah! Dieu soit béni! je vais donc embrasser ma fille!

La chaise de poste arrivait rapidement; elle décrivit un demi-cercle, elle s'arrêta... la portière s'ouvrit et comme je me précipitais, une femme vêtue de noir, en grand deuil, se laissait glisser et tombait évanouie à nos pieds sur les premières marches du perron. Cette femme, c'était Coralie.

Sa mère s'était élancée en poussant un cri. Nous la relevâmes. Je regardais autour de nous, cherchant des yeux Louis et les enfants, mais je ne voyais rien.

— M. de Préchamps? — où donc est-il? — demandai-je aux domestiques.

— Ils ne me répondirent pas. Je remarquai alors seulement qu'eux aussi étaient vêtus de noir, en grand deuil.

— Les enfants? — demandai-je avec un frisson d'épouvante.

Un silence plus profond encore accueillit mes paroles.

On emportait le corps inanimé de Coralie ; sa mère lui prodiguait ses soins.

— Mais M. de Préchamps? les enfants? — m'écriai-je avec une anxiété folle.

— Ils sont morts! — me répondit un domestique en s'avançant.

— Morts! — répétai-je sans pouvoir croire à cette affreuse nouvelle.

— Morts! — murmurèrent les autres domestiques qui venaient d'arriver avec Coralie.

— Et où? comment? — m'écriai-je.

— Noyés dans la mer!

— J'adorais mon petit-neveu et ma petite-nièce, je savais combien Coralie aimait son mari pour lequel j'avais d'ailleurs une affection très-sincère ; cette horrible nouvelle fut pour moi le coup le plus profondément triste.

Je demandai des détails.

On me répondit que la semaine précédente, le 14 décembre, M. de Préchamps avait voulu faire une promenade en mer. Le temps était magnifique. Madame de Préchamps était un peu souffrante et n'avait pu accompagner son mari.

Celui-ci était parti avec son fils, mais l'enfant qui adorait sa sœur avait poussé des cris aigus en voyant que la petite fille ne venait pas avec lui.

M. de Préchamps avait alors ordonné à la bonne de venir avec la jeune enfant et comme le temps était fort beau, la mer très-calme, madame de Préchamps ne vit pas d'inconvénient à laisser aller ses deux enfants avec leur père et la nourrice de la petite Annette.

Cette nourrice avait aussi avec elle son propre enfant, sa fille qu'elle ne quittait jamais, qui était à un mois près du même âge qu'Annette, et que ma nièce adorait presque comme si elle eût été sa fille.

Cette enfant était toujours arrangée comme sa sœur de lait, aussi pomponnée qu'elle, et certes, ceux qui ne connaissaient pas les enfants n'eussent pu savoir quelle était la fille noble et la paysanne.

M. de Préchamps avait pris une barque avec un seul rameur ; ce rameur était un enfant du port, un petit matelot de quinze à vingt ans, renommé par son habileté à gouverner.

Ils partirent...

Le temps était fort beau... La matinée s'écoula sans que la barque rentrât au port.

— Ils seront allés à l'île de Croix ! — disait-on autour de madame de Préchamps qui commençait à se tourmenter.

Enfin les heures passèrent... madame de Préchamps, de plus en plus inquiète, voulut se rendre sur le port.

Elle partit accompagnée de ses domestiques, et quand elle arriva, une tempête furieuse éclatait. C'était ce que les matelots nomment un grain subit : un de ces coups de mer que rien ne peut faire prévoir.

La mer montait avec une force inouïe, et le vent soufflait avec des rugissements horribles.

La douleur de madame de Préchamps, son désespoir étaient indescriptibles.

Toute la nuit s'écoula et pas une barque ne rentra au

port. Durant toute cette nuit madame de Préchamps ne quitta pas la jetée, mouillée, trempée, se cramponnant aux canons pour ne pas être emportée par les vagues qui balayaient les parapets et la chaussée, ou précipitée par les efforts du vent qui se ruait avec une épouvantable violence.

Durant toute la nuit la pauvre femme pria au-dessus des flots, implorant la miséricorde divine pour son mari et ses enfants.

Lorsque le jour se leva, elle était toujours là. Aucun effort ne put parvenir à lui faire quitter la place...

Enfin des barques commencèrent à rentrer...

A chacune on demandait des nouvelles de la haute mer. C'était désastres sur désastres.

Cris et lamentations s'élevaient de toutes parts dans cette foule de femmes et d'enfants, de pêcheurs et de caboteurs amassée sur la plage et sur les quais.

Mais pas de nouvelles de la barque de M. de Préchamps. Coralie, que la douleur rendait folle, demeurait toujours à la même place, interrogeant la première, promettant une récompense à ceux qui lui donneraient même un indice.

Hélas! les heures s'écoulaient et rien ne venait calmer les angoisses de la pauvre femme.

Enfin, une barque fut signalée au loin, la nuit allait venir... Il y avait vingt-six heures que Coralie était là sur la jetée, sans qu'on eût pu parvenir à l'en arracher. Il était évident que les forces allaient l'abandonner bientôt.

La vue de cette dernière barque parut lui rendre une dernière espérance.

— Oh! disait-elle. — Je suis sûre que je vais avoir des nouvelles.

Elle ne se trompait pas, la pauvre mère. Oui! elle devait avoir des nouvelles de ses enfants... mais quelles affreuses nouvelles !

A bord de cette barque que des amarres remorquèrent bientôt, était ce jeune matelot qui s'était embarqué avec M. de Préchamps...

La présence signifiait tout. Elle révélait le sinistre horrible qui avait eu lieu en mer. La vue de ce jeune homme, seul au milieu de ceux qui l'avaient recueillie, voulait bien dire que la barque de promenade avait sombré avec ceux qui la montaient.

Coralie comprit tout... Au premier coup d'œil elle avait reconnu le rameur de prédilection de M. de Préchamps, elle était tombée évanouie.

Alors on l'avait emportée...

Les domestiques en interrogeant le matelot, apprirent qu'effectivement la veille, la barque assaillie par le premier grain, avait sombré sans qu'il eût été possible de rien tenter pour la préserver.

M. de Préchamps, la gouvernante, les deux enfants avaient péri.

Quant au jeune matelot, il avait pu se cramponner à un aviron qui l'avait aidé à se maintenir. Il avait ainsi vogué toute la nuit au hasard, et ce n'avait été que le lendemain du désastre, dans la matinée, qu'il avait eu le bonheur inouï de rencontrer une barque de pêche au moment où sentant ses forces épuisées, il avait compris qu'il ne pouvait plus lutter et qu'il allait couler.

Madame de Préchamps eut la triste énergie de se faire raconter tous ces détails. Elle voulut attendre quelques jours encore, espérant dans un miracle... Elle voulut aller à l'île de Croix...

Elle voulut enfin tout épuiser avant de renoncer à un espoir, quelque faible qu'il fût.

Ce n'avait été qu'après avoir constaté l'inutilité de plus amples démarches, qu'après avoir fait fouiller les côtes, qu'après avoir interrogé les plages, dans le suprême espoir de retrouver au moins un cadavre, et n'avoir rien rencontré, qu'elle avait consenti à quitter Port-Louis pour revenir auprès de sa mère.

Avant de partir, elle avait voulu que le jeune matelot la conduisît dans une barque à l'endroit même où celle que montaient tous ceux qu'elle aimait avait sombré, et là, au-dessus de l'abîme, elle s'était agenouillée et elle avait prié longuement.

Elle s'était relevée plus forte.

Le jeune matelot l'avait ramenée à terre. Sa voiture l'attendait sur la plage ; elle s'était élancée dedans et la voiture était partie rapidement, tandis que la malheureuse Coralie disait avec un sanglot un dernier adieu à cette mer qui avait englouti son mari et ses enfants.

De Port-Louis, elle était venue à Rochefort rapidement sans s'arrêter.

XXVI

LA VEUVE

— Et madame de Préchamps, oublia-t-elle vite ceux qu'elle avait pleurés ? — demanda Armand avec un ton d'ironie qui fit tressaillir vivement M. de Coulanges.

— Oseriez-vous accuser Coralie de manquer de cœur ? demanda le vieillard.

— A Dieu ne plaise, monsieur ! Cependant les circonstances m'autorisent à vous adresser cette question sans que vous vous formalisiez, car enfin, madame de Préchamps a oublié son premier mari et ses enfants, cela est incontestable, puisqu'elle s'est mariée une seconde fois à un homme qu'elle paraît aimer passionnément.

— Vous ne vous trompez pas, monsieur, Coralie adore et respecte son mari, qui est, au reste, le meilleur et le plus loyal des hommes.

— Donc elle a oublié le premier, et ma question n'avait rien de choquant, puisqu'elle n'interrogeait pas sur le fait, mais sur le temps écoulé pour l'accomplissement du fait. Elle a oublié. Est-ce vite ? Est-ce lentement ? Voilà toute la question.

— En arrivant à Rochefort, monsieur, Coralie est tombée malade, et fort gravement malade même. Durant six mois sa vie fut en danger. Enfin elle guérit, mais sa tristesse était extrême.

Durant dix années, monsieur, Coralie porta le deuil de ceux sur lesquels elle pleurait chaque jour, et il fallut les grandes secousses révolutionnaires, il fallut la terrible guerre de Vendée, qui envahit une partie du pays, pour la secouer de sa torpeur et la faire revenir à elle-même.

Par une sorte de miracle, la vue des horreurs accomplies produisit sur elle un effet salutaire. Coralie se dévoua pour sauver tous ceux qu'elle espérait préserver des fureurs des partis, et cette généreuse conduite lui valait le respect et la bénédiction de tous les honnêtes gens, mais aussi la haine de tous les misérables.

Ce fut alors, monsieur, que s'accomplit un événement qui devait tenir une grande place dans la vie de ma nièce, événement dont vous connaissez les résultats, mais dont vous ne connaissez peut-être pas les causes.

On était en 1794, en pleine Terreur, à cette époque où l'exemple sans nom que Carrier donnait à Nantes, poussait les commissaires des départements voisins à la plus excessive rigueur.

D'ailleurs, la guerre civile était là, à deux pas, pour justifier les représailles, même les représailles anticipées.

Depuis plusieurs années, ma sœur, sa fille et son fils n'habitaient plus Rochefort.

Anna s'était retirée dans une propriété que possédait Coralie près Courzon, presque sur les rives de la Sèvre niortaise, à quelques lieues à peine des limites extrêmes de la Vendée, cette terre alors humide de sang, et hélas! à peine sèche encore.

Coralie, poussée par son ardent désir de sauver les malheureuses victimes des fureurs révolutionnaires, s'était rapprochée exprès du théâtre de la guerre civile.

Cependant, comme elle avait souvent, dans des cachettes pratiquées dans sa demeure des gens dont la tête était mise à prix par l'un ou l'autre parti, le vainqueur du moment, comme elle ne pouvait ignorer que si elle était convaincue, soit par les blancs, soit par les bleus ; son sort devait être le même, mais comme avant tout, elle ne voulait exposer ni son frère ni sa mère, elle avait exigé que madame Derrieux quittât Courzon et alla se retirer avec son fils dans une belle propriété isolée qu'elle possédait à quelques lieues de là, près de Rohan-Rohan.

Tout d'abord, Anna n'avait pas voulu consentir à se séparer de sa fille dans des circonstances aussi critiques, mais Coralie avait insisté si énergiquement, elle avait tellement appuyé sur la nécessité de préserver les jours d'Albert, que ma sœur avait fini par se sentir ébranlée.

Moi-même, comprenant le noble sentiment auquel obéissait ma nièce, j'insistai avec force auprès d'Anna.

Elle hésitait encore, mais Albert avait quatorze ans alors ; mais toujours faible et délicat, il fallait prendre envers lui les plus grands ménagements,

La crainte de voir exposer l'enfant qu'elle adorait décida Anna. Elle consentit à aller à Rohan-Rohan, à s'y enfermer avec Albert et quelques serviteurs dévoués, et attendre là que l'orage révolutionnaire fut passé.

Il fut convenu que j'habiterais tantôt auprès d'Anna, tantôt auprès de Coralie, et, qu'allant incessamment de l'une chez l'autre, je porterais à chaque instant des nouvelles de la mère à la fille et des nouvelles de la fille à la mère.

C'était, cela, monsieur, au mois de février 1794. Je conduisis Anna et son fils dans leur propriété, et après les avoir installés et être certain qu'ils ne couraient aucun danger, je revins auprès de ma nièce, qui, bravant tous les dangers en véritable héroïne, continuait avec une ardeur que rien ne pouvait tiédir, son œuvre généreuse d'indistinct sauvetage.

— Monsieur, — dit M. de Coulanges en s'arrêtant dans sa narration et en changeant de ton brusquement. — Ne perdez pas, je vous prie, un seul mot de ce que je vais vous dire. Encore une fois, vous comprendrez dans quelques instants pourquoi je vous parle ainsi que je le fais.

D'ailleurs, les moments sont précieux.

D'une part, cette conversation est la seule que nous devions avoir ensemble : cette nuit écoulée, nous ne nous reverrons plus.

— Peut-être ! — murmura Armand avec un sec et froid sourire.

Soit que M. de Coulanges n'entendit pas cette réflexion ou ne voulût pas l'entendre, il n'y accorda pas la moindre attention.

— D'autre part, — continua-t-il, — tandis que nous sommes ici, ma nièce est couchée sur un lit de souffrance. Son état inspire les plus vives inquiétudes.

Il faut pour la sauver (car je commence à comprendre tout maintenant, votre présence m'éclaire), il faut pour la sauver que j'aie avec elle, au lever du jour, un entretien dont vous devez deviner le but.

Mais cet entretien je ne puis l'avoir qu'après avoir épuisé le nôtre.

Quand j'aurai achevé, il va falloir que vous me parliez aussi nettement que je le fais moi-même. Me le promettez-vous encore ?

— Je vous en donne ma parole d'honneur, monsieur, — dit Armand du ton le plus sérieux et le plus convaincu.

— Alors, je continue et je vous le répète : ne perdez pas un seul mot de ce que je vais vous dire.

Armand s'inclina.

— L'existence pleine d'émotions que menait Coralie, — reprit le vieillard, — l'avait complètement transformée. Obligée de quitter le deuil pour courir, déguisée, au secours de ceux qu'elle voulait sauver, contrainte à oublier ses douleurs pour s'occuper de celles des autres, ma nièce était redevenue la femme ardente, intelligente, active qu'elle avait été jadis.

Ses qualités brillantes, un moment engourdies par le chagrin, se réveillaient plus étincelantes d'éclat et de fougue. C'était véritablement un ange sauveur que Dieu, dans sa bonté, envoyait aux malheureuses victimes.

Un soir que j'étais auprès d'elle, après une journée passée à courir les bords de la Sèvre tandis qu'on se battait sur l'autre rive, un bruit de galop retentit soudain, des chevaux s'arrêtèrent à la porte du château et des coups violents furent frappés.

On ordonnait d'ouvrir au nom de la nation. Il n'y avait pas à hésiter.

— C'est une visite domiciliaire? — dis-je.

— Oui ! — fit Coralie en tressaillant.

Et me saisissant la main :

— Mon oncle! — dit-elle, — partez! fuyez vite et allez retrouver ma mère !

— Pourquoi? — demandai-je.

— Parce que j'ai dans les cachettes des caves trois prêtres réfractaires. Si on les trouve et si on nous arrête, nous serons tous guillotinés. Partez !

— On ne les trouvera pas, — dis-je. — Pourquoi crains-tu aujourd'hui?

Coralie fit un geste d'impatience. On avait ouvert la porte et on entendait au-dehors, sur le pavé de la cour, les grands sabres qui traînaient. Des voix rauques et bruyantes faisaient vibrer d'épouvantables blasphèmes.

— Mais qu'as-tu donc? — demandai-je à Coralie en la voyant pâlir.

Effectivement, jamais je n'avais vu ma nièce aussi troublée, et cependant j'avais assisté chez elle à plus de dix visites domiciliaires, alors qu'elle avait dans ses cachettes des victimes qu'elle savait soustraire à leurs bourreaux. Toujours Coralie s'était montrée impassible et calme, mais, cette fois, elle paraissait en proie à l'anxiété la plus pénible.

— Oh! — me dit-elle, — avec un accent de répulsion, c'est que vous ne connaissez pas l'homme qui commande à Courzon depuis quelques jours.

Elle n'achevait pas que la porte du salon s'ouvrait brusquement, et qu'un homme, vêtu en officier, entrait précédant quelques soldats le sabre à la main.

Je voulus aller vers eux, mais Coralie m'arrêta du geste.

— Bonsoir, citoyenne ! — dit l'officier en s'avançant d'un air grossièrement aimable.

— Qui vous amène, ce soir, chez moi ? — demanda Coralie.

— Le plaisir de te voir, d'abord, et ensuite celui non moins grand de débarrasser ta demeure de trois locataires que tu as pris, en dépit de l'ordonnance de la loi.

— Je ne sais ce que vous voulez dire, monsieur *de* Beaury, — répondit ma nièce en appuyant fortement sur la particule nobiliaire.

— Ex-de ! — dit l'officier en souriant. — Je suis le citoyen Beaury, comme tu es la citoyenne Préchamps. D'ailleurs, on m'appelle Raymond, comme on te nomme Coralie...

— Citoyen ! — dis-je en m'avançant avec colère, car le ton que venait de prendre cet homme m'avait vivement offensé.

— Mon oncle ! — s'écria Coralie en s'élançant.

Puis se tournant vers le brutal officier :

— En vertu de quel ordre vous introduisez-vous chez moi ? — demanda-t-elle.

— En vertu d'un ordre du Comité de sûreté générale, citoyenne ! — dit une voix qui nous fit tous tressaillir.

Un homme venait d'entrer. Celui-là portait le costume des magistrats de l'époque, mais il y avait entre ce magistrat et cet officier une telle différence de manières et d'expression de physionomie, que ma nièce en parut frappée.

— Citoyenne, — reprit le magistrat, — vous êtes accusée de donner asile à des ennemis de la Nation, et le Comité de sûreté générale a donné l'ordre d'opérer chez vous une visite domiciliaire.

Coralie s'inclina.

— Faites ! — dit-elle.

— Il faut que vous nous accompagniez, citoyenne, dit le magistrat.

Coralie prit un flambeau et se prépara à marcher avec la petite troupe. Je me plaçai vivement près d'elle.

En ce moment l'officier s'approcha du magistrat.

— Je vais placer la citoyenne entre deux gendarmes, — lui dit-il. — C'est une aristocrate, je ne te dis que cela.

Et, sur un geste de l'officier, deux gendarmes s'avancèrent, mais le magistrat se retournant vivement :

— Respectez la citoyenne !... — dit-il, — je le veux.

— Puisque je te dis que c'est une aristocrate ! — vociféra l'officier, ou plutôt Raymond, puisqu'il se nommait ainsi.

— Tu es ici pour me prêter main forte et pour m'obéir, — dit vivement le magistrat. — Songe à accomplir ton devoir !

L'officier voulut relever la tête, mais ses regards s'abaissèrent devant les regards dominateurs du magistrat.

— Bah ! — murmura Raymond, — si on ne l'arrête pas maintenant on l'arrêtera tout à l'heure. Quand on aura trouvé les hiboux faudra bien qu'elle vienne avec eux à Courzon.

Je regardai cet homme, ne comprenant pas le sentiment de haine qu'il paraissait éprouver pour ma nièce.

Coralie marchait devant avec le magistrat. Un moment, dans un passage obscur, il me sembla voir ce magistrat se pencher vers ma nièce et lui parler rapidement à l'oreille. Moi seul avait pu remarquer ce mouvement, car nous traversions alors l'angle d'un corridor, et tandis qu'un gendarme éclairait la marche, l'officier et les autres marchaient derrière moi.

XXVII

LA VISITE DOMICILIAIRE

La visite s'accomplit dans les appartements, dans les combles, dans les communs, sans rien découvrir. L'officier écumait de rage, il était hideux à contempler.

Coralie paraissait avoir recouvré tout son calme.

Cependant il restait encore les caves à visiter, et c'était dans les caves que s'ouvraient de vieux souterrains dont ma nièce avait fait un asile sûr pour ceux qu'elle voulait arracher à la mort.

Après avoir traversé la cour pour gagner l'entrée des caves et au moment où Raymond, sur l'ordre du magistrat se baissait pour introduire la clef dans la serrure, je vis distinctement, cette fois, Coralie effleurer de ses doigts le bras du magistrat placé près d'elle.

Je demeurai stupéfait, mais je ne pus m'approcher de ma nièce; la porte de la cave était ouverte.

— Descendons ! — dit Raymond.

Mais en ce moment, le magistrat lui fit signe de venir à l'écart. Tous deux causèrent rapidement à voix basse.

— Bah! — fit l'officier en se redressant. — Vous croyez?

— Oui ! — dit le magistrat.

— Au fait, c'est possible.

Je ne pus entendre ce qui fut dit ensuite.

— Alors, répliqua Raymond, pendant ce temps tu fouilleras les caves?

— Oui.

— Eh bien! convenu!

Et Raymond se retournant vers ma nièce avec un sourire railleur :

— Au revoir et à bientôt, belle citoyenne !... — lui dit-il.

Et il courut vers un groupe de gendarmes demeurés dans la cour. Tous s'éloignèrent vivement en emmenant leurs chevaux.

Où allaient-ils ? Je l'ignorais. Le magistrat, toujours accompagné de Coralie, s'apprêtait à visiter les caves. La visite faite minutieusement cependant, s'acheva sans qu'on découvrît l'entrée des souterrains.

Nous remontâmes dans la cour, j'avais sur la poitrine un poids énorme qui m'étouffait. A chaque minute, depuis plus de deux heures et demie que durait cette visite, j'avais pu craindre de voir ma nièce arrêtée... c'est-à-dire condamnée ! Ce que je souffris durant ces deux heures d'angoisses, moi seul le saurai jamais.

La visite était achevée, le magistrat témoigna hautement à Coralie sa satisfaction d'avoir pu constater son innocence. Il lui dit qu'une telle visite lui en éviterait certainement d'autres à l'avenir, qu'il venait d'être nommé procureur de

Courzon, et que pour la dédommager de la peine qu'avait dû lui faire cette visite, il serait heureux de se mettre à sa disposition pour tout ce qui pourrait désormais lui être agréable.

Coralie remercia gravement... J'avoue que je comprenais de moins en moins. Je les regardais tous deux sans rien m'expliquer.

Le magistrat venait de remonter à cheval. Les gendarmes demeurés avec lui lui formèrent escorte, et ils quittèrent le château.

Comme la porte se refermait sur eux, le bruit d'un galop de chevaux retentit brusquement au loin, se rapprochant rapidement.

J'allais remonter avec Coralie à laquelle je n'avais pas encore dit un mot, et je me retournais quand elle me saisit brusquement le bras, me contraignant à demeurer immobile sur la première marche du perron.

— Mon Dieu ! murmura-t-elle.

Elle était devenue d'une pâleur livide, et un frémissement convulsif agitait ses mains.

— Qu'as-tu ? lui demandai-je.

— Ecoutez.

— Je prêtai l'oreille, le bruit du galop venait de cesser, j'entendis des éclats de voix violents au dehors, et je reconnus clairement l'organe du citoyen Raymond.

Nous ne pouvions nettement distinguer les paroles, mais le ton chaleureux de la conversation annonçait une dispute. Enfin l'altercation parut se calmer et les cavaliers s'éloignèrent.

Coralie respira librement. Sans me quitter le bras elle monta précipitamment, m'entraînant à sa suite : nous gagnâmes sa chambre sans avoir prononcé une parole.

Là, elle me quitta, et allant tomber à deux genoux devant un grand Christ appendu à la muraille elle éclata en sanglots.

J'étais effrayé... Je courus vers elle, je la saisis dans mes bras, je la relevai, et la contraignant à s'asseoir.

— Coralie, mon enfant ! m'écriai-je, mais qu'as-tu donc ?

— Oh ! dit-elle entre deux sanglots et sans me répondre. Cet homme est doué d'un grand cœur !

— De qui parles-tu ?... — m'écriai-je en la croyant folle.

— De celui qui vient de nous sauver tous !

— Mais qui donc celui-là ?

— Le magistrat qui sort d'ici.

— Lui ?

— Oui, mon oncle.

— Il nous a sauvés ?

— Au péril de sa vie !

— Mais je ne comprends pas !

— Comment comprendriez-vous ? je comprends à peine moi-même.

Quand la visite a commencé, cet homme que je ne connais pas, que je n'ai jamais vu, je crois, s'est penché vers moi, et il m'a dit à voix basse, si basse qu'aucun de vous n'a pu entendre.

— Vous avez chez vous trois prêtres !

— Et comme je ne répondais pas :

— « Je suis venu pour vous aider à les sauver ! » a-t-il ajouté.

— Je ne répondis pas davantage, je croyais à un piége...

— Sur mon honneur !... — dit-il, — je ne mens pas...

— Cette fois il y avait un tel accent de vérité dans sa parole, que je levai les yeux sur lui. En examinant sa physionomie je me sentis convaincue...

— Oui, — dis-je, — je l'ai vu te parler à voix basse, dans le couloir du premier étage. C'était en ce moment qu'il te disait cela.

— Non, il m'avait parlé déjà avant que vous n'ayez pu le voir. Dans le couloir il disait de l'avertir, en lui touchant légèrement le bras, quand nous approcherions de l'endroit où étaient cachés les prêtres.

— C'est dans la cour, au moment de bescendre dans les caves, que tu as fait le geste.

— Oui, mon oncle.

— Effectivement ! c'est alors qu'il a renvoyé ce Raymond.

— Oui, mon oncle.

— Oui ! tu as raison, Coralie, m'écriai-je, cet homme est doué d'un grand cœur !

— Mon oncle, dit Coralie en me saisissant les mains, demain vous irez à Courzon le remercier, n'est-ce pas ? et lui direz tout ce que je n'ai pu lui dire cette nuit, moi !

— Je te le promets, — lui répondis-je, — mais apprends-moi donc quel est ce Raymond. et pourquoi cet homme paraît te haïr ?

— Ne m'avez-vous pas entendue l'appeler monsieur de Beaury ?

— Oui.

— Ce nom ne vous rappelle-t-il pas un certain gentilhomme de mauvaise mœurs, qui habitait jadis Rochefort et que mon père dut mettre à la porte de sa maison.

— Effectivement.

— C'est lui. Le misérable s'est fait l'un des séides du gouvernement révolutionnaire. De sans-culotte, il est devenu gendarme quand on a formé un escadron à la Rochelle. Cet homme qui haïssait mon père, me hait maintenant. Depuis deux semaines sa brigade est à Courzon où il commande. Vous l'ignoriez ?

— Effectivement, j'avais été absent depuis douze jours ; j'avais passé ces douze jours auprès d'Anna et j'étais revenu seulement chez Coralie la veille.

— Ah ! dis-je, je comprends la hideuse conduite de cet homme, mais ce que je comprends moins, je l'avoue, c'est l'admirable conduite du magistrat qui vient de nous quitter. Demain j'irai à Courzon, je verrai cet homme, je le remercierai comme il faut qu'il soit remercié, et à mon retour je te répéterai ce qu'il m'aura dit.

— Oui, dit Coralie. Je ne comprends pas non plus, car je ne le connais pas... et cependant...

— Quoi donc ?... — demandai-je en la voyant s'arrêter.

— Il me semble... en réfléchissant... mais non, je ne l'ai jamais vu.

— T'a-t-il dit son nom ?
— Non, mon oncle.

XXVIII

LE PROCUREUR DE LA COMMUNE

— Le lendemain, — poursuivit M. de Coulanges, —

je me rendis à Courzon auprès du procureur de la commune.

Le magistrat me reçut avec le plus gracieux empressement, et, éloignant tous ceux qui nous entouraient, il demeura seul avec moi. Aussitôt je lui pris les mains et je voulus le remercier, mais il arrêta la parole sur mes lèvres.

— Ne me remerciez pas, dit-il.

Je crus à une fausse modestie, et comme j'allais insister :

— Ne me remerciez pas, — répéta-t-il d'un ton tellement net que je le regardai avec étonnement, sans oser insister, cette fois.

Un silence suivit cet échange de paroles, silence qui avait quelque chose d'embarrassant pour nous. Enfin le procureur de la commune me regarda fixement :

— Monsieur, me dit-il, comme je n'ai jamais trompé personne, je ne veux pas qu'un jour vous puissiez m'accuser de vous avoir celé la vérité.

— Comment ! — dis-je fort étonné de cet étrange début.

— Vous voulez savoir pourquoi j'ai agi hier ainsi que je l'ai fait, je vais vous le dire, monsieur. Bien que madame votre nièce ne me connaisse pas, il y a cinq ans que j'ai eu l'honneur de la voir pour la première fois. Depuis le jour où je l'ai vue, je l'ai aimée.

Je regardai mon interlocuteur probablement avec une expression de stupéfaction bien grande, car il sourit en ajoutant :

— Madame de Préchamps est assez jolie pour que ce que je vous dis là ne puisse trop vous surprendre. Je l'ai donc aimée. Seulement comme je la savais encore sous le coup de la douleur la plus poignante et la plus légitime, je m'abstins non-seulement de chercher à lui faire connaître cet amour, mais même de me trouver jamais face à face avec elle.

J'avais peur qu'elle ne me devinât, qu'elle ne me repoussât, et la pensée d'encourir sa haine et son mépris était au-dessus de mes forces.

Je me contentai de la voir le plus souvent qu'il m'était loisible. La concentration de cet amour le développa, loin de l'étouffer.

Vous exprimer ce que j'ai souffert, je ne le tenterai pas ; ce que je puis vous dire seulement, c'est qu'il y a quelque temps, en apprenant les dangers affreux auxquels s'exposait votre nièce dans sa générosité, je résolus de tout faire pour la préserver.

Je courus à La Rochelle, j'allai à Paris, partout j'intriguai, je remuai et je parvins à me faire nommer procureur de la commune à Courzon, avec des pouvoirs assez étendus pour être à peu près certain de répondre de la sécurité de celle que je veux préserver.

Vous avez vu ce que j'ai fait cette nuit. Je vais aujourd'hui même obtenir, par certains moyens qui me sont propres, le rappel à Paris de ce citoyen Raymond qui peut vouloir nuire à madame de Préchamps.

Maintenant, monsieur, puisque vous avez bien voulu être l'interprète de madame votre nièce auprès de moi, veuillez devenir le mien auprès d'elle.

Dites-lui qu'à partir de cette heure je suis à sa discrétion pour l'aider dans l'accomplissement de ses bonnes œuvres. Passe-ports, moyens de fuite, tout ce que je pourrai employer pour ses protégés, je l'emploierai. Tout ce que je lui demande en échange, c'est de me permettre de la voir quelques fois, de me regarder comme son ami le plus fidélement dévoué, et de se servir de moi avant tout et tous, quand il s'agira d'être de moitié dans une de ses bonnes actions.

Je regardai le procureur sans lui répondre. Ce que disait cet homme était vrai, je le sentais, et j'éprouvais pour lui un violent sentiment de sympathie et d'admiration, car il était impossible, dans ce temps de terreur et de sang, de jouer sa vie avec autant de calme et d'abnégation.

Je lui tendis les mains, il me donna les siennes. J'avais des larmes dans les yeux. Il était très-ému :

— Votre nom ? lui dis-je.

— Delarive, me répondit-il.

— Delarive ! m'écriai-je, mais ce nom est celui d'un des plus riches propriétaires de l'Angoumois.

— Moi seul porte ce nom dans la province, dit-il en souriant, et effectivement, avant cette époque de perturbation, ma fortune était fort belle.

— Monsieur, lui dis-je, je vais répéter textuellement à ma nièce la conversation que nous venons d'avoir.

Il parut violemment impressionné :

— Je viendrai vous rendre sa réponse, ajoutai-je en prenant congé.

Quelques heures après j'étais chez Coralie, et elle savait tout.

— Mon oncle, me dit-elle après m'avoir attentivement écouté, retournez demain à Courzon et amenez-moi M. Delarive.

Le lendemain je les présentai l'un à l'autre. Coralie tendit la main au procureur :

— Je n'ai que mon amitié à vous donner, dit-elle, et je suis fière de vous l'offrir.

A partir de ce jour, Delarive vint souvent voir son amie. A eux deux ils sauvèrent, en onze mois, plus de deux cents femmes et de cent-cinquante hommes, prêtres et laïques. Cette association de générosité, ce risque perpétuel de la vie fait en commun, avaient cimenté l'affection que tous deux ressentaient l'un pour l'autre.

En connaissant davantage M. Delarive, je l'aimai. Ma sœur l'apprécia et l'aima.

Lorsque le calme revint dans le pays après le 9 thermidor, nous retournâmes à Rochefort. Delarive vint s'y établir.

Mais là, une douleur nouvelle devait nous frapper. Anna qui depuis la mort de son mari avait toujours eu une santé languissante, s'éteignit dans nos bras.

Avant de mourir, elle avait fait appeler près d'elle Coralie et Delarive et prenant leurs mains qu'elle unit :

— Soyez mon fils ! dit-elle à Delarive, et ayez soin de la fortune de votre frère.

Elle me regarda :

— Mon frère est un vieillard, — ajouta-t-elle, vous êtes jeune encore, vous !

Et comme sa voix s'affaiblissait !

— Je vous laisse tout ce que j'aime ! balbutia-t-elle en poussant doucement dans les bras de celui qu'elle appelait son fils, Coralie et Albert...

Elle mourut ainsi !

Que vous dirais-je, monsieur, que vous ne puissiez deviner ? Cela se passait il y a quatre ans, en 179..., Coralie avait trente-sept ans. Il y avait seize ans qu'elle était veuve. Elle était belle... comme elle l'est encore... Peu à peu l'attachement qu'elle éprouvait pour M. Delarive se transforma en affection plus tendre.

— Enfin, elle l'épousa ! interrompit Armand Lourmel.

— Elle l'épousa, et comme mariage d'argent, ce mariage était alors fort avantageux pour Coralie, puisque, ruinée par la révolution, elle avait seulement dix mille livres de rente, et M. Delarive en avait plus de soixante mille.

— Oui, mais deux ans et huit mois après le mariage, le jeune frère mourait et toute l'immense fortune de M. Derrieux revenait à sa fille.

— Cela est vrai, Albert est mort il y a quatorze mois, laissant sa sœur seule et unique héritière.

— De biens valant près de trois millions !

— Vous dites vrai.

Les deux hommes se regardèrent fixement. Un profond silence régna dans la pièce :

— Vous avez fini ? — dit enfin Armand.

— Oui ! — répondit monsieur de Coulanges.

— Vous avez dit tout ce que vous aviez à me dire ?

— Pour le moment, oui.

— Comment ? Y a-t-il donc autre chose à dire encore ?

— Peut-être !

— Qu'est-ce donc ?

— Vous le saurez quand il faudra que vous le sachiez. Je vous ai dit ce que je devais vous dire, maintenant, à mon tour, je vous écoute.

— Oh ! je serai bref ! — dit Armand en croisant ses jambes l'une sur l'autre.

Tout ce que vous avez dit jusqu'à l'embarquement de M. de Préchamps dans la barque de plaisance est parfaitement exact. Là seulement, il y a erreur grave. La tempête eut lieu, en effet : la barque fut coulée, cela est vrai, mais le jeune matelot ne se sauva pas seul.

M. de Préchamps put lutter contre les flots et il rencontra à portée de son bras une esparre sur laquelle il parvint à s'attacher.

La mer furieuse l'entraîna au large, le balottant et menaçant à tout moment de le faire disparaître à jamais.

Ce supplice dura plus de vingt-quatre heures, au bout desquelles Louis de Préchamps s'évanouit. On a pu le croire mort, car lui aussi se crut mort.

Heureusement il n'en était pas ainsi. Quand Louis revint à lui, il était sur le pont d'un navire, entouré de matelots qui lui prodiguaient leurs soins.

C'était un navire hollandais allant aux Indes qui l'avait recueilli.

Louis demeura à bord, et une fois guéri il paya son service en travaillant. Débarqué à Madras, il y séjourna longtemps, car il n'avait aucun moyen de sortir de ce pays et de revenir en France. Il dut vivre là de son travail. Les années se passèrent...

— Enfin, il est revenu en France ! interrompit M. de Coulanges.

— Oui ! il est revenu ! répondit simplement Armand, et la preuve qu'il est revenu, c'est qu'il a en ce moment l'honneur de vous présenter ses très-humbles hommages, monsieur de Coulanges !

Et se levant avec une expression de politesse dérisoire, Armand s'inclina.

— Asseyez-vous ! — dit froidement M. de Coulanges, — nous n'avons pas encore fini.

— Parbleu ! je le sais bien.

— Oh ! vous ne me comprenez pas !

— Comment ?

— Je comprends, au ton que vous prenez, ce que vous voulez de moi, et pour vous éviter une prétention inutile, je veux vous éclairer mieux encore que je ne l'ai fait.

— Parlez, monsieur !

— Parmi les domestiques que ma sœur avait gardé à son service, depuis de longues années, était cette Claire qui en 1780, avait failli causer la mort de sa maîtresse, en mettant par imprudence le feu au château. Cette fille paraissait, surtout depuis le veuvage de Coralie, avoir pour madame Derrieux l'attachement le plus profond.

Lorsque Coralie était revenue après le fatal événement, Claire avait paru tellement frappée par le récit de ce drame terrible, qu'elle en avait fait une maladie dangereuse.

Revenue à la santé, elle était demeurée auprès d'Anna, s'occupant presque exclusivement d'Albert, et avec une telle sollicitude que ma sœur en mourant lui laissa une pension viagère, pension que Claire refusa obstinément et que je ne pus jamais lui faire accepter. Elle prétendait qu'accepter cette pension, c'était se retirer du service et elle ne voulait pas quitter Albert.

Ne pouvant lui faire entendre raison, on la laissa maîtresse d'agir comme bon lui semblerait.

Elle demeura près d'Albert.

Dire le dévouement sans bornes dont elle fit preuve durant la maladie du pauvre enfant serait chose impossible. Elle passa auprès de lui les cinquante-deux nuits qu'Albert eut à souffrir.

Albert mort, Claire s'affaissa comme un corps que le principe vital abandonne subitement. Quarante-huit heures après la mort de son jeune maître, elle était à l'agonie. Elle me fit demander.

Je me rendis près d'elle. Je la trouvai les yeux hagards, dans un état d'irritation extrême.

— Je veux vous parler !... — me dit-elle.

Je cherchai à la calmer.

— Il faut que je me confesse à vous, monsieur, — me disait-elle d'une voix rauque.

— Claire ! — lui dis-je, — ayez du courage.

— Oh ! disait-elle, en se tordant les mains. Je vais paraître devant Dieu. — Je serai jugée et j'irai dans l'enfer, — répétait-elle. Je sens déjà les flammes qui me brûlent... Oh ! j'ai peur...

Enfin elle se calma un peu, et se tournant vers moi :

— Monsieur, dit-elle, il faut que je vous dise tout avant de mourir. Il faut que vous sachiez la vérité.

— Qu'avez-vous fait ? — lui demandai-je, car l'état d'agitation dans lequel je la voyais, commençait à m'inquiéter singulièrement.

— Un crime !... — s'écria-t-elle. — Oui... un crime !.. j'ai été complice d'un crime !

Je reculai avec un sentiment d'épouvante.

— Oh ! — fit-elle en se cramponnant à moi, ne me fuyez pas ! Ecoutez-moi. Il faut que vous me pardonniez, car sans cela je serai damnée.

Je la pressai de questions.

— C'est lui qui est un misérable et un infâme, s'écria-t-elle.

— Qui, lui ?...

— M. de Préchamps !

— De Préchamps ! dis-je.

Cette fois je crus Claire complétement folle. Sans doute

mes regards exprimaient nettement ce que je pensais, car la malheureuse femme joignit les mains :

— J'ai toute ma raison ! — dit-elle. — Croyez-moi, monsieur !... Je dis la vérité... M. de Préchamps, celui qui a épousé mademoiselle, est le plus misérable des misérables ! C'est lui qui a fait mourir monsieur et qui a voulu faire mourir madame !

— Hein ? — dit Armand en bondissant sur sa chaise. — Cette fille a dit cela ?

— Oui ! — répondit M. de Coulanges en rivant ses regards sur ceux de son interlocuteur.

Armand soutint ce regard avec un aplomb extraordinaire, il ne sourcilla même pas ; se rasseyant tranquillement, il croisa de nouveau ses jambes et se renversant en arrière :

— Eh bien ! continuez, dit-il. Je vous écoute sans perdre un mot !

M. de Coulanges continua à regarder fixement son compagnon, puis après un long silence que celui-ci ne songea nullement à troubler :

— Aux paroles de Claire, je demeurai foudroyé, continua le vieillard, et m'avançant vers elle :

— Tu vas me donner les preuves de ce que tu viens de dire, m'écriai-je en la secouant violemment.

— Oui ! vous allez les voir ! me répondit-elle.

— Ah ! fit Armand en se renversant en arrière, elle avait des preuves de ce qu'elle disait. Parbleu ! ces preuves-là devaient être fort curieuses et je n'aurais pas été fâché de les voir.

— Mais... vous les verrez !

Armand, à son tour, regarda en face et fixement son interlocuteur.

— En entendant ce que me disait cette femme, poursuivit M. de Coulanges, une sinistre lueur se fit dans mon esprit. Il me sembla comprendre des monstruosités telles que je n'osai croire...

Enfin, dominant le tumulte de mes esprits, je revins vers la mourante :

— Parle ! lui dis-je. Explique-moi tout. Tu prétends que M. de Préchamps est un misérable assassin ?

— Oui ! — murmura la malheureuse femme. Et je suis sa complice !

Alors Claire, puisant des forces dans son énergie morale, me raconta en détail tout une horrible histoire.

Cette femme, que madame Derrieux avait prise à son service quelque temps après son mariage, et qu'elle avait toujours comblée de soins et entourée d'affectueuse sollicitude, cette femme avait tout d'abord éprouvé pour sa maîtresse une affection réelle. Jusqu'à l'époque du mariage de Coralie avec M. de Préchamps, Claire avait vécu comme une honnête femme et la calomnie même n'avait jamais pu élever la voix sur sa conduite.

M. de Préchamps, en épousant Coralie, était venu habiter avec son beau-père et sa belle-mère. Il avait avec lui à cette époque un valet de chambre nommé Paul, qui paraissait lui être profondément attaché.

Ce Paul, devint épris de Claire, il lui fit la cour et la malheureuse fille oublia ses devoirs en ajoutant foi aux promesses mensongères dont le berçait le vaurien.

Claire aima Paul et celui-ci dominant cette nature, se plut à développer en elle tout ce qu'elle pouvait renfermer de mauvais instincts.

Il réussit... Claire se laissa entraîner, et quand elle fut

prête à jouer le rôle pour lequel on l'avait si habilement préparée, Paul la conduisit à son maître.

Celui-ci voulait lui proposer de verser un poison violent dans le breuvage qu'elle préparait chaque matin pour M. Derrieux.

Claire comprit facilement quel intérêt puissant avait Louis de Préchamps à la mort de son beau-père.

C'était quelque temps après ce premier événement qui avait rendu si gravement malade ma sœur, et avait failli donner déjà un frère à Coralie.

La perspective de voir lui échapper cette fortune princière dont il avait rêvé la possession avait remué M. de Préchamps jusqu'au fond de l'âme.

L'accident qui avait failli tuer ma sœur et qui avait privé de la vie l'enfant avant qu'il fût au monde, et cet accident des plus ordinaires cependant, une chute, Claire affirmait que Louis en avait été l'auteur.

En tuant M. Derrieux, le mari de Coralie avait la sécurité dans l'avenir.

Il fournit une somme énorme à la malheureuse servante, celle-ci se laissa tenter...

Elle prit le poison et elle sut le verser si habilement à son maître, que le pauvre Derrieux mourut dans nos bras sans qu'aucun de ceux qui l'entouraient, l'assassin excepté, pût se douter de l'horrible attentat dont il était victime.

La mort de M. Derrieux fit déclarer la seconde grossesse de sa femme. Le monstre avait frappé inutilement.

Cependant il avait résolu de poursuivre son œuvre... Claire, entraînée sur la fatale pente, le servit encore... Ce fut elle qui, sur l'ordre de M. de Préchamps, alluma le feu dans la pièce voisine de la chambre à coucher d'Anna, et elle activa l'incendie en bouchant toutes les issues, mettant ainsi madame Derrieux dans l'impossibilité de se sauver elle-même et ne supposant pas que quelqu'un fut assez téméraire pour tenter de la sauver.

Dieu avait permis que j'accomplisse ce miracle...

Après l'événement de Port-Louis, Claire, demeurée seule auprès de sa maîtresse, car le valet de chambre Paul avait quitté la maison après la nouvelle de la mort de son maître, Claire se sentit en proie aux plus violents remords...

L'amour était parti, la raison revint. La malheureuse souffrit toutes les horribles tortures de l'enfer.

Vingt fois elle fut sur le point de tout dire à sa maîtresse, de se confesser, de demander à être punie, et chaque fois la parole s'arrêtait sur ses lèvres, car elle comprenait qu'en agissant ainsi elle allait raviver une douleur affreuse sans consolation pour personne...

Souvent elle voulait fuir cette maison où elle avait jeté le deuil et où cependant elle se sentait aimée, mais un charme tout puissant la retenait auprès de madame Derrieux, et elle n'avait pas plus le courage de fuir qu'elle n'avait le courage de parler.

Alors, Claire avait pris une résolution dénotant que la perversité ne s'était pas complétement emparée de son âme et qu'elle était encore capable de repentir.

Elle se promit de réparer le mal qu'elle avait fait par le bien qu'elle pourrait faire et par un dévouement sans bornes, absolu, ne reculant devant rien, envers madame Derrieux et son fils.

Claire avait tenu parole... Elle mourait victime de son dévouement pour le malheureux Albert qu'elle n'avait pu sauver cependant... mais au moment de mourir, les remords avaient de nouveau assailli son âme et elle avait cherché un refuge dans la confession.

Quand elle eut achevé, la force l'abandonna et elle mourut sans que je pusse prononcer une parole...

XXIX

LE RESSUSCITÉ

Je demeurai là, immobile, en présence de ce cadavre, et plongé dans un océan de réflexions lugubres.

Toute l'époque du mariage de ma nièce avec M. de Préchamps se retraçait devant mes yeux sous un aspect nouveau. C'était comme une lumière brillante succédant subitement à un épais brouillard. Durant ce brouillard, les objets m'étaient apparus sous des aspects que détruisait soudainement l'éclat des rayons lumineux.

Je me rappelai tout et j'envisageai tout sous un jour différent. Hélas ! ce jour-là était celui de la vérité.

Je compris que M. de Préchamps avait joué un jeu honteux en allumant dans le cœur de Coralie cet amour qui devait donner à l'homme richesse en échange de misère. Tous les détails de cette spéculation se révélèrent en moi, et je me pris à frémir en songeant que j'avais été presque l'ami de ce personnage.

Il avait par une comédie indigne, abusé de la confiance de M. Derrieux et de sa femme. Je vous le répète, je compris tout et, je l'avoue, monsieur, je bénis le Seigneur qui avait englouti dans les flots un pareil être !

Armand s'inclina avec un sourire froidement railleur.

— Vous ne me demandez pas de remercîment, à moi ? — dit-il.

— Vous devez comprendre, — poursuivit M. de Coulanges sans répondre à ce sarcasme, — vous devez comprendre, que je gardai le silence le plus absolu, et que je ne fis part ni à ma nièce, ni à son mari, de la confession de la malheureuse Claire.

Quelle nécessité y avait-il d'ailleurs à rendre ma nièce et son mari dépositaires de pareils secrets. N'eût-ce pas été les torturer à plaisir et sans utilité.

Le temps s'écoula, et je continuai à garder le silence. Cependant, ce que m'avait dit Claire me revenait sans cesse à la mémoire, et je cherchais, sans le trouver, le moyen d'avoir des renseignements nouveaux sur cet homme que j'avais nommé mon neveu, et sur la mémoire duquel nous avions tous versé des larmes sincères.

Il y a six mois, vers la fin de l'année 1799, en lisant les nouvelles arrivées du théâtre des guerres civiles en Vendée et en Bretagne, un nom me frappa. Ce fut celui de M. d'Almoy, chef royaliste commandant dans une partie de la Cornouaille.

— D'Almoy ! — me dis-je. — C'est cet officier qui eut jadis un duel avec M. de Préchamps, duel dont le résultat fut le mariage de Coralie. Oh ! celui-là doit connaître une partie du passé de cet homme.

A partir de cet instant, je n'eus plus qu'un désir : savoir ce que pouvait m'apprendre d'Almoy. J'avais songé à aller en Bretagne, mais ne pouvant quitter Coralie sans l'instruire de mes projets, je pris le parti d'envoyer auprès de M. d'Almoy un vieux serviteur qui est devenu pour moi le plus fidèle et le plus sûr des amis.

Il partit chargé d'une lettre pour le gentilhomme breton. Ambroise (c'est son nom) demeura plus de deux mois absent. Il revint à Paris. Je l'attendais avec une anxiété des plus vives. Quand il arriva en ma présence il était embarrassé, timide, inquiet :

— Eh bien ? — lui dis-je.

— Oh ! monsieur ! — balbutia-t-il en joignant les mains, — si vous saviez...

— Tu as vu M. d'Almoy ?

Il fit un signe négatif.

— Tu n'as pu le trouver ?... — repris-je.

— Non, monsieur... — mais si je n'ai pas vu M. d'Almoy, j'en ai vu un autre !...

— Qui donc ?

Ambroise baissa la tête sans répondre. Enfin, pressé de questions :

— J'ai vu... votre neveu !... — me dit-il.

— Mon neveu ? m'écriai-je. — Quel neveu ?

— Le mari de Madame... M. de Préchamps !

Je crus le pauvre Ambroise complètement fou, mais il ne l'était pas. Il m'expliqua qu'il existait en Bretagne un chef royaliste nommé d'Estourmal. Ce d'Estourmal se tenait d'ordinaire caché. Bien peu l'avaient vu. Ambroise l'avait rencontré, lui, et il avait failli tomber foudroyé. Il avait reconnu, bien que vingt ans eussent passé sur ses traits, celui qui avait été le mari de ma nièce et que tout le monde croyait mort.

Ce que me disait Ambroise fut pour moi un nouveau trait de lumière.

D'Estourmal était effectivement le nom de la famille maternelle de M. de Préchamps. Ce nom, il l'avait porté jadis dans sa jeunesse avant son mariage, à l'époque où il avait mené cette existence folle et dissipée dans laquelle il avait mangé sa fortune.

Comme chef de partisans, il avait dû reprendre ce nom

qui, tout en abritant celui qu'il devait porter, avait l'avantage d'être connu, dans une partie de la Bretagne.

Ainsi cet homme vivait ! Ainsi celui que nous croyions mort, sur lequel nous avions pleuré, existait encore ! Cette nouvelle, c'était un coup de foudre.

Je compris le sentiment auquel avait obéi cet homme. La tempête, en faisant sombrer la barque qu'il montait, l'avait épargné par miracle, comme elle avait épargné le jeune matelot de Port-Louis. Il avait été sauvé, mais voyant tous ses rêves détruits par la naissance d'Albert, reconnaissant l'inutilité des deux crimes accomplis et craignant peut-être de ne pouvoir en accomplir un troisième dans les mêmes conditions de sécurité, il avait résolu, le hasard étant pour lui, de profiter du hasard en se laissant passer pour mort.

Si Albert eût vécu encore, je n'eusse ressenti aucune crainte, mais Albert était mort, mais Coralie avait hérité des millions de son frère, je devais supposer que M. de Préchamps ferait tout pour se rapprocher de ces millions.

A partir de ce jour, je me tins donc sur le qui-vive, et vous voyez, monsieur, que j'ai agi sagement, puisque vous voici ! »

Armand sourit doucement, comme il semblait avoir l'habitude de sourire. Rien n'était plus ironiquement béat que ce pâle sourire.

— Monsieur, dit-il après un léger silence vous venez de parler avec une franchise qui me touche. A mon tour, je vais être aussi clair et aussi franc que vous l'avez été vous-même.

Tout d'abord, je ne relèverai pas une seule des accusations que vous avez portées contre M. de Préchamps. Cela nous entraînerait dans des discussions oiseuses d'ailleurs, et absolument inutiles au résultat de notre entrevue.

Voyons les faits. M. de Préchamps avait épousé mademoiselle Derrieux avec une perspective de trois beaux millions à recueillir un jour... Or, un hasard malheureux est venu subitement priver M. de Préchamps de ces trois millions au moment où il croyait les tenir.

Puis quand, depuis vingt ans, M. de Préchamps croit ces millions perdus à jamais, un autre hasard vient précisément mettre ces beaux millions à la portée de sa main.

Il a été la victime du premier hasard, il peut bien bénéficier d'un second. Ce n'est que justice. N'est-ce pas votre avis ?

— Donc, — dit M. de Coulanges, — que voulez-vous ?

— Rentrer en possession de ce qui m'appartient.

— En vérité ?

— Cela n'est-il pas naturel ! Coralie est encore charmante et je l'aime toujours La bigamie n'est pas précisément tolérée par nos lois et quand une femme a un mari, à moins de cas de divorce, elle ne peut en prendre un autre. Or, je ne sache pas qu'un cas de divorce ait été prononcé entre nous : donc Coralie ayant épousé M. de Préchamps, et ledit M. de Préchamps n'étant nullement décédé, Coralie doit tenir à la disposition de son seul époux légitime son cœur et sa fortune. Cela est parfaitement clair !

— Il y a quelque chose de plus clair encore ! dit M. de Coulanges.

— Qu'est-ce donc ?

— En vous voyant entrer chez moi à une heure où je ne m'attendais pas à votre visite, car je vous croyais encore en Bretagne, le premier mouvement a été la colère, le second, le calme et ce calme a dû vous prouver que j'avais tout préparé pour résister à votre attaque.

— Comment cela ? Permettez-moi de vous le demander.

— Si je vous ai raconté minutieusement tous les détails de la vie passée de ma nièce, c'était pour en arriver à cette conclusion :

— Vous êtes l'assassin de l'homme dont vous avez épousé la fille, et vous avez tenté un autre crime en voulant assassiner la mère de votre femme. Vous êtes un misérable qui n'avez obéi qu'à un ignoble sentiment d'intérêt.

Un acte de justice du ciel a délivré ma nièce de l'opprobre de votre union. Aujourd'hui, Coralie est la femme d'un honnête homme qu'elle aime !

Et vous osez venir ici en pensant que vous romprez cette union nouvelle ! Vous osez supposer que celle que vous avez si lâchement trompée et que vous avez faite orpheline, va replacer sa main dans la vôtre ? Allons donc ! vous êtes fou ! A côté du crime il y a la punition, et si vous avez dans la main le poignard qui frappe, j'ai, moi, dans la mienne le glaive qui châtie !

Armand avait écouté cette sortie vigoureuse avec le plus imperturbable sang-froid. Quand M. de Coulanges eut achevé avec un geste énergique, il sourit encore :

— Bah ! — fit-il. — Ce sont des mots que tout cela !

M. de Coulanges se leva en tirant vivement le tiroir d'une table :

— Monsieur, — dit-il, — si je n'avais pas la ferme conviction que ma nièce n'a rien à craindre de vous, je vous donne ma parole d'honnête homme, que je vous brûlerais la cervelle, ici même, sur l'heure, sans hésiter !

Et le vieillard leva un pistolet qu'il laissa retomber.

— Me tuer ! — dit Armand qui n'avait pas sourcillé. — Vous en eussiez été fort peiné après, je vous le jure !

— Cessons cette conversation ! — dit M. de Coulanges. — Il y a trop longtemps qu'elle dure. M. de Préchamps est mort, bien mort ! Tous les actes qui constatent cette mort, ont été légalement dressés : je les ai tous ! Ma nièce en se remariant a produit l'acte de décès de son premier époux. Or, il se présente aujourd'hui, après vingt ans, un homme qui se prétend être M. de Préchamps. J'affirme, moi, que cet homme est un imposteur ! J'ai en main toutes les pièces prouvant la véracité de mon assertion. Quelles preuves cet homme a-t-il pour faire constater son identité ? Répondez.

— Aucune, je l'avoue humblement ! — dit Armand avec son inaltérable sourire.

— Il n'a aucun papier constatant son individualité, je le reconnais ; personne ne peut affirmer qu'il est autre que ce qu'on l'accusera d'être.

— Alors, que prétendez-vous ?

— Je prétends maintenir mes prétentions !

— Comment ! vous osez ?

— Monsieur ! — dit Armand en se levant, — vous croyez savoir bien des choses, mais vous ne savez pas tout.

— Que voulez-vous dire ?

— Que le miracle qui a permis que la tempête du 14 décembre 1780 n'engloutît pas tous ceux qui montaient la petite barque de Port-Louis, a été plus grand encore que vous ne pensez. Il n'y a pas que le matelot et moi qui ayons échappé au désastre, monsieur, il y en a eu d'autres, et ceux-là ce sont les deux jeunes enfants, c'est Alexis et Annette !

— Quoi ! — fit M. de Coulanges en poussant un cri sourd. — Que dites-vous ?

— Ce qui est !

— Alexis et Annette ont échappé !

— Oui !

— Oh ! ce n'est pas possible ! Eux ! pauvres enfants !...

— Ils ont été sauvés !..

— Et ils vivent !

— Oui !

— Monsieur ! monsieur ! que dites-vous là ! — s'écria le vieillard en proie à l'agitation la plus vive.

— Je vous dis ce qui est, ce que j'ai constaté moi-même. Ces deux enfants vivent, ils existent, mais ils ignorent complétement qui ils sont. Celui-là même qui les a recueillis et les a élevés, celui-là, qui est mort depuis peu, ignorait lui-même qui ils étaient. Un hasard m'a fait découvrir la vérité !

— Oh ! — s'écria M. de Coulanges. — Où sont-ils ?

— Moi seul le sais.

— Ah ! — fit M. de Coulanges redressant la tête.

— Vous comprenez ? — dit froidement Armand.

— Oui ! vous savez combien Coralie aimait ces enfants. Quelle douleur affreuse a été la sienne, en les croyant perdus. Vous savez encore combien je les aimais.

Puis après un silence :

— Que demandez-vous en échange du secret que vous avez ? — reprit M. de Coulanges.

— Les trois millions de madame votre nièce... répondit nettement Armand.

— Ah ! fit M. de Coulanges avec un geste de dégoût.

— Que voulez-vous? Je me sacrifie ! Vous m'avez dit que Coralie était fort heureuse avec M. Delarive. Si je consens à ne pas troubler son bonheur en continuant à passer pour mort, si je consens à me séparer à jamais de ces enfants dont un hasard m'a rapproché, il me faut une compensation, cela n'est que trop juste.

Et se levant brusquement :

— Monsieur, — ajouta-t-il du ton le plus incisif, — il me faut les trois millions laissés par Albert, il me les faut ! sinon jamais vous ne saurez quels sont les enfants de votre nièce, jamais eux-mêmes ne sauront qui ils sont... Et, — ajouta encore Armand en se penchant, — je vais vous faire une dernière confidence... c'est que M. d'Almoy est mort... Donc vous n'avez plus rien à apprendre sur moi que ce dont je vous ferai confidence. Maintenant, monsieur, que nous nous sommes tout dit et que nous n'avons plus rien à nous dire, pour le moment du moins; veuillez me permettre de prendre congé de vous en vous souhaitant toutes sortes de félicités. J'aurai le plaisir de vous revoir incessamment. Puisque vous allez voir ce matin votre chère nièce, faites-lui confidence d'une partie de notre conversation et insistez surtout sur le dernier point : les trois millions en échange du secret des enfants... sinon les enfants sont morts et bien morts!

Et saluant profondément M. de Coulanges, Armand tourna sur ses talons et quitta la pièce sans attendre que le vieillard lui répondît. Au bruit des pas d'Armand. un valet se précipita et éclairant sa marche, voulut le reconduire jusqu'à la porte de la rue ; mais après avoir fait quelques pas dans le grand salon, Armand s'arrêta soudain.

— Attends ! — dit-il d'un ton de maître au valet qui demeura immobile.

Revenant sur ses pas, il entr'ouvrit la porte du cabinet de M. de Coulanges. Celui-ci était encore à la même place, les bras pendants, les mains jointes, dans la position d'une homme frappé de stupeur.

— J'ai fait un oubli, — dit Armand en glissant seulement sa tête par l'entrebaillement de la porte sans entrer. — Quand je me suis embarqué avec les enfants, j'avais mis dans la poche d'Alexis quelques papiers enfermés dans une enveloppe de parchemin ; sur cette enveloppe il y avait écrit de ma main : « *Défense de jamais briser ces cachets, à moins que celui qui les a apposés ne se présente.* » Je suis certain que jamais Alexis n'a enfreint cet ordre, il a encore cette enveloppe intacte, et voulez-vous savoir ce qu'elle contient ? Ce sont des actes pouvant prouver facilement mon identité... Maintenant, cher monsieur, au revoir !

Et refermant vivement la porte, Armand disparut. Cette fois il traversa les appartements sans s'arrêter, et il quitta l'hôtel.

M. de Coulanges était tombé dans un fauteuil, il demeura quelques instants immobile et silencieux, mais se redressant soudain en frappant ses mains l'une contre l'autre :

— Ces enfants vivent, s'écria-t-il. — Il a dit vrai !... oh ! Alexis ! Annette !... vous que j'ai tant aimés, vous que votre mère adorait !... Non ! cet homme ne saurait mentir en parlant ainsi, car dans quel but mentirait-il ? N'arriverais-je pas à connaître ce mensonge ? Il n'a aucun intérêt... à moins cependant, — continua le vieillard en réfléchissant, — qu'il veuille nous tromper sur l'identité de ces enfants... mais j'ai un moyen infaillible... Cette blessure qu'Alexis s'est faite au bras étant enfant, et dont la trace ne saurait s'effacer... Ah! cet homme ignore que cette cicatrice me servira puissamment!... Oui! je saurai s'il veut nous tromper...

Et il se promena sans plus formuler un seul mot durant quelques minutes.

— Non! — dit-il en s'arrêtant. — Il n'a pas pu mentir. Il est trop adroit pour n'avoir pas supposé que je ne me laisserais pas tromper... Ces enfants vivent!... Ils existent!.. cet homme a dit vrai!...

Puis reprenant sa marche d'un pas brusque et saccadé :

— Et dire, — s'écria-t-il avec une fureur sourde, — que j'ai les mains étroitement liées, que je ne puis punir ce misérable, le démasquer, le livrer à la justice! Dire que pour que ma nièce soit heureuse il faut que cet homme, cet assassin vive tranquillement, sans inquiétude... Oh! ma pauvre Coralie!..

Le vieillard se redressa subitement :

— Ah! — reprit-il en changeant de ton. — Je comprends pourquoi elle s'est évanouie!... Ce misérable a dû se faire voir à elle!..

Et agitant violemment une sonnette :

— Ma voiture! — cria le vieillard au domestique qui entra.

XXX

LE VIEILLARD.

« La formation d'une grande ville est lente et progressive comme un terrain d'alluvion, — a dit un écrivain. — Et certes cet écrivain avait raison de le dire, car pour que

Lutèce enfanta le Paris moderne, il a fallu quelque chose comme dix-huit siècles et demi.

Et que de transformations en l'espace de ces dix-huit siècles et demi. Oh! si l'empereur Julien pouvait revivre! Le voyez-vous revenant dans sa chère *petite Lutèce* où il se plaignait de passer si *froidement* et si *mesquinement* l'hiver.

Qu'aurait dit Philippe Auguste des travaux de François Ier, et que dirait Louis XIV, le roi magnifique, en voyant le Paris de Napoléon III? Que dirait sa magnificence renommée en présence de notre splendeur moderne.

C'est que Paris se fait beau, se nettoie, se pare, se décore, se rajeunit de jour en jour, effaçant ses rides et ses cheveux blancs comme cette vieille femme qu'une bonne fée touche de sa baguette magique pour en faire une jeune et splendide beauté.

Sans doute il est agréable d'habiter maintenant des maisons aérées, propres, saines, commodes, dans des quartiers élégants et salubres, dans des rues spacieuses, sur des boulevards magnifiques, mais n'est-ce pas aussi un spectacle pittoresque et attachant que celui des vieux quartiers décorés de vieux édifices, noirs et pleins de vieilles illustrations.

Sans doute, une ville du moyen-âge comme on en trouve encore sur les bords du Rhin, est invariablement boueuse, puante, sombre et triste avec ses ruelles qui serpentent et se mêlent, ses pignons qui surplombent, ses gouttières qui s'allongent en gorgones, ses façades surchargées d'ornements, de sculptures, et ses églises enfumées par les siècles. Sans doute encore, Bingem, Nuremberg, Heidelberg, Cologne, malgré leurs trésors d'art et leur parfum d'ancienneté, n'invitent pas tout le monde à résidence, mais il y a beaucoup à savoir, beaucoup à voir; dans ces demeures intactes des hommes d'autrefois, on dirait que les murs ont retenu l'écho du passé, et l'imagination est frappée en même temps que les yeux.

Aussi n'est-il pas amusant, intéressant d'une façon inépuisable, de reconstruire le vieux Paris au milieu du Paris moderne. Je crois déjà l'avoir dit, mais je ne crains pas de le répéter, il n'est peut-être pas de travail plus agréablement curieux que celui qui permet, après avoir parcouru toute une journée, nos admirables grandes lignes, nos voies majestueuses, nos promenades verdoyantes, de refaire, le soir, par la pensée, une promenade dans la vieille cité d'autrefois.

Vous figurez-vous nos aïeux allant cueillir des roses rue *Champfleur*, des raisins rue des *Vignes*, des cerises rue de la *Cerisaie* (cerise aigre). Les voyez-vous allant s'étendre sur l'herbe de la rue *Verte*, acheter de la marée chez les marchands de la rue *Poissonnière*, des fromages rue du *Foin*. Vous les figurez-vous revenant dans nos squares et nos boulevards, comme notre grand-père retournant place du Carrousel.

Paris a été fortifié à diverses époques depuis le siége de Jules César jusqu'à celui de Henri IV, et des trois enceintes successives qui l'ont entouré pendant la domination romaine, sous Philippe-Auguste et sous Charles V, on retrouve à peine quelques pans de murs masqués de maçonnerie moderne, quelques tonnelles enfoncées dans les arrière-cours et les jardins, mais on retracerait presque les limites de la dernière clôture en se guidant d'après les rues des *Fossés-saint-Victor*, des *Fossés-Monsieur-le-Prince*, des *Fossés-Saint-Germain-l'Auxerrois*, des *Fossés-Montmartre*, des *Fossés-du-Temple*, de la *Contres-*

carpe, du *Rempart*, de la *Traversière* qui permettait de *traverser* le fossé. Or, qui est-ce aujourd'hui qui en traversant cette rue *Traversière* (devenue rue *Fontaine-Molière*), s'arrête à l'endroit où Jeanne d'Arc qui sondait avec sa lance l'eau du fossé dans l'espoir de passer jusqu'au mur avec les troupes de Charles VII, eut les deux cuisses percées d'un trait d'arbalète ?

Personne assurément et je ne crains pas d'être démenti en l'affirmant.

Cette rue Traversière, l'une des plus vieilles de Paris, venait aboutir, dans la première année du siècle, en face le vieux bâtiment des écuries du Roi, devenues écuries du premier Consul. Tortueuse, montueuse, sale et peu éclairée.

La nuit qui avait suivi l'installation définitive au palais des Tuileries du héros que la France acclamait, la rue Traversière pouvait encore paraître d'autant plus sombre et plus noire, que par suite des illuminations de la soirée, elle avait eu durant quelques heures l'aspect réjouissant d'une rue chaudement éclairée. Mais les lampions usés et éteints, la rue avait été de nouveau enveloppée dans l'épais manteau des ténèbres.

C'était cependant dans cette rue que venait de s'engager l'étrange personnage dont M. de Coulanges avait été contraint de subir la visite.

En quittant le petit hôtel de la rue du Bouloi, Armand Lourmel (car il faut continuer à le nommer ainsi puisqu'il ne paraissait pas être connu à Paris sous un autre nom), Armand Lourmel avait descendu la rue Croix-des-Petits-Champs d'un pas ferme et rapide.

Arrivé rue Saint-Honoré, il avait brusquement tourné à droite et longeant la façade du ci-devant Palais-Royal, devenu Palais-Egalité, puis Palais-National, et enfin, depuis deux mois Palais du Tribunat, il avait traversé la rue du Rempart, la rue des Boucheries (depuis rue Jeannisson), et, tournant à droite cette fois, il s'était brusquement engagé dans la rue Traversière.

Sans ralentir sa marche, il avait remonté rapidement cette rue jusqu'à la hauteur de celle du Clos-Gorgeau. Là, il s'était arrêté et, se collant le long des murailles bordant le côté gauche, il avait attentivement examiné une maison qui se dressait fièrement en face de lui.

Cette maison, haute de sept étages, avait un peu l'aspect d'une citadelle, mais d'une citadelle inhabitée, car pas une lumière ne brillait derrière les vitres étroites des fenêtres à guillotine, et la maison, si elle n'était pas plongée dans le silence de l'abandon le plus complet, l'était certes dans celui du sommeil.

Armand plongea la main dans la poche de son gilet et il en tira un objet qu'il porta à ses lèvres. Au même instant, un son doux et modulé retentit. On eut dit le cri d'un oiseau effrayé et qui demande aide et protection.

Ce cri poussé, Armand attendit... Rien ne lui répondit. Une seconde fois il reporta sa main droite à ses lèvres, et le même cri d'appel plaintif retentit doucement... Puis à ce second cri en succéda un troisième.

Ces trois cris poussés dans le silence de la nuit, Armand croisa lentement ses deux bras sur sa poitrine, et il parut attendre sans plus vouloir renouveler le signal.

Le dos appuyé contre la muraille, les bras croisés sur sa poitrine, il avait les yeux invariablement fixés sur la façade de la haute maison.

Après plusieurs minutes d'attente, une pâle lueur éclaira faiblement une fenêtre... et une ombre passa entre cette lueur et le rideau léger de la fenêtre. Cette ombre repassa une seconde, puis une troisième fois...

Un nouveau temps s'écoula : la lumière s'éteignit et se ralluma tout à coup.

Alors Armand traversa la rue et vint appuyer la main sur la porte bâtarde qui donnait accès dans la maison. Cette porte céda aussitôt et s'ouvrit sur un corridor sombre et noir dans lequel cependant Armand s'engagea sans hésiter.

Il referma la porte et, suivant la muraille avec la main, il rencontra une grosse corde à puits servant de rampe. S'engageant dans l'escalier dont il venait de franchir les premières marches, il atteignit vivement le deuxième étage.

Une porte était percée à gauche : Armand la rencontra en étendant les mains. La clef était dans la serrure, Armand fit jouer cette serrure et il entra...

La pièce dans laquelle il se trouvait était doucement éclairée par une sorte de petite lampe veilleuse.

Cette pièce, fort pauvrement meublée, donnait sur la rue. Armand referma la porte après avoir enlevé la clef qu'il replaça dans la serrure, mais à l'intérieur, et il demeura debout, immobile, au milieu de la pièce.

— Un petit cri lointain, sorte de vagissement plaintif, retentit aussitôt. Armand s'avança vers une autre porte placée en face de lui. Il ouvrit cette porte et entra dans une seconde pièce tout aussi mesquinement meublée que la première.

Cette pièce, éclairée comme l'autre et dans une sorte de demi-teinte, n'était pas d'apparence plus élégante.

Armand referma la porte. Puis, il prit un siége, s'y installa et attendit. Durant un quart-d'heure le silence le plus profond, le plus absolu, le plus solennel régna dans cette pièce. Le seul bruit qu'on entendit régulièrement était celui de la respiration du nocturne visiteur.

Tout à coup un bruit sourd retentit... Le froissement d'étoffes brusquement écartées parvint jusqu'à Armand, et une porte absolument et artistement dissimulée dans la muraille s'ouvrit, un homme entra.

Cet homme avait un aspect étrange. C'était un vieillard paraissant avoir atteint les dernières limites de la vie humaine, mais conservant cependant jusqu'à la fin toute l'apparence de la vigueur musculaire.

C'était un homme qui avait dû être de très-haute taille, mais qui maintenant était à demi-voûté, ce qui le rapetissait singulièrement. Il était maigre, décharné, mais on devinait que cette maigreur, cette sécheresse, ce décharnement étaient moins le résultat de la faiblesse causée par l'âge que celui d'une constitution essentiellement nerveuse et énergique.

Sa tête entourée d'une forêt de cheveux argentés, était de forme longue. Ses yeux étaient grands, largement ouverts, ses prunelles d'une nuance gris-vert pâle et moirée comme celles des bêtes fauves, jetaient par moments des feux extraordinaires et par d'autres se voilaient et devenaient stupidement ternes, sans expression.

Les traits avaient dû être beaux. Le nez était droit et bien fait, le menton puissamment accusé, la fossette profonde, la bouche bien fendue, mais les joues étaient creuses, les lèvres décolorées, les narines pincées, les dents ébréchées et noircies, et les rides les plus accusées traçaient leurs sillions profonds sur le front, sur les yeux, sur le cou. Et cependant, en dépit de ce cachet de la vieillesse, l'expression de la physionomie était, par instant, vive, animée, intelligente. Par d'autres aussi, il faut le dire, cette vivacité, cette anxiété, cette intelligence expressive s'éteignaient pour faire place à une placidité voisine de l'idiotisme.

Le torse était puissamment développé, et en dépit du maintien voûté, il décélait encore une constitution puissante. Les bras et les jambes étaient d'une longueur un peu en dehors des proportions ordinaires, les mains étaient sèches, les doigts osseux.

Le vieillard était vêtu de noir des pieds à la tête : tout son costume était en gros drap, la coupe de ce costume était des plus simples : pantalon, gilet et veste ronde descendant au-dessous des hanches avec une cravate de laine noire aux deux bouts flottants sur la poitrine.

Ainsi vêtu, avec son maintien courbé, sa chevelure argentée, sa longue barbe qui, bien que rasée au menton et autour des lèvres, descendait encadrant le visage, jusque sur la poitrine, ce vieillard avait une ressemblance presque parfaite avec ces portraits des vieux juifs du moyen-âge, ces Shylocks dont Schakspeare a tracé un portrait si fidèle qu'il est demeuré type.

En voyant entrer cet homme, Armand n'avait pas fait un mouvement ni prononcé un mot. Le vieillard referma la porte secrète par laquelle il avait eu accès dans la pièce, puis faisant un signe de la main droite :

— Tu l'as vu ? — demanda-t-il simplement et en prenant un siége qu'il plaça en face de celui d'Armand Lourmel et sur lequel il prit place.

— Oui ! — répondit Armand.

— Vous êtes restés tout ce temps ensemble, chez lui ?

— Oui.

— Peste ! vous en aviez long à vous dire, à ce qu'il paraît.

— Fort long, effectivement.

— Eh bien ?

— Il est très-fort !

— Ah ! ah !

— Très-fort ! très-fort !

— Eh ! eh ! je te l'avais dit et tu ne voulais pas le croire.

— Comment se fait-il que vous le connaissiez beaucoup mieux que moi, vous qui ne l'avez jamais vu, tandis que j'ai vécu, moi, auprès de lui ?

Le vieillard haussa les épaules avec une expression ironique :

— Comment se fait-il que tu m'obéisses comme le fils doit obéir à son père, quoique nous ne soyons nullement parents et que tu ne me connaisses que depuis peu de temps.

Armand courba la tête :

— C'est vrai, — dit-il, — il y a des choses que vous seul pouvez expliquer.

— Aussi ne s'agit-il pas de ces choses-là, donc, tu as vu M. de Coulanges et tu le trouves très-fort ?

— Oui.

— Je suis de ton avis, — après ?

— Il savait que j'existais.

— Je t'avais prévenu.

— C'est encore vrai ; vous êtes infaillible.

— Ensuite ? — dit le vieillard avec le même sourire amèrement railleur qui avait déjà éclairé sa physionomie.

— Il avait préparé ses batteries, car il pensait qu'il me verrait un jour ou l'autre.

— Conclusion ?

— Il refuse de me reconnaître, croyant que je n'ai rien qui puisse prouver mon identité, rien, absolument rien.

— Ah ! ah ! c'est effectivement ce qu'il avait de plus simple à faire. Ensuite ? — qu'as-tu répondu, toi ?

— Que les enfants vivaient !

— Alors ?

— Grande émotion ! Je commençais à reprendre l'avantage ; je le compris ; je pressai... j'allai... je parlai et, quand j'ai vu l'émotion atteindre à son comble, quand j'ai deviné qu'il y avait ébranlement moral, je suis parti en laissant pour adieu la menace d'éteindre avec moi le secret des enfants ; et en parlant des papiers placés dans la poche de mon fils Alexis.

— Et tu es parti là-dessus ?

— Oui !

— Sans attendre de réponse et sans ajouter un mot ?

— Oui.

— Belle sortie ! Talma n'aurait pas fait mieux.

XXXI

LE MAITRE

Un long silence régna daus la pièce.

Armand, le front penché avait l'expression de la physionomie soucieuse et inquiète. Il paraissait tristement occupé ; il semblait mécontent de lui-même.

Le vieillard concentrait évidemment en lui toutes ses pensées, mais son visage impassible et grave ne révélait en rien le travail qui devait s'accomplir dans son esprit.

Cependant il redressa lentement son front plissé, et caressant sa barbe de la main droite en enroulant les doigts dans l'extrémité des longues mèches flottantes :

— Tout cela, — dit-il d'un air sarcastique, ne nous met pas en possession des trois millions de ta femme !

— Mais cependant... commença Armand.

— Cependant quoi? — interrompit le vieillard.

— Tu sais où sont les millions, on sait que tu existes, mais sais-tu où sont tes enfants ? — Non ; n'est-ce pas ?

— Je le saurai !

— Eh bien ! quand tu le sauras tu agiras ! Jusque-là, que peux-tu faire ?

— Rien, je l'avoue !

Le vieillard fit un geste de pitié :

— Décidément, dit-il, — tu es incapable de faire tes affaires tout seul. Au reste, tu dois le savoir : quand on est arrivé à ton âge sans avoir su se créer un brillant avenir, on est un sot... Ah ! tu me regardes ? Et tu dis qu'à ce compte je devrais posséder par devers moi une fortune presque royale ? Très-cher, je ne suis pas à plaindre. J'ai gaspillé dans ma vie quelque chose comme dix-huit millions de livres, et à l'heure qu'il est, bien que je me trouve pauvre, je dois avoir douze ou quinze cent mille francs dans mes coffres... Je te dis cela parce que je te sais incapable d'abuser d'une telle confidence... Et puis voudrais-tu en abuser que tu ne le pourrais... — ajouta le vieillard avec un ricanement moqueur, — mais revenons à toi. Jusqu'ici tu n'as fait que des sottises dans cette affaire. Le reconnais-tu, très-cher ?

— Peut-être ! murmura Armand.

— Oh ! tu peux affirmer. Le doute n'est plus permis. Tu avais un secret superbe. Tu as été niaisement crier sur les toits que tu avais ce secret ! A cette heure, ceux qui ont intérêt à t'écraser et à se défendre sont prévenus que tu vas les attaquer.

— Mais...

— Laisse-moi achever ! La preuve matérielle de ton

existence était un coup de foudre qu'il fallait garder pour couronner l'œuvre. En somme, que peux-tu aujourd'hui ?

— Je peux tout !

— Tu ne peux rien si tu ne parviens pas à retrouver tes enfants !

— J'y parviendrai !

— Eh ! c'est ce qu'il fallait faire d'abord ! Si tu avais tes enfants auprès de toi, ta force serait immense et ton succès aussi rapide que certain. Tandis que maintenant il faut que tu les cherches.

— Je les trouverai !

— Dans un temps donné, c'est possible, mais pendant ce temps, ta femme prévenue et aidée par son oncle tentera tout pour se débarrasser de toi.

— Eh bien ?

— Eh bien ! si ils ignoraient ton existence, il ne se défieraient pas de toi à cette heure et ta sécurité assurerait ta réussite.

— Mais M. de Coulanges avait envoyé en Bretagne un un vieux valet...

— Sornette ! il y avait des paroles mais pas de preuves.

— Mais pourquoi m'avoir laissé agir ainsi alors ? — s'écria Armand avec un geste de violence colère.

Le vieillard fixa sur lui un regard railleur.

— Pourquoi ! — répéta-t-il. — Pour te prouver tout simplement que tu étais incapable de faire seul tes affaires et que sans moi tu n'arriverais à rien. Tu avais le fol et stupide orgueil des gens qui se croient plus forts qu'ils ne le sont : tu t'illusionnais, il fallait te désillusionner. Je t'ai laissé faire sans t'encourager ni te blâmer, bien certain que tu ferais mal.

— Eh bien ?

— Eh bien ! je voulais que tu reconnaisses ta niaiserie pour mieux apprécier mon intelligence. La reconnais-tu ?

— Oui ! balbutia Armand avec une rage sourde.

— Alors une autre fois tu m'obéiras !

— Aveuglément.

— Très-bien !

— Que faut-il faire ?

— Mais, tu le sais ! Il faut retrouver ta fille et ton fils.

— Oh ! je les retrouverai !

— Quand ?

— Rapidement ! N'ai-je pas les indications les plus précises : ne les ai-je pas vus tous deux sans savoir qui ils étaient.

— Le vieux fermier qui les a élevés ne se doutait de rien ?

— Yvanec ? Il ignorait absolument quels étaient les deux enfants qu'il avait sauvés de la mer et qu'il nommait Maüye et Jeanne. Il avait trouvé ces deux enfants cramponnés à un débris de barque. Alexis, alors âgé de cinq ans, avait dû maintenir sa petite sœur près de lui, mais la terreur de l'enfant avait été tellement grande qu'elle avait déterminé une commotion au cerveau.

— Cela s'explique.

— Sa maladie fut longue, terrible, et il paraît qu'à sa convalescence il ne se souvenait plus de rien du passé, mais de rien absolument. Yvanec, le fermier qui l'avait sauvé, et sa femme qui traita ces enfants comme les siens, ne purent absolument rien obtenir. Alexis avait oublié jusqu'au souvenir de sa mère, jusqu'à son nom, et depuis il ne s'est jamais souvenu. Quant à Jeanne, c'était un enfant de quelques mois à peine.

— Cette maladie est fort heureuse, sans elle ta force serait moins grande.

— Je le reconnais.

— J'ai vu ces enfants en Bretagne, à la ferme de Croyon. Puis ils ont grandi, et Maüyc s'est brouillé avec son père adoptif qu'il croyait être cependant son véritable père. Le vieux fermier obéissant aux lois de la guerre dut tuer son fils.

— C'est même toi qui lui as apporté l'ordre et qui as vivement insisté pour que cet ordre fût exécuté.

Armand se redressa vivement :

— Comment savez-vous? — s'écria-t-il.

— Comme je sais tout ! — répondit froidement le vieillard. — Continue !

— Eh bien ! Maüyc est resté longtemps séparé de son père, qui, heureusement, avait blessé son fils sans le tuer. Il s'était fait matelot corsaire... Quant à Jeanne, elle a aimé un officier bleu... Bref, elle s'est sauvée avec cet officier, tandis que son frère reprenait la mer (1).

— Et maintenant.

— Yvanec est mort. Jeanne doit devenir la femme de cet officier qui se nomme Delbroy, et tous trois doivent être en Bretagne...

— Tu le crois ?

— J'en suis sûr !

— Eh bien ! alors, — dit le vieillard en regardant son interlocuteur, — pourquoi n'es-tu pas en Bretagne aussi, toi ? Comment ! il existe là, à deux cents lieues de toi, des êtres dont il faut que tu prouves l'existence pour arriver à

(1) Voir le roman du même auteur : *Le Chat du Bord*. — En vente chez l'éditeur Dentu.

la possession de trois millions, et tu ne te précipites pas pour franchir ces deux cents lieues, pour rapporter ces preuves ?

— J'irai !

Le vieillard continuait à avoir ses yeux rivés sur son interlocuteur, mais avec une expression de physionomie des plus étranges.

— Et, — reprit-il, — ce nom de d'Estourmal que tu as porté longtemps, qui est celui de la famille de ta mère, que tu viens même de rendre dernièrement populaire en Bretagne, pourquoi ne le portes-tu plus ? Tu as été compris dans l'amnistie lors de la conclusion de la paix signée par le premier Consul et l'abbé Bernier ?

— Oui !

— Alors que risquais-tu à garder ce nom ?

— Tout...

— Pourquoi t'en être affublé d'un qui ne t'a jamais appartenu.

— Je ne puis répondre à cette question ! — dit Armand brusquement.

— Pourquoi ?

— Parce qu'elle a trait à un événement de ma vie qui ne regarde que moi seul et que moi seul doit connaître ?

Le vieillard se renversa sur son siége, et le bruit d'un ricanement sec retentit dans la pièce. Armand regarda le vieillard en fronçant les sourcils.

— La cause pour laquelle tu n'as pas gardé ton nom de d'Estourmal, reprit le vieillard, est la même que celle qui ne te fait t'aventurer depuis quelque temps que la nuit dans les rues de Paris, et cette cause est encore identique avec celle qui t'a empêché de rester en Bretagne et d'y continuer les recherches que tu avais cependant un si grand intérêt à mener à bien !

Armand bondit sur sa chaise, et se dressant subitement il se plaça en face du vieillard, lequel ne fit pas un mouvement :

— Que dites-vous ? — s'écria Armand.

— Ce qui est !

— Comment ?

— Tu ne comprends pas ? Cela est cependant bien simple. Je dis que la même cause te force à te cacher et t'a fait fuir la Bretagne, et cette cause c'est tout simplement l'existence d'un homme qui a fait serment de t'écraser sous son talon s'il te rencontre jamais, et tu connais trop cet homme pour ne pas savoir que l'occasion se présentant il ne manquera pas à sa promesse, et qu'il la tiendra religieusement, fidèlement, quoi qu'il arrive !

Armand détourna les yeux :

— Cet homme, — poursuivit l'imperturbable vieillard, — se nommait jadis M. de Laverdi, et présentement il est désigné par ce sobriquet de Crochetout que lui ont valu ses exploits comme capitaine corsaire. Ce M. de Laverdi était jadis en Bretagne, voilà pourquoi tu as abandonné le pays sans tenter de continuer tes recherches. Présentement il est à Paris, voilà pourquoi tu n'oses plus sortir que la nuit, et que tu es tout disposé à retourner en Bretagne. Dis, très-cher ? Est-ce vrai tout cela ?

Armand demeura un moment immobile et comme paralysé par l'émotion violente qu'il ressentait évidemment.

Enfin faisant un effort, il reprit son empire sur lui-même. Se rapprochant du vieillard qui n'avait pas quitté son siége, il lui saisit la main, et la secouant rudement en l'étreignant avec une énergie farouche :

— Vous allez m'apprendre comment vous savez cela ? — s'écria-t-il d'une voix rauque et avec une expression de fureur mal contenue.

Le vieillard fit un mouvement et dégagea sa main qu'étreignait Armand de toutes ses forces, avec une facilité telle qu'Armand lui-même recula dominé par cette preuve de force étonnante chez un homme de cet âge.

— Je n'ai rien à te dire, — répondit-il, — et toi-même tu n'as rien à savoir, si ce n'est ceci : c'est que je n'ignore jamais rien ! Maintenant es-tu convaincu ainsi qu'il fallait que tu le fusses ?

— Oui, maître ! — dit Armand en baissant la tête.

— Tu reconnais ma puissance ?

— Oui.

— Tu avoues que je ne me suis pas trompé et que tu fuis ce Crochetout.

— Me croyez-vous donc un lâche ? — s'écria Armand dont les yeux étincelèrent.

— Non ! — répondit froidement le vieillard, — je ne te crois pas un lâche, mais on peut être brave, et tu l'es, je l'avoue, je le sais, et cependant agir ainsi que tu le fais ; tu n'es pas en face d'un danger ordinaire. Tu sais que Crochetout t'écrasera incontestablement s'il te rencontre. Ce ne sera pas un combat, il ne cherchera pas à parer tes coups et à te porter les siens, non ! Crochetout ne s'occupera que d'une chose, ce sera de te frapper. Peu lui importera de mourir, pourvu que tu meures avant... et tu mourrais, oui ! tu mourrais, il n'y a pas à en douter, car lorsqu'un homme a la volonté formelle d'en tuer un autre, il le tue!

En achevant ces mots, le vieillard fit un geste tellement énergique que son interlocuteur ne put retenir un mouvement de répulsion involontaire.

— Dès lors, — poursuivit le vieillard, — je puis te croire fort brave et admettre cependant que tu cherches à éviter la mort quand tu es certain de la rencontrer, d'autant plus que cette mort, te surprenant au moment du succès, viendrait te priver du résuttat de tes peines.

Armand fit un signe affirmatif, attestant que sa manière de penser était bien celle que le vieillard lui attribuait.

— Maître! — dit-il, — j'ai foi en vous, je vous obéirai désormais aveuglément. Que faut-il faire?

— Attendre! — dit le vieillard.

— Attendre!... Comment, ne faut-il pas agir, ne faut-il pas...

— Retrouver ceux que tu cherches... Cela ne saurait m'inquiéter, je sais où ils sont.

— Vous le savez... Mais alors il faut...

— Il faut attendre!

— Cependant...

— Silence et obéis! ne cherche pas à deviner mes pensées, mon plan est fait et fait depuis longtemps. Demain sois ici à cette même heure et peut-être te donnerai-je des ordres qu'il faudra exécuter sans tarder... Peut-être, au contraire, faudra-t-il continuer à te tenir caché.

Armand regarda le vieillard.

— Va! — dit simplement celui-ci.

Sans doute l'injonction était formelle, car Armand se

leva sans hésiter. Il s'inclina légèrement et il quitta la pièce.

On l'entendit traverser la chambre voisine, puis la porte s'ouvrit et se referma. Aussitôt la lampe qui brûlait dans cette première pièce s'éteignit d'elle-même.

Le bruit des pas d'Armand résonna sur les marches de l'escalier, et ce bruit régulier diminuant régulièrement, indiqua la marche descendante du visiteur. Puis, dans le silence de la nuit, on put entendre encore crier sur ses gonds la porte de l'allée et cette porte se referma avec un bruissement sourd.

Le vieillard qui était demeuré assis dans son fauteuil se releva alors. Il passa dans la pièce dont la lumière venait de s'éteindre, et il s'approcha de l'une des fenêtres donnant sur la rue. L'obscurité profonde dans laquelle il se trouvait dissimulait complètement sa présence à l'extérieur, et il pouvait examiner minutieusement la rue sans crainte d'être surpris.

Après quelques instants d'examen il revint dans la seconde pièce : il rouvrit la petite porte secrète et écartant des portières en étoffes soyeuses qui se drapaient devant lui, il passa...

La porte se referma d'elle-même avec un claquement sec attestant qu'elle était mue par un ressort puissant.

La pièce dans laquelle venait de pénétrer le vieillard ne devait évidemment pas faire partie de la maison dans laquelle était située celle où venait d'avoir lieu la conversation précédemment rapportée.

Un gros mur, un mur mitoyen séparait ces deux pièces,

et celle dans laquelle venait de passer le vieillard était de deux marches plus basses comme plancher que l'autre pièce.

C'était un petit salon fort richement meublé en soie de couleur vive, et splendidement éclairé par quatre énormes candélabres en bronze doré.

La richesse du meilleur goût de ce salon, qui ressemblait à un boudoir de petite-maison du temps fastueux du roi Louis XV, contrastait étrangement avec la simplicité pauvre de la pièce avec laquelle il communiquait par la porte secrète.

Le vieillard s'avançait en marchant sur un moelleux tapis de haute laine qui assourdissait le bruit de ses pas.

Le plafond de ce joli salon était formé d'une seule glace, au centre de laquelle était une fraîche et fine peinture représentant Neptune domptant les flots. Un large divan circulaire entourait la pièce et sur ce divan était, à demi étendu, un homme, jeune encore, revêtu du plus élégant costume qui eût encore consacré les modes bizarres de l'époque. Cet homme fumait négligemment une longue pipe turque au tuyau de jasmin tout constellé de coraux, de turquoises et d'ambres gris et au fourneau en terre rouge portant, incrustée en or, la marque de Smyrne.

En voyant entrer le vieillard, le fumeur lança sur lui un regard interrogateur.

— Décidément, cet homme est un sot ! — dit le vieillard.

— Eh bien ! — répondit le fumeur, — il gagnera les millions pour nous, c'est tout ce qu'il nous faut.

Puis, après un silence :

— Il ne se doute pas de l'affaire du capitaine Davilliers ni de son importance ? reprit le fumeur.

Le vieillard haussa les épaules.

— Il ne se doute de rien ! — te dis-je. — C'est un sot, un archi-sot et tu vois que je ne m'étais pas trompé.

— Eh bien ! mais, il me semble alors que nos affaires ne sont pas en trop mauvais état ? — Qu'en dis-tu ?

— Je dis… que tout irait bien s'…

Le vieillard s'arrêta :

— Si… quoi ? — demanda le fumeur en envoyant nonchalamment vers la glace du plafond une spirale de fumée blanchâtre et odoriférante.

— Si… j'avais les preuves de l'identité de cette fille dont tu m'as parlé.

Le fumeur se retourna vivement :

— Des preuves ? — dit-il. — Eh bien, mais, tu oublies qu'un homme seul pouvait nous empêcher d'avoir ces preuves, que cet homme était le capitaine Davilliers et que, grâce à moi, il est mort !

XXXII

LE MATIN.

Le vieillard secoua lentement la tête :

— Le capitaine Davilliers est mort ! — dit-il. — Nous pouvons l'espérer, soit ! mais quand à une certitude, mon cher Raymond...

Le fumeur jeta sa pipe dans un coin avec un mouvement de colère. Se croisant les bras sur la poitrine, il regarda fixement le vieillard et après un court silence :

— Ah ça ! — s'écria-t-il — Que diable te faut-il pour être certain de la mort d'un homme ? Faut-il que tu le tues toi-même ? Dans ce cas, mon cher ami, tu aurais dû être au mois de mars dernier au Caire, tu aurais marché avec le peloton chargé d'exécuter la sentence du conseil de guerre et tu aurais pris part au feu ! Aujourd'hui au moins tu serais certain que le capitaine est mort.

— Tu en es donc certain, toi ? — demanda le vieillard.

— Pardieu ! — répondit Raymond. — Comment n'en serai-je pas certain ? Connais-tu beaucoup de gens qui en soient revenus après avoir reçu douze balles dans la poitrine ?

— Mais quand ceux-là tombent on retrouve leur cadavre.

— Eh bien ?

— Eh bien ! — Est-ce qu'on a retrouvé celui du capitaine Davilliers ?

— Est-ce qu'on a retrouvé tous les corps des officiers tués en Egypte ? Tu oublies les mœurs arabes ! Tu sais que pour les mahométans, non-seulement les têtes coupées sont des trophées, mais encore des gages de haute position pour eux dans l'avenir. Mais on n'a pas toujours le temps de couper une tête sur le champ de bataille, au milieu d'une mêlée sanglante, et on a souvent plus vite fait d'emporter le corps sur la croupe de son cheval, ou en le traînant avec la corde de poil de chameau qui attachait le haïck sur la tête, espèce de lasso que les tribus nomades emploient même comme engins de chasse. Ce système est d'autant plus mis en activité qu'il s'agit d'un officier, car les uniformes dorés, les boutons, les épaulettes ont toujours violemment tenté ces hommes, amis de ce qui brille. Or, au moment où le peloton faisait feu, au moment où le capitaine Davilliers tombait la poitrine trouée par les balles, les mameluks arrivaient comme une nuée rapide, et le combat s'engageait avec cette fureur et cet entrain que les Orientaux mettent dans leur première attaque, alors qu'ils croient effrayer l'ennemi en le surprenant. Le peloton effectivement surpris, entouré, dût battre en retraite jusqu'au moment où les secours lui arrivaient. Les mameluks demeurèrent donc maîtres du terrain sur lequel avait eu lieu l'exécution. Ce ne fut que quelques instants après que les renforts arrivant balayèrent le terrain. Alors, on chercha et je cherchai moi-même avec un homme qui passait, à juste titre, pour être fort dévoué au capitaine. Cet homme se nommait Cascaradin et était déjà dans l'escadron des guides. Nous cherchâmes sans rien trouver. Il n'y avait là rien d'étonnant. Les Mameluks avaient dû emporter le cadavre du capitaine, n'ayant pas eu le temps de le dépouiller. D'ailleurs de deux choses l'une, ou le capitaine était vivant ou il était mort quand les Mamelucks étaient arrivés, n'est-ce pas?

— Sans doute, — dit le vieillard.

— Eh bien ! si le capitaine était mort, tout est dit et nous n'avons plus à nous en préoccuper. Si, au contraire, le capitaine n'était pas mort, il est incontestable que les Mamelucks l'eussent achevé. Ils n'ont pas pour habitude de faire des prisonniers.

— Mais si, une fois par hasard, ils avaient consenti à transiger avec leurs habitudes prises ?

— Ils n'eussent agi ainsi que dans l'espoir d'obtenir une forte rançon pour le capitaine au moins ?

— Sans doute.

— On n'a jamais proposé cette rançon et il y a un an de cela. Si le capitaine eut pu avoir la vie sauve, à quel titre que ce fût, nous eussions eu de ces nouvelles depuis ce moment, cela est certain, soit par lui, soit par les prisonniers faits, soit durant les armistices. Mais non ! c'est impossible ! D'ailleurs, il n'y a pas d'exemple que les Arabes du désert se chargent aussi longtemps d'un prisonnier dans leur existence nomade. Cela ne s'est jamais vu. Donc, Davilliers est mort et bien mort !

— Cependant, on n'a pu dresser le procès-verbal de sa mort, puisqu'on n'a pu procéder à la levée du cadavre.

— Cela est vrai, mais le capitaine a cependant été rayé sur les feuilles, ce qui prouve bien qu'on le considérait comme mort.

— Légalement rien ne l'atteste !

— Légalement, peut-être, mais que nous importe ? Pourvu que le fait soit, c'est là tout ce qu'il nous faut, car nous n'avons nullement besoin de l'acte de décès du capitaine. Le point essentiel pour nous, c'est qu'il ne soit plus et il n'est plus, car s'il était vivant, il est bien certain qu'il eût trouvé moyen de faire passer de ses nouvelles à sa femme ou à sa fille.

Le dénouement des événements engagés dans ce livre, fera l'objet d'un second volume, déjà sous presse chez le même éditeur, et qui aura pour titre :

LE CAPITAINE SABRE-DE-BOIS.

C'est là que nous prierons nos lecteurs de vouloir bien nous suivre pour savoir ce que devinrent les héros principaux de cette histoire : *Le capitaine Davilliers, le capitaine Raymond, Armand, Lourmel et madame Delarive.*

XXXII

LE MATIN (*suite*).

Un petit coup sec retentissant subitement arrêta la parole sur les lèvres du vieillard. Il se retourna.

Un second coup fut frappé. Alors le vieillard, posant son doigt sur un large bouton de cuivre placé comme ornement sur la tenture soyeuse, appuya fortement. Puis il prit un cordon de sonnette appendu le long d'une glace et attirant à lui le gland, il fit sauter le fond de ce gland, qui, s'ouvrant, mit à jour une excavation formant cloche ou entonnoir.

Le vieillard appuya cet entonnoir contre son oreille. Sans doute le cable du cordon enveloppait un tube acoustique.

Il demeura quelques instants immobile, paraissant écouter, puis un pâle sourire éclaira sa physionomie.

— C'est bien! attendez! — dit-il en portant l'entonnoir devant ses lèvres.

Et il laissa retomber le cordon.

— Qu'est-ce donc? — demanda Raymond qui, pendant ce temps, avait repris sa pipe et s'était tranquillement occupé à la bourrer et à la rallumer.

— Demain, — dit le vieillard, — nous saurons d'une façon positive ce que contient le petit paquet de papiers que le premier Consul a envoyé ce soir à mademoiselle Aline Davilliers par Cascaradin.

— Qui te fait dire cela?

— OEillet-Blanc qui vient d'écouter le rapport de la mère Eustache.

— C'est elle qui a promis de savoir ce que contenaient les papiers?

— Oui, demain elle passe la journée auprès de madame Davilliers.

— Parfait! Tu vois bien que tu avais tort de te défier de cette femme.

— Nous verrons. En attendant il est deux êtres sur lesquels il faut veiller d'une façon tout exceptionnelle, car ils pourraient se mettre à la traverse de nos projets, et nous contraindre à employer des moyens toujours dangereux quand ils ne sont pas absolument, impérativement nécessaires.

— De qui veux-tu parler?

— De ce Cascaradin et de cette petite vivandière, la mère l'Etape, qui prennent à Aline et aux affaires du capitaine un intérêt trop grand.

— Bon ! je m'en charge.

— Toi ?

— Oui, je vous débarrasserai des deux.

— Comment ?

— Ne t'en préoccupe pas. En attendant, revenons à nos moutons, c'est-à-dire à nos affaires, aux millions de la belle qu'il faut faire passer promptement dans nos coffres, attendu que la caisse est presque vide, et en fait de caisse j'ai horreur du vide, moi ! Tu dis donc que ce cher citoyen, Louis de Préchamps d'Estourmal, Armand Lourmel, ne se doute nullement de l'affaire Davilliers.

— Je te répète qu'il n'a pas le moindre soupçon !

— Très-bien !

— J'en étais sûr.

— Il croit donc que ce Maüyc est son fils Alexis ?

— Et il a raison de le croire, puisque ce Maüyc est véritablement son fils.

— Et il croit aussi que cette Jeanne sauvée des flots est sa fille Annette ?

— Il le croit.

— Il faut qu'il le croie. Seulement je ne m'étonne que d'une chose.

— Laquelle ?

— C'est qu'il n'ait pas songé un seul instant à la fille de la nourrice.

— Il la croit morte.

— Heureusement.

Raymond se frotta les mains avec une expression de joie des plus vives.

— Décidément, — dit-il, — tu es un grand homme, et j'ai en toi foi absolue. Si tu ne m'avais pas contraint à aller en Egypte, le capitaine Davilliers vivrait aujourd'hui, et s'il vivait, au diable nos affaires, car lui seul sait la vérité, et il aurait pu la dire !

— C'est vrai, et c'est pourquoi, avant de tenter l'aventure, j'ai jugé prudent de nous débarrasser du capitaine.

— Je te répète que tu es un grand homme.

Le vieillard sourit doucement.

— Ah ça, — reprit Raymond, madame Davilliers ne sait rien ?

— Rien absolument. Son mari ne lui a jamais rien dit. Elle croit qu'Aline est sa fille. Elle n'a jamais eu la pensée de la substitution opérée jadis.

— Parfait. De sorte que, maintenant que Davilliers est mort, nous pouvons agir en toute sécurité ?

— Et nous agirons !

— Quand ?

— Immédiatement. Il ne s'agit que de faire partir d'Estourmal en lui donnant des instructions précises pour qu'il puisse retrouver Maüyc et Jeanne. Qu'il les ramène à Paris, qu'il termine rapidement, et je veillerai, l'affaire des trois millions, et, le même jour, je le mets en présence de Laverdi.

— Qui nous en débarrasse !

— Pardieu ! c'est bien pour cela que j'ai autant ménagé celui-là.

— Fort adroit !

Un autre coup sec retentit subitement. Le vieillard reprit le cordon et replaça l'entonnoir contre son oreille.

Il écouta durant quelques instants, puis il tressaillit violemment.

— Raymond ! — dit-il.

— Qu'y a-t-il ? — demanda le jeune homme.

— Il faut qu'à l'instant même tu te rendes rue du Puits-qui-parle.

Raymond était debout.

— Ma voiture est prête ; elle m'attend ! dit-il.

— Où cela ?

— Rue du Rempart.

— Tu vas aller rue du Puits-qui-Parle.

— Qu'y ferai-je?

— Il faut que tu saches, il le faut, tu entends ! — dit le vieillard en appuyant fortement sur ces mots, — où la mère Eustache a passé une partie de la nuit, quelques instants après qu'OEillet-Blanc l'a eu quittée rue des Grès, et avec qui elle est en ce moment.

— Comment?

— Un homme l'attendait là, le long de la grille du Panthéon, et cet homme lui a donné rendez-vous. Elle s'est rendue rue du Puits-qui-Parle, mais elle n'a pas trouvé l'homme, car elle s'est promenée dans la rue en l'attendant. Il n'y a que quelques instants qu'il est arrivé, et ils viennent d'aller ensemble dans la maison portant le numéro 4.

— C'est tout?

— Oui.

— Dans deux heures je serai ici, ou tu auras de mes nouvelles.

Et sans prendre autrement congé du vieillard, Raymond s'élança au dehors, passant dans une vaste pièce sur laquelle ouvrait l'élégant salon.

XXXII

LE MATIN (*suite*).

Le vieillard, demeuré seul, arpenta la pièce d'un pas rapide, il paraissait en proie à l'animation la plus grande. Enfin, s'arrêtant subitement et frappant du pied avec colère :

— Si ce d'Estourmal était moins sot que je le suppose ! — dit-il. — Si cet homme me jouait habilement ? Ce serait lui qui serait avec la mère Eustache, ce serait lui, j'en répondrais ! Cet homme serait fort, alors !

Le vieillard reprit sa marche.

— Oui ! il serait bien fort ! — répéta-t-il.

Il se laissa tomber sur le divan, et il parut s'enfoncer

dans un océan de réflexions sombres. Plus d'une heure s'écoula sans que le vieillard fît un mouvement, ni ne prononçât une parole.

Ses regards étaient fixes, ses traits contractés, et un tic nerveux qui agitait par moment la joue gauche, donnait à sa physionomie l'expression la plus bizarre.

Enfin, se redressant tout à coup, il reprit sa marche.

— Oui, Raymond a raison, — dit-il à voix haute, — Davilliers est mort ! De son côté rien à craindre... Allons ! il faut agir ! Que madame Delarive meure, que ses millions entrent dans ma caisse et que j'épouse Aline, et tous mes rêves seront enfin réalisés. Quant à d'Estourmal...

Et il fit un geste d'une énergie sauvage.

— Ah ! — dit-il avec un éclat soudain. — Je pourrai donc rentrer tête haute dans cette société qui m'a mis à son ban, je pourrai donc voir face à face mes anciens ennemis sans qu'ils puissent me reconnaître ! Vive Dieu ! je crois que j'ai encore de belles années devant moi !

En parlant ainsi, il s'était arrêté en face de la glace en se redressant avec un geste superbe... Qui eut vu cet homme quelques instants auparavant n'eut pu le reconnaître. Une métamorphose complète venait de s'opérer.

Le vieillard décrépit avait disparu pour faire place à un homme encore dans la force de l'âge...

Le jour naissant remplaçait par un pâle brouillard l'opacité des ténèbres. Un tintement sonore retentit ; l'homme tressaillit, le vieillard avait reparu.

Il marcha en se courbant vers la porte par laquelle était sorti Raymond, il entr'ouvrit cette porte et tendit la main. Une autre main s'avança et présenta un papier.

Le vieillard le prit, referma la porte et revenant près d'un candélabre :

— Raymond est sur la piste ! — dit-il en lisant, — il découvrira ce qui est, et si ce d'Estourmal est...

Un autre tintement partant d'un côté opposé au premier, retentit vivement. Le vieillard s'avança vers la portière, la souleva et appliqua son œil contre une fente pratiquée dans l'épaisseur de la boiserie et qui permettait au regard de plonger dans cette pièce mesquinement meublée que nous connaissons.

Le vieillard demeura un moment immobile, puis il tressaillit violemment :

— Lui ! d'Estourmal ! Ici ! que me veut-il ? — murmura-t-il.

Puis, après un silence :

— Mais il n'est pas là-bas, alors... Raymond l'eut vu sortir... Mais si ce n'est pas lui... qui donc est-ce ?

Et le vieillard se retournant à demi, emprisonna son menton dans sa main avec un geste énergique...

. . . .

A cette même heure la voiture de M. de Coulanges, quittant le petit hôtel de la rue du Bouloy, roulait, emportée au grand trot de ses deux chevaux, vers la demeure élégante de sa nièce.

A l'instant où M. de Coulanges s'élançait à terre dans la cour de l'hôtel de la rue Taitbout, un homme enveloppé dans les plis d'un grand manteau franchissait le seuil d'une maison de la rue du Puits-qui-Parle. Cette maison portait au-dessus de sa porte le numéro 4, posé en relief.

Cet homme lança un regard rapide à droite et à gauche, puis il s'engagea d'un pas rapide dans la rue étroite et disparut à l'angle de la rue voisine.

Au moment où il disparaissait, une ombre surgissait et glissait rapidement le long des murailles, suivant la même direction.

A cette même heure encore, la mère Eustache, un petit panier au bras, montait doucement les quatre étages de l'escalier de la maison du cloître Saint-Séverin dans laquelle demeuraient Aline et sa mère.

FIN.

Wassy. — Imp. et Stér. Mougin-Dallemagne.